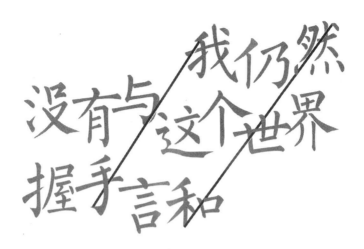

没有与我仍然这个世界握手言和

姬中宪 著

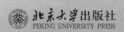

图书在版编目（CIP）数据

我仍然没有与这个世界握手言和/姬中宪著.—北京：北京大学出版社，2014.11
（社会工作私享吧）
ISBN 978-7-301-24443-2

Ⅰ.①我… Ⅱ.①姬… Ⅲ.①社会工作-研究-中国 Ⅳ.①D632

中国版本图书馆CIP数据核字（2014）第141559号

书　　　　名	我仍然没有与这个世界握手言和
著作责任者	姬中宪　著
责 任 编 辑	董郑芳（dongzhengfang12@163.com）
标 准 书 号	ISBN 978-7-301-24443-2/C·1020
出 版 发 行	北京大学出版社
地　　　　址	北京市海淀区成府路205号　100871
网　　　　址	http://www.pup.cn
新浪官方微博	@北京大学出版社　　@未名社科-北大图书
电 子 信 箱	ss@pup.pku.edu.cn
电　　　　话	邮购部 62752015　发行部 62750672　编辑部 62753121 出版部 62754962
印 　刷 　者	北京大学印刷厂
经 　销 　者	新华书店 890毫米×1240毫米　A5　10.5印张　221千字 2014年11月第1版　2015年11月第2次印刷
定　　　　价	32.00元

未经许可，不得以任何方式复制或抄袭本书之部分或全部内容。
版权所有，侵权必究
举报电话：010-62752024　电子信箱：fd@pup.pku.edu.cn

快乐并充实着

（代序一）

王思斌

摆在读者面前的是"社会工作私享吧"丛书。说实在的，对于"吧"我是不怎么了解的，因为我没有去过任何"吧"，更不用说"泡吧"了。这套丛书要出版了，丛书的策划者和作者希望我为它写个序，我看了看介绍，发现是以比较通俗的方式向读者介绍社会工作。或许是想让读者喜欢上它，慢慢品味和享受，所以起了个"私享吧"的名字，立意不错。我也就借此写一些文字，前来助兴。

从20世纪80年代末社会工作教育重建至今，我国的社会工作发展已有二十多年。应该说，我国社会工作的发展道路是独特的：一是社会工作的"教育先行"，二是社会工作的政府推动，其发展是令人瞩目的。特别是新世纪以来社会工作教育的快速发展，2006年中共中央十六届六中全会决定大力建设社会工作人才队伍以促进和谐社会建设，卓有成效地推动着我国社会工作的发展。在社会服务机构，在城市社区，在地震救灾前线，在为老年人、流动儿童、残疾人服务的领域,都可以看到社会工作者的身影。社会工作者在为困难群体、弱势群体服务,帮助有需要人士走出困境,促进社会和谐,提高人们生活质量方面的作用是明显的。

但是,就我国庞大的人口和巨大的社会需求来说,从可以达到的社会福利、生活质量及社会和谐水平来看,政府和社会对社会工作服务的使用还显得不足。这一方面是因为我国还没有建立起社会工作制度,政府和社会对社会工作的支持不足,社会工作队伍的能力还亟需提高;另外就是社会对社会工作的知晓度还较低。不但一般城乡居民,就是政府部门的国家工作人员有的对社会工作为何物也不甚了了。因此把社会工作这个好东西告诉大家,让政府和社会引起重视,支持它的发展,并使更多有需要的人使用社会工作服务,就是一个需要认真思考的问题。

关于社会工作的宣传,在社会工作发展之初我们曾设想过三个策略:走上层路线、走基层路线和走大众路线。所谓走上层路线,就是根据中国做事的特点,先让干部了解社会工作、支持社会工作。在一起推动社会工作时,某有识者谓:中国推动一件事情的逻辑是"老大难,老大难,老大重视就不难"。谁是"老大"?当然是党和政府,是地方的党政领导。基于这种理解,我们也积极走了上层路线,在一定程度上得到了党政部门的支持,也促进了社会工作的发展。所谓基层路线,就是到民众中去,到社区中去,做具体的服务,让有需要的人得到服务,传播社会工作。通过社会工作老师和学生在社区的实习,通过专业社会工作者的有效服务,这方面的效果还是不错。所谓大众路线,就是利用传媒。当时的想法是向香港学习,拍一部电视片(香港在电视上宣传社会工作是成功的,他们把社会工作比作北斗星,一说北斗星,香港居民都知晓)。90年代末期,我们几个人策划过此事,但后来没有持续下去,此举未能成功。今天,通过出版通俗读物介绍社会工作,虽然比不上电视的宣传效果,但也是一个不错的主意。

无论如何,社会工作在我国还是一个新生事物,也是一个充满爱心善意、以助人为使命的职业。社会工作不是政府实施政策的活动,不是救济,也不是志愿活动。社会工作是伴随现代社会的发展、社会问题的出现,和政府及社会解决社会问题的努力而产生的现代职业活动。社会工作以其真诚助人的价值观和科学助人的方法,以及艺术化地动员和配置各种资源开展服务而著称。可以说,这里充满了社会工作者向善的虔诚、解决服务对象困难和社会问题的执着、追求社会公正的努力。

社会工作并非庙堂中高雅之曲,难于唱和;也非街头巷尾流俗之物,每个人都可以信手拿来。社会工作在理念上是高尚的,在服务行动上是融于民众之中的。它与我们的生活息息相关,伴随我们生活左右。这就是社会工作特点之所在,也是它吸引人的地方。

"人皆可以为舜尧。"虽然做专业社会工作者需要做出认真的选择和艰苦的努力,但行善之举人人可为,像社会工作者那样去帮助他人既是乐事、也是功德。因此,弘扬社会工作理念和精神,传播社会工作知识和技巧,也属善举。

这套丛书别开生面,用通俗、活泼的文字向读者介绍社会工作的知识,讲社会工作的故事,说社会工作之细微,见社会工作之精神,倡社会工作之理想,应该说是开卷有益。它会给读者带来启迪和思考,说不定它能净化灵魂。为此,我向读者推荐这套丛书。

这套丛书取名"私享吧",我想这里可能反映了编辑和作者希望读者静下来仔细读书、慢慢体味的用意。读过这些小书之后,或许有的读者有试一试的想法。帮助他人、有益社会当然是好事。不必想那么伟大,从身边做起,从小事做起,尝试一下社会工作的理念和专业技巧,说不定你会有成就感、人生的意义感。那就不是"私享"了,那里有快乐和充实。不信你试试看。

实施社会工作知识普及工程

（代序二）

柳 拯

社会工作是工业化、城市化和市场化发展到一定历史阶段的制度安排。英美等国是工业化、城市化和市场化先发国家。工业化、城市化和市场化给这些国家带来经济繁荣发展的同时，也使这些国家的社会阶层、社会结构、社会关系、社会组织形式以及人们的思想观念方面发生一系列深刻变化，劳资纠纷、流浪乞讨、贫困失业、违法犯罪、单亲家庭、酗酒吸毒等一系列现代社会问题日益突出，甚至引发了大规模剧烈社会冲突。为切实解决这些复杂的社会矛盾与问题，英美等国在探索完善社会政策、健全社会保障体系的同时，逐步建立健全社会工作制度，通过大量培养社会工作专业人才，提供专业化、系统化、科学化的社会服务，帮助困境中的个人与群体提升能力、解决困难、修复功能，预防和消解面临的社会矛盾和冲突。

第二次世界大战后，工业化、城市化和市场化向发展中国家快速推进。工业化、城市化和市场化在促进后发国家发展的同时,也给这些国家带来了大量社会矛盾与问题。为解决这些社会矛盾与问题,许多发展中国家和地区积极借鉴发达国家经验做法,逐步建立社会工作制度,加强社会工作专业人才队伍建设。历史发展证明,社会工作是解决工业化、城市化和市场化发展衍生的现代社会矛盾和问题的重要制度安排,在保障基本民生、加强社会治理、促进社会建设、推动社会发展等方面发挥着重要作用。

改革开放以来,我国工业化、城市化和市场化得到前所未有的发展,在不到三十年的时间里完成了西方发达国家需要两百多年才能完成的发展任务。与些同时,西方发达国家长时期遇到的社会矛盾和问题也在我国短时期内集中涌现、大量爆发,迫切需要我们更新社会治理理念、改进工作方式方法、创新工作体制机制、强化专业服务力量。党中央国务院审时度势,深刻总结、积极借鉴国际经验,于2006年党的十六届六中全会上做出了发展社会工作专业服务、加强社会工作专业人才队伍建设的重要决策。

党的十六届六中全会以来,我国社会工作取得了快速发展,初步完成了社会工作顶层制度设计,相继建立了社会工作职业水平评价、继续教育、岗位设置、政府购买社会工作服务、民办社会工作服务机构发展、社区社会工作服务、灾害和青少年社会工作服务等专项制度,逐步形成了综合政策引领、专项政策配套、地方政策支撑的中国特色社会工作制度框架。社会工作专业人才数量已经突破36万人,其中持证社会工作专业人才达12.38万人。这些人已经成为推动社会工作事业发展的骨干力量。民办社会工作服务机构已经增长到2400多家,为社工专业人才发挥作用提供了广阔空间。通过多年艰辛发展,社会工作推进主体已逐步从少数部门少数组织推动向多部门多组织合力推进发展;社会工作发展领域已逐步从民政领域向社区矫正、精神卫生、教育辅导、民族宗教、婚姻家庭、青少年服务、职工帮扶等领域拓展;社会工作服务对象已逐步从少数人群享有向广大居民共享覆盖;社会工作制度建设范围已逐步从东部地区、发达城市向中西部地区、贫困区县延伸;社会工作服务已逐步从不被社会认可的边缘性、辅助性服务发展成为专业化、人性化、现代化和广受百姓欢迎的新型社会服务业态。

在看到这些发展成绩的同时,我们还应该清醒认识到中国社会工作总体上还处于起步阶段,还存在着发展不均衡、政策不完善、机制不健全、基础不扎实,尤其还存在着社会知晓度、认同度不高等问题。这些问题已成为制约社会工作发展的重要瓶颈与障碍。比如,在现实中,还存在对社会工作基本内涵认识不太统一,对社会工作的专业作用、怎样发展社会工作等重大问题认识不太深入等问题;还存在将社会工作理解为志愿服务工作,理解为广义的社区工作、社会管理工作、社会服务工作,理解为思想政治工作、群团工作和群众工作等问题。这些认识问题不仅在广大社会公众中存在,而且在不少党政干部中存在。低度的社会认知环境,是社会工作得不到应有重视、支持和参与的重要制约因素。

加大社会工作知识宣传普及力度,是解决社会工作认知程度不高、提升社会工作知晓度和认同度的重要举措。国家高度重视社会工作宣传普及。2011年11月中央18部门出台的《关于加强社会工作专业人才队伍建设的意见》强调,要"大力宣传社会工作专业人才队伍建设方针政策和优秀社会工作专业人才的先进事迹,形成关心支持、理解尊重社会工作专业人才的良好社会氛围,激发广大社会工作专业人才的工作热情和创造潜能"。2012年3月中央19部门印发的《社会工作专业人才队伍建设中长期规划》进一步提出,要"实施社会工作知识普及工程",对各级党政领导干部、城乡基层干部、从事社会服务与管理一线人员普及社会工作知识,不断提高他们对社会工作的认识程度,不断强化他们对社会工作的重视与支持力度。

宣传普及社会工作,离不开大量生动活泼、通俗易懂的教材读本。北京大学出版社敏锐回应社会工作发展的这一现实需求,组织一批社会工作理论与实务专家,编写一套社会工作普及读物——"社会工作私享吧"丛书。我相信,这套丛书的出版发行,对传播社会工作专业理念,普及社会工作专业知识,展示社会工作专业魅力,推进社会工作大众化,提高社会工作知晓度与认同度,将具有日益重要的促进作用。

是为序。

目　录

一　不在场的主角　/ 001
中国式社工的心路历程,也是一段段真切的人生故事

　　父母在,不远游　/ 003

　　歧路问远方　/ 009

　　不为人知的社工　/ 026

　　浦东社工,重新出发　/ 034

　　园丁的故事　/ 039

　　不在场的主角　/ 044

　　三十年,如一日　/ 049

二　成长的烦恼　/ 065
细数社工界"家事",直面公益行业的麻辣话题

　　低收入的社工是可耻的　/ 067

　　让一部分社工先富起来　/ 070

　　除了钱,社工还有什么　/ 075

名不正、言不顺的社工　／081

社工与空手道　／084

成长的烦恼——浦东社工协会十年十问　／087

助人大家庭中的社工　／096

柏阿姨是不是社工　／104

从盗版到取经：内地社工的"北斗之旅"　／107

社工界的专家与外行　／110

司法社工"七宗罪"　／113

一个不想当演员的社工不是好志愿者　／122

最好的公益人不是社工　／125

浦东社工为何离开浦东　／128

选专业不是选人生　／131

公益界的"国进民退"　／134

12个愤怒的男人　／140

做一个"有文化"的社工　／143

公益的细节　／148

给社工毕业生的一封信　／154

三　汶川至雅安　／159

从2008年汶川地震到2013年雅安地震，中国社工的亲历与反思

灾害社工：从百年一遇到随时待命　／161

月亮照常升起——都江堰社工日志　／166

都江堰至德阳　／177

上海社工的成人礼　／183

重返都江堰——2009年社工督导报告　／189

别让灾难变成救灾者的狂欢——写在雅安地震之后　／200

地震后，社工做什么　／205

给灾区志愿者的10个建议　／208

四 "两个中国" ／213
嬉笑怒骂，情真意切，放眼"天下事"，写出"这一代人的爱与愁"

流行观点是毒药　／215

莫做"坏教育"的帮凶　／221

中国人的"数字化生存"　／224

仪式与形式只有一步之遥　／228

如果富士康聘请了社工　／232

不会玩的人不幸福　／238

"不知如何降下来"——给更高、更快、更危险的中国　／241

每年都有一个春天　／248

上海"老娘舅"现象的社工观察　／251

全民焦虑，社工何为　／257

春节处处是民生　／260

停车礼让与恶意猜测　／263

智慧比善良更重要　／268

中国人，你为什么不愤怒　／271

伦敦奥运开幕式的人文细节　／275

七〇共识　／278

漫长的青春期　／281

谁制造了"中国式嫉妒" / 284

天下本无事,庸人勿扰之 / 289

孩子,如果你是范冰冰 / 292

"两个中国" / 297

给女儿的一封信 / 306

后　记 / 313

一 不在场的主角

中国式社工的心路历程,也是一段段真切的人生故事

父母在，不远游

我十八岁离家，今年虚岁三十六，算起来，迄今的人生里，一半时间都在外。这一半的时间里，驱使我不断离家远走的，无非是所谓"学业"和"事业"。父母在人前夸耀儿子时，所依据的也无非是这两点：学业圆满，事业小成。自己回想起来，也觉得这一切理所应当，从未想过另一种可能。可以说，前三十年，父母和我共享了它的荣耀，但是，从现在起，我们要开始分食它的苦果。

今年春节，父母来上海和我们一起过年，那一天，全家人挤在沙发上看小品，欢声笑语之时，老家一个电话打过来：姥爷去世了。我们的欢乐就此结束，一个多小时后，我们拎着匆忙收拾的行李来到虹桥火车站，四个小时后，我们回到了那个悲伤、破败的北方。一路上，母亲流泪，后悔，如果她不来上海过年，就能看姥爷最后一眼，或许还能救姥爷一命。我一路安慰她，心里却在想：他们来上海过年尚属偶然，我却常年定居在此，有一天，当我的父母老去时，我能侍奉左右吗？我能赶得上最后一眼吗？

牺牲大片乡村和城镇、成就个别大城市的发展路径，造就了今日中国的基本格局，资源极端不平衡，机会极端不均等，迫使广大"不幸"生在欠发达地区的青年人少小离家，一窝蜂地扎堆"北上广"。从正面看，这是社会流动，是资源合理配置，殊不知，隐患早就埋下，代价异常昂贵。当年我兴冲冲离家，眼里只有名校、大都市与锦绣前程，却不知出来混，迟早要还。如今父母年迈，能见到我就是他们最大的福利，见不到我就是对他们最大的折磨，我却吝啬得每年只给他们一两次见面机会。这就是代价，该是我们还债的时候了。

同样的事情也发生在农民工身上，几千年来安土重迁，如今却要背井离乡，他们合力主演了三十年的经济神话，却留下了留守儿童和留守老人——这时代最大的悲剧莫过于此。更可悲的是，我们这些远离故土的人，并未因此获得他们的尊重与谅解——那些"北上广"的当地人，那些一辈子不曾离开父母半步的人，他们嘲笑外地人"报恩"父母的想法太陈旧，他们视回家过年为陋习，视春运为灾难，他们永远无法理解外地人那颗思乡的心，为何如此迫切？如此不通融？你向他们倾诉，他们一句话就给你顶回来：谁让你来的？你老老实实待在家乡不就没这些麻烦了吗？

古时父母去世，做官的要告"丁忧"，回乡守孝三年，三年后才可陈请复职。即使普通百姓，三年内也不得婚娶，如有特殊情况，必须在百日之内操办，叫做"借孝"。据说曾国藩当年守孝挂帅，就是由咸丰皇帝亲自下旨借孝的。放在今天，这样的规矩或许多余得可笑,但是现在,我却越来越觉出它的庄重。胡适的儿子出生时,正值新文化运动,这位新文化的领军人给儿子写了一首诗,"我要你做一个堂堂的人,不要你做我的孝顺的儿子",语出惊人。但说归说,做归做,胡适本人却是极孝顺的儿子,他客居海外时,坚持每天写家书一封,让老母亲时时读到儿子的信息,待到胡适的儿子长大,他也用这标准来要求儿子,全不顾年轻时写的那首诗了。今天,我们的通讯手段无比发达,有谁能做到胡适这样?别说每天一封信,哪怕每天一个短信?

这是一个制度化、结构性地消灭人伦的年代,高铁、网络、中国电信,并没有让亲情更便捷。骨肉被分隔两地,血脉被拉长稀释,年轻人即使有心,也已经无力,在奔走求生的现实重压下,亲情早被挤压得所剩无几。亲子之情,天伦之乐,原本至高无上,任何人无权剥夺,却不料败倒在这坑爹的时代。

网上有人感叹:"这些年,我所有的眼泪都流在春节结束后,父母送我上车离家的时候。"情真意切,却万般无奈。

因为在我们的内心深处,亲情并未退化到泯灭,它仍然死守在我们内心的底角,当朋友不可靠、爱人不可靠时,父母几乎是我们最后的情感依托。更何况,千疮百孔的养老体系,让子女们更加放不下心,国家不养老,只能"养儿防老",儿却远在千里之外。另一个原因在于,这一代的中国父母,把全部心思都寄托在子女身上,他们太疼惜孩子了!要知道,牵挂是相互传染的,是要继承的,父母过分的爱,成为子女不能承受的重,要变本加厉地"返还"给父母。如果中国人的亲子关系也像外国人一样相对独立，我们两代人是不是都可以更洒脱一些？

从父母角度来看，他们也有更多的理由牵挂子女。孔子说：父母在，不远游，游必有方。后半句是说：如果子女一定要远游，也要有一个明确的、让父母放心的去处。可是，这恰恰是一个"无方"的年代，青年人漂泊异乡，身心无处寄放，不知道哪里才是真正的家。这正是让父母放心不下的地方。很多年，母亲担心我的早餐，怕我早饭没有着落，潦草应付过去，亏了身子，"不怕一顿不吃，就怕十顿不饱"。我常嘲笑她，说她本末倒置，用我的话说，"早餐是世界上最不重要的事情"，我有那么多人生难题、终极困惑你不关心，偏偏要纠结什么早餐。可是，今年，我体会到了她的深意。稳定的、营养均衡的早餐，正是"家"的首要标志，是"有方"的重要前提。对一个母亲来说，没有什么比这更值得担心。

一位海外学子在日志上说："我十九岁上曾发誓，父母去世之时守孝三年，如今我再发一誓，毕业后五年为期，纵弃前程锦绣，亦决然回家，以全人子之心。"还有人说："有人问我，为什么上完学不留在大城市要回来工作？我说，因为家里有我的家人。我自认为，工作不是说签了牛逼的企业或者去了牛逼的地方你就牛逼了，工作不过是为了过一个自己喜欢的生活，我不喜欢去贡献自己的青春建设别人的家乡，等到爹娘老死还要赶着飞机回去，还不一定买得到票！"少数人的回归和反抗，让人钦佩，但另一个事实是，大部分人仍被时代裹挟，急惶惶踏上不归路，却忘了其实身后还有另一条退路。

"人生在世,有的成了面子,有的成了里子。"这话放在亲子关系上也成立,对父母来说,我就是他们的"面子",我自幼学习好,不惹麻烦,上学工作都没让父母操心,现在混迹大上海,娶了上海的漂亮媳妇,在北方的县城,这些足够他们炫耀了。但其实,我不过是一张"面子",我一点都不实用,我只有观赏价值,基本没有使用价值,父母不要我的钱,我也没能力为他们托关系走后门,我们相隔六省一市、一千公里,每隔一星期或十天我和他们通一个电话,一年回去一到两次,和他们朝夕相处的时间,加起来也就半个月,对他们来说,我越来越只剩下象征意义。我的父母为了省下一块钱的公交车票,甘愿步行几站路去办事,我在上海,一个月打车费上千块,下一次馆子就够他们一个月生活费,我们好像生活在两个世界。

万幸的是,我的父母还有一张"里子"——我的姐姐,她在省城,衣食无忧,她把父母接到身边共同生活,给他们吃穿,带他们看病,陪他们聊天,忍受他们的争吵和絮叨。姐姐可能没有那么多值得吹嘘的头衔,却是一个尽职贴心的"小棉袄",正因为有这样一个甘愿牺牲的"里子",才有了我这个逍遥法外的"面子"。但是,我越来越不能原谅自己,尤其当父母六十岁以后,当父母的父母相继离世后,我越发意识到他们的孤独无助。做父母的,哪怕有十个子女,每一个也都是不可替代的,我不该以任何理由推卸责任。

"今生还能和父母见多少次面?即使父母活到100岁,你每年回家见一次,还能见多少次?"这条微博在网上广为流传,每个人都在默算自己的数字,每一个数字都触目惊心。亲情在倒计时,永别似乎近在眼前。

姥爷去世,我和父母踏上北去的高铁,列车长啸,以 300 公里的时速追赶猝亡的老人,追赶逝去的亲情。此刻,我的父母已成孤儿,他们只剩下我们,而我们已经成人。那一夜,我在手机上悄悄记下:平生第一次,我发现了比生命、爱情、正义、写作更重要的事情。

歧路问远方

> 浮云去问风向
> 歧路去问远方
> 关于未来的事
> 究竟谁说了算
>
> ——《卡门》

我从哪里来？

1996年考大学，我报的是山东大学中文系，分数差一点，被调剂到了一个叫做"社会学"的专业，我拿着录取通知书问我的中学校长，校长歪着头看了半天，说："社会学？大概就是关于社会的科学吧。"该校长以熟知各专业情况著称，曾在高考动员大会上为我们分析了三个多小时，但对于"社会学"这门专业，他却只有这一句。

暑假里我的同学兼发小来找我玩，说："社会学不就是学习社会经验吗？将来我们要在社会上摸爬滚打，迟早会有经验的，干吗还要专门学四年？"该同学考的专业是自动化仪表，不是靠在社会上摸爬滚打就能学到的。四年后我们都考上了研，互相请客吃饭时，看他在酒场上的规矩，感觉他的社会经验倒比我多得多。

进入大学后，同系的师兄师姐们为我们开迎新晚会，我们逮人就问："啥叫社会学？"师兄师姐们都讲得头头是道，但答案都不一样，在众多说法中，一位戴眼镜的师兄给我印象最深，他说："焦点访谈看过吗？社会学就是焦点访谈。"该师兄长得文质彬彬一脸正义，很像白岩松，十年后我见到他，他正忙于四处推销啤酒，长了一个啤酒肚，一点也不像白岩松了。

大一下学期时开了一门课叫"社会工作"，一位漂亮的女老师为我们讲课，男生们都很喜欢她的课，女生们也经常在课下讨论她的发型，但对于什么叫"社会工作"，却没人说得清。最有意思的是，这门课要理论联系实际，所以要安排社会实践，也就是所谓"专业实习"。具体方法是，一到周末，全班同学就骑上自行车，从山大老校所在的济南市东北角出发，浩浩荡荡地穿过整个市区，历时两个小时，来到济南市西南角的第一福利院，在院长和护工的指导下，我们扔下自行车，抄起一块块抹布，开始为福利院擦窗户。一学期下来，济南市第一福利院的每一块玻璃上，都留下了我们辛勤实习的汗水。那时条件艰苦，我们连自行车都是向大二的师兄师姐们借的，直到我们上大二时条件才好转，大家也买了自己的自行车。这时，新一届大一学生又来了，于是我们把自行车借给他们，他们骑上去浩浩荡荡奔向福利院，开始了新一轮的实习。

我的经历也是我们这一代社工的普遍经历，它至少包含了以下四个特点。

一是非自愿性地进入专业。大学时系里曾搞过一个调查，问哪些人在高考时主动选择了本专业，调查结果显示，全班40个同学中，没有一人主动选择，全都是报了其他专业因分数不够或别的原因，被稀里糊涂调进了社工。也许有人会说这很正常，很多人都是误打误撞进了某行业，日后却成了该行业的大师。但对于社会工作，我总觉得先天的认同更加重要，甚至是最重要的，而专业训练则只是时间问题。如果我们能效仿国外，让学生先了解社工这门专业，并进行相应的倾向性测试，再决定是否选择，那可能会合理得多。

2006年，我所在的浦东社工协会举办了国内第一届"社工节"，为期四天的节日里内容非常丰富，其中有一档专门针对高三学生及其家长，由专家和社工向他们介绍社工专业的特点，会后很多家长说："我的孩子天性开朗，乐于助人，人缘一直很好，我想让她报社会工作专业！"这些孩子是幸运的，也许只有在他们中间，才有可能产生中国未来真正的"社工大师"。我们这一代，顶多是"社工师"。

二是专业教育中理论与实际的脱节，社工专业所要求的"专业实习"，在2003年之前的各大高校里基本上形同虚设，专业出身的社工不会做社工，是这一代社工的通病。2004年一位香港社工专家来考察，对内地的社工职业资格考试很不理解，因为该考试要求社工专业出身的人也要经过职业考试才能上岗，在他看来似乎是多此一举，但是，等他了解了内地高校社工系的实习质量后,他相信职业考试是必需的一环。这种状况最近几年总算有所好转,在浦东,每年由社工协会转介或直接接收的实习生要超过百人,分布在25个不同的实习基地,有一次我接待了一位校友,按辈分应该算我的小小师妹,不过在实习要求上她可一点也不客气,一来就把学校发的实习手册拍在桌上,要求在实习期间给她安排多少个案、多少小组,否则她就另选别家。在这种情况下,如果我安排她擦窗户,她肯定不干。这是高校社工教育的进步。

不过,社工系学生对社会现实和常识的了解还很欠缺,高校在这方面也缺少教育。2005年我为某大学社工系大四学生讲课,期间问他们一个问题:你们知道民政局是干什么的吗?结果全班31个同学齐声回答:管结婚的!我再提示:还有吗?有几个人想了想,弱弱地说:还管离婚。中国的社工不知道民政局是干什么的,恐怕也很难成为一个合格的社工。

三是社会工作与社会学的暧昧关系。在20世纪90年代中后期,社会学的"高人一等"与社会工作的"寄人篱下",大概是普遍现象,一直要等到新世纪的前几年,两个专业的境况才发生了戏剧性的转变。不过这属于学界关心的话题,不做赘述。总之当时的普遍情况是:专业名称是社会学,课程中有社会学也有社会工作学,最后拿的学位是"法学"。而对学生来说,最贴切的恐怕是"没法学"。

四是专业与职业的分离。这一点在大学的前几年还没有太多体会,等到大四的时候,同学们茫然四顾,开始扪心自问:毕业后我做什么?我能做什么?据我了解,我周围的同学中,还是有很多人希望从事本专业的,或者至少是与专业比较相关的行业,但在2000年前后,全国上下能有几个社工岗位?有哪个人才招聘会上会打出"招收社会学专业"或"社会工作专业优先录用"?迫于无奈,绝大多数同学选择了改行,去考公务员,或者卖啤酒。2005年浦东社工协会和美国北卡大学社工系师生交流,美国学生问我们,为什么中国社工系的毕业生都跑到其他行业去了?我当时想别给中国人丢脸、给社工界抹黑,就回答说:因为中国社工教育很成功,社工系学生素质高、能力全、适应性强,所以可以胜任不同的行业。后来才知道,美国社工系学生的流失率也很高,看来这也是一个普遍现象。

正是在这种暗淡的就业前景下,我和我的大多数同学选择了考研,为了更有把握,我仍然报考了本校本专业。2000年3月成绩下来,我的分数不上不下,处境微妙,系里老师建议我早点向外校投简历,万一山大录取不了,其他地方能上就上。于是我开始了生平第一次的大批量发送简历,凡是有社工专业或相关专业的大学,一律投过去,我感觉自己好像分裂成了无数碎片,装在一个个信封里,散向全国各地的或知名或陌生的大学,不知道命运将把我抛向哪里。在简历中我附上了大学4年在《齐鲁晚报》、《济南时报》发表的20多篇长篇报道,也许正是被这些文章打动,短短十多天里,我竟然接到了很多大学的邀请。我还记得天津一所大学的老师,她每隔一星期就来一个电话,询问我目前的动向,保证会为我保留名额到最后一刻。在众多学校中,我圈定了三个目标,北京的中国农大,上海的华东理工,和广州的中山大学。我打电话给系主任吴忠民教授,他当时已经准备调往中央党校,我请他帮我分析,他说:"华东理工的院长徐永祥教授,有次会议我和他住一个房间，他的社会工作搞得很不错。"正是这句话把我的最终目标定在了华东理工。

而这时的徐教授也已经看了我的简历，有一天上午他从上海打电话到我在济南的宿舍，说："明天你过来一趟吧。"语气轻松得好像我就在他办公室楼下。不过徐教授其实非常细心，随后就向我详细讲了乘车路线，包括下火车后如何换地铁，买几块钱的车票，在哪一站下车然后再到马路对面换乘哪一路公交。我到现在还清楚地记得那条路线，那是一条充满了偶然性、但最终引领我走向社工的路线，而徐教授正是那位领路人，他也将在日后成为我的研究生导师。

这次上海之行大大拓宽了我的视野，让我发现在更广阔的天地里还有更宏大的事情。从上海回到济南，有人告诉我山东大学的分数线下来了，我被录取了，不过那时的我去意已定，我去学校办理手续，负责调档案的老师问我："你已经被山大录取了，档案还调不调？"我毫不犹豫地说："调！"

在华东理工大学的三年学习，让我更系统地了解了社会工作这门专业，也让我对上海的社工发展和社区建设有了近距离的接触。2001年暑假，我的那位同学兼发小来上海找我，两人都是穷学生，去不起购物和娱乐场所，只出得起路费，于是我们决定去一个上海市内最远的地方，我们想到了浦东。从地铁1号线上车，在人民广场换乘当时刚刚开通的2号线，一路开向广阔的浦东。等我们饥寒交迫地赶到世纪公园门口时，门卫告诉我们还差一个小时就关门了，我们铩羽而归，但并不扫兴，因为很快我们就在金茂大厦下面重新兴奋起来，望着这座88层的庞然大物，以及在它的俯视下宏伟展开的世纪大道，我感觉自己来到了一个全新的世界。那一刻我还不知道，两年后的 2003 年，我从学校毕业之后，将再次踏上浦东大地，成为这里的一名社工；再过几年，我将在世纪公园的门口安家，成为这里的一位居民。这个中国经济社会发展的最前沿，这个中国社工的发源地，将成为我的第二故乡。

我是谁？

2003 年是上海社会工作发展史上具有里程碑意义的一年，也是中国社工史上一个值得铭记的年份。这一年年初，由马伊里担任局长的上海浦东社会发展局颁布了国内第一个关于社会工作岗位设置与专业要求的文件，其超前性的内容与构想直到几年之后才被更多政府部门所谈及和认识；也是在年初，国内第一家民间性社工专业组织"乐群社工服务社"在浦东成立，一群刚从学校社工系毕业的年轻人开始了一段波澜壮阔而又险象环生的创业历程；与此同时，上海市民政局和人事局关于"社会工作师"的考试办法也在这一年出台，成为国内第一个关于社工职业资格认证的地方标准；这一年年底，一支由国家劳动和社会保障部派出的调研组来到浦东，与马伊里局长及浦东社工协会商讨开发社工国家职业标准的课题，一个更加庞大、更具深远意义的工程已悄然启动……

也是在这一年年初，正当"非典"肆虐的时候，我戴着口罩来到了浦东社工协会，开始了我的第一份工作，那时我还差几个月才毕业，社工协会和乐群社工服务社策划了一个"抗击非典，与你同行"社工服务计划,正需要人手。到处都在封锁、隔离,我们没有办法深入居民区,就从社区科普中心借了一个房间,在里面开设了五部社工热线,准备通过电话为恐慌的居民提供一些情绪支持。海报贴出去的第一天,我们守在各自的电话旁,默念着准备好的话和一些必备的医学卫生常识,等着第一声电话铃的响起,但一天下来,我们一个电话也没有接到。第二天我们改变了策略,向当地居委会要了隔离家庭的电话,直接把电话打过去,从一开始的冷漠、回绝,到后来的倾诉和畅谈,终于有些居民逐渐接受了我们。一个小姑娘在电话里说她房间里只有一张床和一张桌子,她想听歌却没法听,我把电话按到免提,社工们一起为她唱《明天会更好》,小姑娘在电话那边哭了……

仅此而已。那些至今未曾谋面的声音,是我的第一批案主,我不知道他们长得什么样,也不知道他们现在过得如何,只是觉得如果相遇在今天,我可以为他们做更多。年轻的社工们在突发事件中的危机干预能力,第一次受到了挑战。整整五年后,当汶川大地震发生后我们再次出动时,已经成熟了很多。

2003年的浦东社工协会是这样一种局面:办公室蛰居在一个社区服务中心的底层,从前门到后窗走6步,从左侧到右侧走5步,在这个不足10平方米的空间里,放着两个文件柜,一张办公桌,一台电脑,一部传真机兼电话,桌前坐着唯一的一名专职工作人员,就是我。协会账户上不足万元,会计和出纳都由其他机构的财务人员兼任,几乎所有固定资产都是从其他机构淘汰下来的,没有网站,没有刊物,没有饮水机。在一派萧条中,有几个小的装饰品显得格外珍贵和意义深远:窗台上放着香港资深社工机构——基督教服务处赠送的一个铜制纪念品,上面刻着"任重道远";文件柜的底层收藏着一幅卷轴,展开是一行遒劲沧桑的字:浦东新区社会工作者协会,落款是"费孝通"。就这些了。

协会的第一任会长、也是创始人之一的吴铎教授,曾任华东师范大学党委书记,是国内知名的社会学家。为了协会的工作,当时已经七十五岁的他带着二十五岁的我四处奔走,向那些年龄和职级都远低于他的官员们呼吁甚至恳求。有一次为了找到一个培训教室,吴老师带我去和一个街道的领导商谈,临近中午,领导叫秘书拿给我们两张饭票,叫我们中午在机关食堂吃饭,吴老师接过来给了我,吃饭的时候,吴老师说:"小姬啊,给饭我们就吃,我们社工协会就是吃百家饭长大的。"我一直记得这句话,在当时的浦东,政府购买社工服务的做法还不多见,机制和氛围也远不及现在,"吃百家饭长大"成为当时为数不多的几家社工机构所面临的共同命运。

"非典"之后,协会很想围绕青少年的健康教育做些事情,但经费没有来源。有一天,协会秘书长吴建荣先生打电话给我,说美国的辉瑞制药公司刚在上海开设分公司,有意资助健康类的公益项目,让我赶紧写一份计划书。那时的我从没写过项目计划书,连夜上网查了资料,又花了好几个晚上,总算写出一份计划书。那几天辉瑞公司中国区老总正好在上海逗留,机会难得,我决定直接找老总去谈,前一天我还特意买了一身西装,那是我买过的最贵的一套衣服。老总第二天中午就要乘飞机离开,上午还有事情,只有吃早饭的一点时间可以用来接待,我穿着新衣服早早来到淮海路中信泰富的顶楼餐厅,在楼梯间里一遍遍默念着项目书上写的内容。电梯门开了,出来的是一位亲切儒雅的中年女士,经旁边秘书介绍我才知道她就是冯总。我们来到餐厅,整个谈话不超过 20 分钟,我已经完全忘了我说过什么,只记得当时冯总叫我一起吃早饭,我一个劲说自己已经吃过了,其实当时才早晨七点多,我从浦东赶过来路上要花一个半小时,早饭是肯定没时间吃的,那个谎一定撒得不够圆满。

事后我一直回想,与其说辉瑞公司认同了我的计划书,不如说是冯总被我的青涩和真诚打动。几天之后,我接到了辉瑞公司的电话,叫我填写一套厚厚的表格,申请进入了实质性的操作阶段。又过了几个月,辉瑞派出一支七八人组成的考察团,要来协会办公室洽谈。当时协会的所有兼职会长都不在上海,但我还是借了旁边社区服务中心最大的一间会议室,接待当天,我把周边的居委会、暑托班、科普中心里所有没事的人都叫来,连食堂的管家都叫了来,满满坐了一排,介绍的时候我就说:这是我们协会的王老师,这是我们协会的小陈……对面有老外,也有香港人,反正谁也不认识谁,只是互相点头微笑。后来,这些被我拉来的人,都成了这个项目的实际参与者。

这次洽谈之后没多久,协会收到了约 41 万元的项目经费,不要求冠名,也没有任何附加条件,只需要按计划书操作就行。41 万元,对美国公司来说只是区区 5 万美金,但却比协会成立以来的收入累计还要多。我高兴得打电话向协会秘书长吴先生汇报,记得他在电话里大声说:"祝贺你!"这让我很振奋,感到这个项目里也有我的一份小功劳。

从 2003 年年底开始,协会受劳动部委托,开始了社工国家职业标准的开发工作，我也作为实务界的代表参与进了这项庞大的系统工程。课题组的组长正是浦东社工的缔造者马伊里局长，其他成员也都是我的老师，甚至是老师的老师。在两年多的时间里，我有幸参与了社工职业标准、培训教材、鉴定题库等一整套文本的研发，也目睹了国内首次将社会工作纳入法定职业序列的全过程。同时，这个过程也是我重新整理和审视社会工作专业，将专业理论与实际的职业行为进行匹配、冲撞、调整、统一的过程。2004年6月，《社会工作者国家职业标准》正式颁布。

2005年7月，首次社工国家职业资格鉴定在上海举行。我也报名参加了高级社工的考试，就在考试的前一天，我接到鉴定中心电话，说经过查证，发现我属于考试开发组成员，并且是中级社工考试的考评员，按规定不能参加考试。后来，经过领导的协调，总算达成了一个妥协的办法：我还是不能参加统考，但可以为我单独命题单独考试。几个月后，我混在一群物流师、心理咨询师、游戏设计师的考场中，考取了一张高级社工证书。

回顾过去，记忆总是被那些看似辉煌的事件占据着显要的位置，但真正用来填充时间的，却是一个个迷茫、无奈和困顿的瞬间。《社工国家职业标准》的出台曾让多少社工欢欣鼓舞，似乎也从法定意义上解决了"社会工作者是谁"的问题，但其实，关于这个问题的澄清、误解、申辩与重新思考，才刚刚开始。这一方面是因为社会大众对社工的认识还非常有限，另一方面也反映了社工自身职业内涵的不清晰。"社工是谁"已不仅仅是一个专业或理论问题，也与每一个社工的现实处境息息相关。

不知道从哪一天开始，我总是被反复问到这个问题，一开始我还会一一解释，慢慢地我发现我失去了耐心，这个问题从一开始的单纯的好奇，演变成了冒犯和质疑，变成了对你的身份的盘问，成了对你这个人存在意义的根本性的否定。我已经记不清在多少个场合、被多少个人问过这个问题，它的一般提问方式和我的习惯应对方式大致如下：

——你是做什么的？

——我是社工。

——社工是居委会的吗？

——不是。

——社工是志愿者吗？

——不是。

——那社工是做什么的？

——说来话长，要讲两个课时。

——那社工是公务员吗？

——不是。

——是事业编制？

——不是。

——那你是在公司？

——不是。

——那是企业？

——也不是，我们不是企业，我们是"非企业"，全称是"民办非企业"。

——那什么是"非企业"？是公务员吗？

——……

不知道自己是谁，只知道自己不是谁，这是我们这一代社工的身份难题。我一直想，如果有一天，谁能用一两句话来回答"社工是做什么的"，就像回答"医生是做什么的"、"律师是做什么的"一样清晰无歧义，让所有提问者听得明明白白再没有质疑和追问，那才是社工真正实现专业化职业化的标志。但是现在，我做不到。

我初到浦东社工协会的时候，还挂在民政局下面的一个事业单位，属于"事业编制"，是有"人头费"的，这也是当时政府扶持社工组织、吸引社工人才的一个举措，所以有几年时间里，我在协会工作，但不拿协会的工资。这种状况维持到 2005 年，为了使协会朝更加民间化的方向发展，也因为用人机制上的各种原因，我辞掉了事业编制，当时很多领导和老师劝我考虑清楚，铁饭碗丢掉容易，想再捡回来可就难了。但我当时并没有想太多，我最初来协会工作，也不是冲着这个编制来的。手续办得很快，签个名就办好了，简单得就像在食堂退掉一张饭卡一样。从这一刻起，我成了纯粹的无牵无挂的"社会人"，在我看来这是一个社工的必然归属；也是从这一刻起，我作为社工的身份与处境，开始与另一个名字更加休戚相关：社会组织。

谁不能理解中国的社会组织，谁就无法真正理解中国的社工。社会组织在中国的名称非常混乱，就像一个没人认领的野孩子，任由路人随便取名叫唤。民办非企业作为社会组织的一种，也是社工机构最常出现的形式，它的身份更是暧昧不清。关于民办非企业的一段经典对话发生在一名社工和一名税务局工作人员之间，税务局要求社工服务社按企业标准缴纳税金，社工说：我们不是企业，是民办"非企业"。工作人员说：不对，你们是"民办非"企业，只要名称里出现"企业"这两个字，就要交税！类似的事情，我都曾遇到过多次，政府和社会对社会组织的漠视和无知，已经到了可笑的地步。

社工与社会组织走到一起，其意义和重要性成倍放大，已不仅仅是"为社工找个组织"或者"让社会组织更加专业化"这么简单。往小处说，它是政府体制改革的依托和突破口，关系到社会管理体制的成败；往大处说，就是社会稳定格局中不可或缺的一块，是和谐社会的基础。翻看改革开放三十年历史，我总觉得现在的社工和社团，像极了三十年前的民间资本和乡镇企业，现在的政、社关系，就是三十年前的官、商关系。三十年前一位乡镇企业厂长去政府部门办事，政府工作人员劈头就问：你们单位是什么级别？厂长说：我们是乡镇企业，我们没级别。结果，厂长当场就被轰了出去。二十年后，这位厂长成了中国首富，还当上了政协委员。回想厂长和政府工作人员当年的对话，与社工和税务官的对话是多么像！只可惜，现在这场改革与三十年前的那场改革相比，无论是紧迫性还是利益相关性，都较当年弱了很多，社工和社会组织能否像三十年前的企业家一样卧薪尝胆终成大器，还有更多的不确定性，关于社会工作的春天已经到来的天气预报，为时尚早。

2006年之后，得益于中央倡导和浦东政府支持，以及浦东社工协会的换届及重新定位，协会进入了又一个高速发展的时期，尤其是段慧霞担任协会常务副会长以来，变化更为明显。2007年协会直接项目收入已超过200万，转介给其他机构的项目就更多,协会秘书处专职人员已超过 10 人,单是总部办公室面积就已扩至 200 多平方,也建了网站,买了饮水机。由协会独家或合伙出资成立的社工机构也越来越多,一个以社工协会为核心的多领域多层次的社工体系已在浦东初见规模。我作为协会的副秘书长,也经历了成长与蜕变,有太多细节来不及一一细说,只是我最关心的关于社工身份定位的问题,以及社会组织与政府关系的问题,在我看来仍然悬而未决。一个富有象征性的细节是,协会虽然数次搬家,但我要去区政府办事,交通总是不便,公交车总是拐弯抹角不能直达,打车成本太高,买车更不可能。总算到了政府门前,门卫对社会组织来访者的盘查和警惕仍是有增无减,常常是局长找我们开会,但门卫不让我们进门。政府的大门仍然不太熟悉我们的面孔,政府和社会组织之间的那条路,仍然没有畅通。

我往何处去?

2007 年我的长篇小说《阑尾》出版,并在首届华语文学创作笔会上获得了"最佳小说奖",那个当年没能考进中文系却误入社工系的文学青年,现在成了一个小有名气的作家。不过,有社工界的朋友们看了《阑尾》后,却坚称这是一部"社工小说",因为里面写到了社会工作者,更重要的是,这是一本由社工写的、用社工的眼光去看待人生和世界的小说。我对这种说法不置可否,但在小说扉页短短几行的"作者简介"中,我简单罗列了自己的经历,"山东大学""华东理工大学""浦东""社会工作者"占据了醒目的位置,除此之外的其他经历,在我看来都不值一提。

2008年年初，我作为社工和社会组织的双重代表，成为浦东新区团委兼职副书记。当年我从事业单位辞职，全心全意进入社会组织，现在，我的一只脚似乎又踏回了政府，只是我不会忘记，我的背后代表的是社工和社会组织，而不是我个人。

2008年，我的本职工作仍然是社工，除去社工协会的工作，我还担任浦东四惟社工培训中心的主任，同时还是5家社工机构的理事或董事。晚上下班回家，我仍然写我的小说，弹我的吉他。我不停地穿梭在私人身份与职业身份之间，也穿梭在不同的职业身份之间，我想把所有的职业身份合而为一，也想把职业身份和私人身份的界限划分清楚，但我发现这样做很难，越来越难。等到这些身份的迷乱与冲突到了不可调和的地步时，我只能选择一个而放弃其他所有。

2008年9月，汶川地震后的第四个月，我在都江堰，作为上海社工服务团浦东社工服务队的一员，我和受灾的当地居民们一起，住在一个近2万人的安置点里，我在这里度过了平生最不平凡的一个中秋节，还将在这里度过一个特殊的国庆节和重阳节。我每天和板房里的居民们在一起，感受到的是前所未有的单纯和快乐，以及数不清的感动到流泪的瞬间。都江堰的经历给了我新的启示，让我对未来的选择多了一种可能性：回到一线，回到实务，抛掉所有的行政事务和职务，远离官员和学者，去和无数普普通通的、尤其是弱势和底层人们在一起，干干净净做一名真正的社工。

此刻，我坐在深夜的板房里写这篇文章，窗外暴雨如注，隔壁居民安详的鼾声让我平静。2008年我30岁，我出生的那个冬天正是十一届三中全会召开的时候，作为改革开放的同龄人，对于时代变迁与个人命运间复杂微妙的关系，有着天生的敏感性。和几年前相比，这个问题让我更迷惑了。大学毕业前班里搞毕业纪念册，每人交一张有代表性的照片，在我选的那张照片上，我一个人坐在长长的铁轨上，光着脚，两只鞋放在轨道上，一个朝前，一个朝后。几年后这张照片被拍进了《焦点访谈》的社工专题节目，后来又成了很多高校社工系新生入校的必看节目，那种进退两难、不知道何去何从的困境，是我们这一代社工的共同遭遇。今天看来，这张照片仍然有效。

不为人知的社工

社工是谁？

汶川大地震后，我作为上海社工赴灾区服务团的一名社工来到都江堰，临行前我们订做了统一的工作服：一件醒目的黄色T恤，过机场安检的时候，我们明显比别人过得更快。一位工作人员对我说："我看到你后背上印了四个大字：上海社工。"

这件印着"上海社工"的黄色T恤，是我们带给都江堰人民的第一张名片。安置点的居民们亲切地称它"黄金甲"，社工们集体出动时，确实有点"满城尽带黄金甲"的气势。还好，我们比那部同名电影的名声要好得多，可以毫不夸张地说：经过几个月的服务后，板房里的每一位居民都认识我们，说得出我们为他们带来了什么，而且，他们能真切感受到我们开展工作的理念和方法、我们的一言一行一举一动，和他们过去早已熟悉的各类人员相比，有什么区别。这是对社工最高的肯定，胜过任何官方的评价和学术的总结。

台湾9·21大地震后，台湾社工也冲在灾后重建的第一线，并且持续三年。受他们启发，我所在的浦东社工服务队也计划在安置点服务三年，考虑到选派的人员均是浦东各机构的专职社工，还要兼顾上海的工作，我们采用了分批分期轮流派驻的方式。对社工和板房居民来说，这意味着他们要忍受一次又一次的告别，要一次又一次地等待重逢。我记得我们这一批社工离开都江堰的那天，大家特意想早点出发，不要惊动他们，但他们还是早早赶到社工站为我们送行，一位老大爷提着前一天从山上一粒一粒捡回来的白果送给我们，一个只有九根手指的大姐带来了她亲手编织的生肖像，一位老人拉着社工的手，满眼是泪，一位当地管委会工作人员说："你们让我认识了社工，在这之前，我从来不知道社工是谁。"

社工是谁？他们是一群什么人？他们是干什么的？对于众多没有实际接触过社工的人来说，这仍然是一个问题。

在四川期间，我受邀去德阳市参加了一次"板房社区管理研讨会"，德阳安置点里没有社工，所以想请我去介绍上海社工在都江堰的经验。现场全是官员和学者，由于是临时邀请，我被安排在会场的后排，旁边一位会务组工作人员听说我是社工，悄悄捅捅我的胳膊，问："你是来帮我们修房子的吗？"

在过去很多年里，我已经被这个问题，以及这个问题的其他形式反复问过无数次。不过现在，我首先要应对这位会务组人员的提问，我说："不是。"她马上追问："那你们到底是来做什么的？"我说："等一下听完我的发言，你就知道了。"

会场设在德阳市政府大楼的最高层，外面就是楼顶的露天平台，我从会场悄悄溜到平台上，看看四下没人，我脱下上衣，从随身携带的包里掏出了工作服。

我们到底是来做什么的？说实话，在此之前，我也没完全想通。

"你们是来修房子的吗？"

我站在德阳市政府大楼的顶层平台，脱下了上衣。市政府是这一带最高的楼，站在平台上，四周楼房街道尽收眼底。九月的四川楼顶，风已经很冷，吹在我赤裸的身上，唿唿地响。这大概是我去过的最高的露天更衣室了。

我蹑手蹑脚回到座位上，会场里依然气氛热烈，没人注意到我。我捅捅旁边那位工作人员，问她贵姓，她说她姓颜，颜色的颜。这时主持人凑过来，问我能不能在发言时放映一些社工工作时的图片，我说可以，他说投影设备在会议室的另一端，所以请我换一个位置。我于是拎起大包小包，和颜老师告了别，搬到会场的另一头。轮到我发言了。

我说："非常高兴有机会参与这次讨论，刚才在听各位专家发言的时候，我同时还做了两件事情，一是从会场的那一头搬到了这一头，因为等一下要为大家放一些图片；我还做了另一件事，不知道大家有没有注意到：我换了一件衣服。"大家的视线都集中在我的黄色T恤上。"刚进会场的时候，我穿了一件浅色的T恤，但是现在我换上了上海社工的统一服装，都江堰当地居民都称它为'黄金甲'，可以毫不夸张地说，在都江堰的安置点，只要我换上这身衣服，所有人都认识我。"

"我临时决定换上这身衣服，是因为刚才的一段小插曲，会务组的一位颜老师听说我是社工,就问了我一个问题:你是不是来帮我们修房子的?"听众们都笑了,我注意到会场另一端的颜老师也在笑,也许笑得不太自然。"我说我不会修房子,她马上问我:那你是来做什么的?我想很多人心里都会有这个疑问,社工是来做什么的?说实话我来四川之前,心里也有疑问,但是现在,当我穿上这件醒目的黄色T恤的时候,社工在我心里的形象也突然清晰了,我相信当安置点的居民们看到这身黄金甲时,他们也非常清楚我们为他们做了什么。我想刚才颜老师问的那个问题并没有错,我们是来修房子的,只不过我们修复的不是物质性的房子,我们修复的,是他们的社会关系,是他们的精神家园。"

接下去,我介绍了浦东社工在安置点的各项服务,包括"火凤凰妇女绒绣"项目,"爱心加油站"计划,以及之前在上海组织的"新驼峰"行动等,同时放映了社工身着黄金甲在板房服务的照片。全场的官员和学者们都静静地听着,看着。

会后,会务组那位颜老师走到我面前,说:"好啊你,把我给出卖了!"我们互相大笑。后来我才知道,她原是成都的白领,震后也做起了志愿者,这次是来帮忙的。

一星期后,她从成都来都江堰看我,还带了全家老少,他们参观了我们社工站,她和她老公都想来做志愿者,还问我要了很多社工的资料。她甚至还带来了她妈,他们实在太热情了。不过,她妈一见到我,就问了一个问题:你们是来帮我们修房子的吗?

社工是志愿者吗?

社工是志愿者吗?是义工吗?这些年来,我已经被这类问题问过不下八千次了。我想回答的是:社工不是志愿者,它是一种职业,需要具备专业能力与职业资质,并通过专业服务获取报酬。想到这个问题,我就会想起三个人,一个是导演,一个是律师,还有一个是我妈。先说我妈。

我妈出身于劳动人民。过去,她只承认工农业生产是正经职业,只有工人和农民有资格根据按劳分配的原则获得报酬,工人计件,农民算收成,多劳多得,少劳少得,有劳动能力者,不劳不得。在她眼里,这才是天经地义的。有一次我看球赛看得起劲,我妈就指着电视上的球星、很不理解地问:"这些人整天踢球,吃什么啊?"很明显,这是由于对职业化缺乏基本了解而产生的疑惑。我回答她:"这些人是职业球员,踢球是他们的职业,他们不但有饭吃,吃得还比一般人好。"我妈听了略有感悟,所以,几年后当她得知姚明去了 NBA,"天天打球",年收入却过亿时,也就不那么诧异了。

有一年,民政部联合司法部,酝酿起草中国首部《社会工作者法》,我作为上海代表之一去参加立法论证会。与会人员分成社工专家和法学专家,结果,会场变成了唇枪舌剑的声讨会。法学专家们坐成一排,看上去个个比我妈有学问,但让他们同样不能理解的是,为什么社工也是一种职业?甚至要像他们律师一样必须考出证书才能从事?社工难道不是人人都能做吗?他们不依不饶地连续责问,显得异常悲愤,其中尤以一位参与起草过国家

《行政许可法》的大块头律师最为雄辩，他慷慨陈词激昂文字，叫别人无言以对。据我观察，他的主要辩论技巧就在于抬高声调说个不停，使别人插不进话，也就无从反驳，直至散会。没办法，社工专家只好趁中午吃饭的时候和他理论，当时他正忙着吃手撕鸡，顾不上说话，同我一起来的复旦大学的顾东辉老师趁机给他举了一个例子，说："律考也实行了没多少年，古代没有律师，能写一手好文章的人，就可以摆个摊替人写状子打官司，如果放在现在，还行得通吗？"我想这个道理很明白，肯定行不通，否则像我文笔这么好，为什么至今没人找我写状子打官司呢？

还有一次，上海东方卫视《家庭演播室》节目想邀请社工作为现场观众，我带着一批社工来到了演播室现场，那一期做的是黄磊和他老婆孙莉，年轻的社工们都挺兴奋。节目开始前，负责现场调度的一位导演和我们聊了起来，问我们知不知道吉雪萍工资多少，我们说不知道，他就挺得意，因为他知道。然后他问我们："社工应该是不拿工资义务帮助别人的吧？"我们回答："社工是我们的职业，当然要拿工资。"导演马上说："那你们在我心目中再也不崇高了。"

当天节目结束后，我听到那位导演在和制片人争论片酬，争得面红耳赤。

从此，导演在我心目中，再也不崇高了。

这里是有线电视收费站吗？

2003年年初，"非典"还没结束，我来到浦东社工协会，成为浦东的一名社工。那时协会、乐群社工服务社和其他几个公益组织共同策划了一个"抗击非典，与你同行"社工服务项目，正缺人手。我一来就投入这个项目中，每天和其他社工们结伴进社区，和居民来往，虽然全城戒备，人心惶惶，但我们这个小团队气氛挺不错，大家都是年轻人，也基本都是外地人，工作之余有说有笑，晚上下班，他们还来我租住的房子里吃饭喝酒，憧憬未来。那时我觉得，做社工真开心，真热闹。

但是好景不长，非典"提早"结束了，项目组解散，社工从哪里来，回哪里去。小伙伴们都走了，我回到社工协会，十平方的小办公室里就我一个人。一台老电脑，刚中过病毒，慢得要命，做什么都得等着它。几个铁皮文件柜，冷冰冰的，装着一些过期的材料和协会全部的家当。没有同事，没有人来找我洽谈工作，领导也不在身边，很多时候我都不知道要干什么。直到桌上电话响起，领导向我布置一个新的任务，我才被重新激活。

我开始觉得社工其实是一份非常寂寞的工作。窗外人来人往，世界忙忙碌碌，好像与我无关，我们并不被人们"急需"，在全民抗击非典的时候，我们曾短暂地亮相，很快又消失了。

日子久了，人们发现一楼拐角处的窗户里面坐着一个小伙子，像门卫，或者电话接线员，于是就有人在窗前探头探脑，最多的是附近的居民，手里拿着一张单子，敲敲协会办公室的窗户。我打开窗户，听到最多的一句话是：请问这里是有线电视收费站吗？

后来我知道，有线电视收费站就在我们协会办公室楼上，是我们这座楼里生意最兴隆的一个单位。再有人来问，我连窗户都不开了，直接用手指指楼上。时间一长，和收费站的人混熟了，我就把协会的宣传材料留在收费站一些，请他们帮忙宣传，算是对我长期为他们义务指路的回报。

有一天,又有一个人拿着一张纸过来打听,我习惯性地指指楼上,但这人不走。我打开窗户,他说,请问这里是社工协会吗?

终于有人认识我们了。为了这一天,我们已经等了很久。

浦东社工，重新出发

《浦东社工》创刊，浦东社工有了自己的舆论阵地，这似乎表明，在经历了很多年的埋头实干后，浦东社工不再只做不说，而要边做边说，不仅小声说，还要大声说。据说这份刊物要立足浦东，面向全国，争取让每一位社工同行都有机会看到。这是一个让人振奋的消息。在这样一份刊物中，按说该讨论一些宏大的话题，比如分析中央部委关于发展社工的文件，不过，还是把这些话题留给专家和官员，我想先从浦东社工协会的一点家事说起。

我2003年进入协会，历经三届理事会，浦东社工和浦东社工协会从无到有、从弱小到壮大的全过程，我有幸见证了其中的大半，这期间参加了大大小小的理事会、会员大会，多到数不胜数，很多事关浦东社工大局的重要议案正是在此肇始。2011年11月25日，协会最近的一次常务理事会上，在会长彭希哲教授的主持下，又通过了一项重要决议：同意协会常务副会长兼秘书长段慧霞女士辞去秘书长一职。

2005年协会第二届理事会成立，时年55岁的段会长正式入主协会，距今也有六年。这六年间，段会长放下前政府官员的身段，换上在当时还暧昧不清的社团身份，开始了她的二次创业。她拖着疲病之身，奔走于广袤的浦东，几乎以一己之力，将浦东社工带入更务实也更广阔的天地，让浦东社工们获得了更有尊严的地位。她初到协会时曾对年轻社工说过的"选择浦东就是选择发展，选择社工就是选择成功"，事后被证明并不仅是一句励志的口号，她以身体力行的方式，一步步将这句话变为了现实。今天，段会长对浦东社工的贡献早已看在大家眼里，在她获得的各种公开承认和荣誉外，我想补充一个小细节。

大概在 2007 年，因为协会某件突如其来的事件，段会长来往穿梭于浦东的行政办公中心，甚至等不及坐电梯。在昏暗的楼梯间，原本就视力不佳的她，因为心急赶路，在最后几个台阶处一脚踏空，整个人摔了下去。当时的我身在咫尺，情急之下一把捞过去，却没能抓到她，眼睁睁看她摔在冷硬的大理石地板上。她爬起来，一瘸一拐继续走，直到把那件事情处理妥当。第二天去检查，脚骨折，脚踝肿得很粗，她也只是休息了几天，然后就打着厚厚的石膏继续工作。

在以后的时间里，我常常想起这一幕，某种程度上，这是段会长在协会工作状态的一个缩影。在社工还未得到更多人理解的情况下，在社会组织的资源网络还远未建立时，协会的每一个机会都稍纵即逝，每一次危机都要及时化解，段会长也因此时刻处于行色匆匆的状态，带伤、带病工作更是时有发生，而此时，她身边的年轻人还没有成熟，无法在危难时刻更好地帮她一把。2011 年，段会长再次因病躺在了病床上，这一次她终于下定决心，向理事会提交了辞呈。彭希哲会长对她的请辞表示惋惜，但也表达了尊重，应该说是代表了全体理事的心声。我想，段会长是该好好休养了，浦东社工，该为她的病负一份责。

不同的是，这一次段会长不再孤单无助，以国云丹、徐金凤、谢倩为代表的一批70后年轻人已经迅速成长成熟，在最近这次理事会上，以她们为班底和骨干的新秘书处已完成布局，接过了段会长手中的接力棒。我认为，这一次的交接，或许比以前和以后的历次会长、副会长甚至理事会交接更重要，更具象征性，也更有实质意义，因为这是真正两代人之间的交接。从此刻起，浦东社工协会将重新出发。

"重新出发"不是否认过去，割断历史，而是说年轻一代要以更独立的姿态和更强悍的能量，将浦东社工协会这块招牌继续高举起来；"重新出发"还意味着，在新的更广阔的社工生态中，在更密集的合作竞争环境下，在社工和公益格局大洗牌一触即发之际，浦东社工如何占得先机，在创新社会管理的体系中寻到自己的位置。段会长开始主政协会的时代，是放眼全国唯浦东一枝独秀的时代，而现在，年轻一代所面临的社工天下大势，早就不可同日而语；同时，段会长积半生经验与资源的储备，最终在社工这片热土上绽放，这也是年轻一代所不具备的。年轻的社工们靠什么来弥补？唯有提高自身的能力，在理事会上，我将这种能力称为"野外生存能力"。

浦东社工协会有三位副会长都是上海市社工协会的副会长，我本人也曾是市协会的常务理事，但在这里，我要举一个不太和谐的例子：过去有几年，在浦东社工协会眼中，市协会一度被无视，被鄙视。不是针对个人，而是针对体制。但现在我不敢这样看了，因为随着市社工协会的换届改选，一系列新动作似在表明市协会也在锐意改革，意图在新一轮社工发展中占据先导和引领地位。这其中我最看重的一项举措，是引入新途健康促进社创始人郭小牧担任市协会秘书长，尽管会长徐永祥教授善意地戏称她为"没有社工证的秘书长"，但理事会看好她，因为她身上所具备的，正是很多年轻社工所没有的野外生存能力。

郭小牧何许人也？她一介草根，她非官非商非学，但她能将政、企、社、学四界打通，穿梭自如，自成一家，她能向政府要资源，能用企业方式管理，能用社会组织的理念设计策划，还能让学者在她和她的机构身上不断发现新的课题研究点。什么是社会组织的领军人才？这就是。有些同行说她"能忽悠"，有些说她"会要钱"，要我说，这都是最难得的优势，市社工协会新一届理事会聘请她来做秘书长，本身就表明了社工协会的未来走向：去行政化、更彻底的社会化、乃至野生化，而郭小牧正代表了社工新生态中的"适者"。尽管在现有体制下，常年"野外生存"的郭小牧乍进入市协会，也许会轻度水土不服，像野兽进了牢笼，但不能不相信，以她的能量至少能对这牢笼有所冲击，有所矫正。

很多人都在重新出发，不仅浦东社工。能在这场新的竞赛中走多远，取决于他们各自的野生能力。有一次，一位体制内人士悄悄向我打探消息，他说："你们浦东公益服务园有个吕朝很有名，恩派这几年发展这么快，是不是因为他有什么背景？有什么后台？"我是这样回答他的，我说："如果有，也是人家自己努力争取来的。"

　　社工没有天生的富二代，也没有世袭的官二代，更没有一出生就荣耀的星二代，每一代社工都是开创者，社工不能"拼爹"，只能拼自己，所谓"后台""背景""人脉"，都要靠自己打拼而来。在这方面，段会长和吕朝用不同的方式，为我们树立了同样的榜样，郭小牧、王志云等一批领军人才也在陆续加入这个队伍。今天，在浦东社工协会新旧交接、重新出发的时刻，这一点显得尤为重要。前人留下的遗产，能不能真正成为年轻社工自己的资源，还要看他们的造化。从这个意义上讲，真正的挑战才刚开始。

　　我们好像又回到 2007 年那个昏暗的楼梯间，这一次，当前辈跌倒时，年轻的社工们扶住了她，让她在一旁安心歇息观望，未来的路，由我们自己走。

园丁的故事

2003年冬天,浦东第一届慈善联合捐正举行,我被抽调去帮忙。政府从下属事业单位或社团临时调人,原本司空见惯,那时的我却很难理解,因为当时我刚到浦东社工协会半年,是协会唯一的专职人员,我被调走,协会就没人了,为什么不找个人多的机构抽调呢?那段时间我很狼狈,在协会和联合捐间疲于奔跑,用当时协会秘书长吴先生的话说,"白天做别人的事,晚上做自己的事"。终于有一次,两边时间冲突,我鼓起勇气向联合捐这边的领导请假,浦东慈善基金会的赵小丹提醒我:跟我说没用,去找"万处"。

在我记忆中,那应该是我和万其刚处长第一次亲密接触。坦白说,效果不是很好,他几乎没正眼看我,嘴里发出含混的一声,算是勉强同意了。我对他的第一印象就此形成:一个标准的官员形象,带着政府官员特有的傲慢与不近人情。那一年他是浦东社会发展局福利处处长,而我初出茅庐,对政社关系抱着过于乐观的想象。到了2009年,第一届浦东公益服务月举行,这同样是一个新事物,没有专门机构负责,作为主要发起人和组织者，万处要临时调集人员，整合资源，忙得不可开交，这时的我，对他多了一份理解。回想6年前的联合捐，同样是第一届，万处同样是主要发起人和组织者，百废待举，正是要人没人、要钱没钱的时候，突然闯进一个毛头小子向他请假，可想而知他会怎么反应。但是，不管怎么说，他还是同意了。

2005年，浦东社工协会面临换届，我也遭遇了职业生涯第一个"两年之痒"，开始纠结自己的去留。作为当时的福利处处长和社工协会业务主管，万处开始介入协会的换届工作，我和他也有了更多接触机会。在第一届理事会期间，协会将更多精力放在职业倡导与职业标准研发中，相对较"虚"，到2005年，社工外部环境已发生变化，一个新时代正在悄然酝酿，看得出，万处对协会原架构不太满意，决心要清理。我私下想，大概我也属于被清理的一部分。新旧交替，正是各方利益缠绕之时，万处开始研究社工与社团，当时这对他多少算是一个新课题。协会定位、搭框架、选人、协调关系、接项目，幕后都少不了他出谋划策。现在看来，这关键的一步走得稳，走得准，社工协会的华丽转身与日后的成就，要感谢万处当年那一份默默的付出。

2006年，我们几乎花了一整年的时间来处理乐群社工服务社的一次变故。这件事情的性质与大致始末，我曾在另一篇文章中提及，归根到底，这是一件涉及社工机构"产权"归属的大事，是社会领域中"姓社还是姓资"的一次争辩，而在这一领域有所研究者，放眼全国也找不到几个，相关法律更显陈旧，缺少解决实际纠纷的细目。在种种不利形势下，万处将一团乱麻一步步导向明朗与理性，在几个决定胜负的关键场合，他甚至不惜自扮

"恶人",只为澄清公道。经过旷日持久的论战与斡旋,事件最终圆满解决,为乐群赢得了一个更清晰的治理结构和一个更坦荡的前途,更重要的是,它为社团规范化运作提供了宝贵案例,一时间,乐群章程甚至成为众多民非组织争相效仿的范本。今天,包括乐群在内的很多社会组织的年轻社工们,已经不知道这件事了。

乐群事件中,我列席参加了大大小小的各场会议,以及会后的多次谋划与沟通。我的角色是"写手",一年多时间里,数不清的意见、决议、谈判公函、来往邮件,都是由我执笔。在这些文字里,我那不可救药的正义感又被勾起,免不了要嬉笑怒骂、激昂文字。结果,我那些措辞激烈的初稿到了万处和段会长手里,统统被改得软绵绵,被删得中规中矩。我想,这大概就是官员和文人的区别。

这期间还有一件小事。有一次我跟万处外出回来,因为某些原因他不能用公车,于是我们一起挤地铁。在拥挤的车厢里,我们相邻而坐,像一对最寻常的同事或朋友。我们一路闲聊,聊怎么写公文,聊上海的房价,后来他在某一站下车,要去看他的姐姐。没有公车的庇护,置身于喧闹的地铁内,万处显露了他寻常可亲的另一面。似乎正是从这一刻起,我们的"政社关系"更顺了。

几年后万处成了社团处处长,专管社会组织,当年的"副业",如今成了主业。你会发现,当社会工作方兴未艾时,他正好主管社会工作,当社会组织风生水起时,他又开始主管社团。这或许有一些仕途的偶然性,但更深层的原因在于:他是有心人,总把目光放在更新、更代表未来的事物上。

再后来，浦东公益园横空出世，从 2008 年试运行、2009 年年底正式开园，到其后两年的深化与拓展，万处无不倾注心血。我们最熟悉的一幅画面是，在公益园 101 室的沙发座位上，一个公文包，一杯咖啡，那一定是万处又在和某人畅谈公益了。背面沙发上的公益人每次都不一样，沙发正面的则多半是万处。他几乎把办公室都搬到了公益园，搬到了公益人身边，如果要评选公益人最容易找到的领导，他一定当选。我一度想和他开个玩笑，给 101 沙发座取个名，不叫"接待处"，也不叫"洽谈处"，就叫"万处"。万处身体力行地向政府做了示范：一个官员该如何与社会组织打交道；同时也启发了社会组织：一个社工或公益人该如何与官员交朋友。

2010 年年初，我离开社工协会来到公益促进会，成为公益园"管家"，并再次被万处"主管"。关于这次变动，我对外界的解释一是因为对社工和公益二者关系的判断，二是因为对公益园这种模式的兴趣，但事实上还有第三个原因，因为万处。我既是在选一个更适合的工作，也是在选一个更适合的领导。要知道，不是每一个处长都适合被选择。

当所有人的目光都聚向公益园时，万处又在思考新东西。有一次我们一起去浦西办事，车子行经瑞金路一带，万处突然说：小姬啊，你看路两旁的梧桐树，夏天长满叶子，为路人遮挡阳光，冬天就掉光叶子，为路人漏下阳光……几个月后，酝酿已久的公益文化中心成立，万处为它取名"吾同"。个中含义，耐人寻味。

2011 年夏天到来前，因为人生中某些戏剧性的因素，我和万处先后离开了公益园。是巧合，也可能是注定。我知道，在公益园,他还有很多未竟的想法。我也是。

2012年来了,在一次聚会中,众多公益人说起万处,竟各有各的故事。我们提议送给万处一个证书,上面印着我们为他取的称号:公益园丁。我乘兴改编了一首歌词,把万处的事迹和公益园多家机构的名称编织进去,是玩笑,也有真意。现在,我把歌词附在文章最末,请用《春天的故事》的旋律来读:

园丁的故事

二〇〇九年,那是一个冬天,有一位园丁在黄浦江边上画了一个圈,神话般地崛起一座楼,奇迹般地建起浦东公益园。一座楼唤醒了公益生命体,一个园红透了浦江两岸,啊,公益!啊,公益!你建起了和谐公益的生态圈,你打造了完整的公益产业链,走进公益事业的春天。

二〇一二年,又是一个新年,有一位园丁在公益园里面种下一棵树,夏天为我们遮挡阳光,冬天为我们播撒温暖。梧桐啊映绿了公益服务园,吾同*啊滋润了公益文化圈,啊,园丁,啊,园丁,你久驿*在一张公益的老照片,你恩派*了一幅公益的新画面,手牵手*走进公益的明天。

啊园丁,啊园丁,你为我们找到了乐群*的乐土,你为我们构建了公益的福苑*,手牵手走进公益*的明天。啊园丁,啊园丁,你踏上了一段人生的新途*,你展开了一幅人生的新画卷,捧出万紫千红的春天……

---

* 以上均为公益机构的名称简称。

不在场的主角

我刚做社工没多久,就卷进一场旷日持久的大审判,在这场审判中,我只是一个打酱油的,但正因为我的无足轻重,让我有机会参与这事件的全过程,以列席者的身份,目睹它的每一处细节。现在,时间过去得越久,我越觉出它的触目惊心。这审判的对象,一开始是乐群社工服务社,很快就落实到一个人身上:乐群的创办人刘晓芳。

我还在读书时就听说过刘晓芳,知道上海有个浦东社工协会,协会里有位很能干的执行秘书。研二那年,我本科时期的老师、山东大学的高鉴国教授来上海开会,特意要去浦东考察社工,让我代为联系。在食堂外面的一个磁卡电话上,我第一次拨通了浦东社工协会的电话,第一次听到了刘晓芳的声音。那时的我绝想不到,再过一年多,我就要跑到电话另一头,顶替刘晓芳,成为下一任接电话的人。

我第一次见到刘晓芳,正是一年以后,在浦东社工协会的招聘面试现场。那是一个会议室,协会和政府的主管领导坐在桌子对面,刘晓芳坐在领导旁边,是现场唯一的女性,她始终以笑脸示人，让我的整个面试过程少了些紧张，但她并不提问，因为在那个场合，她只是列席，是配角。当时她已经离开协会，着手创办乐群，那一刻的她也绝想不到，再过一年多，正是在这间会议室里，一场针对她的大审判将渐次拉开，而她甚至连出席的机会都没有。吊诡的是，我和她总面临一个共同的处境：当我们出面的时候，我们的身份总是列席，是配角，等我们终于变成某个事件的主角时，却往往是缺席的。

刘晓芳毕业于中国青年政治学院社会工作专业，是根正苗红的社工，也是上海首批招聘的专业化、职业化社工，是我们这一代社工中当之无愧的大师姐。她的母校是中央团校，她和她的同学是当年最优秀的学生之一，高考时报的都是北大、清华，但是，他们考得太好了，以至于没被录取，而是被一个叫"中青院"的不知名的学校提前截留，这导致她的同学普遍不满，每一届大一升大二时，都有很多学生转校。但对社工专业来说，中青院却是国内最早、最有实力的高校之一。在学校期间，刘晓芳就显示出过人的热情与干练，她是社工班的班长，女足的前锋，同学们的知心大姐，这位来自黑龙江的姑娘似乎天生就是为社工而生。等到他们毕业的时候，正是上海浦东酝酿发展社工的时候，这批最优秀的年轻人，在上海和社工的双重感召下纷纷南下，开始了他们姿态各异的人生。

当时他们被分配到不同的领域，单枪匹马地进行着社工的最初尝试，因为同学，也因为共同的专业归属，这些年轻人还时常相聚，叙叙学校的旧情，聊聊社工的未来，这个基于同学聚会的民间社工沙龙，正是日后浦东社工协会的一个重要前身。

一　不在场的主角

在他们中，刘晓芳仍是最前沿、最活跃的那一个。她给人的第一印象，是她说话特别快，同样的时间，她的信息量是别人的三倍。我记得在2003年年初的一个研讨会上，她要在会上首次向众人介绍新生的乐群社工服务社，可以想象她那时的激动与迫切。会前，为了保证发言效果，她决定对着我们几个人先演练一下，她刻意放慢语速，一字一顿地说。我们听完了，异口同声地对她说：不行，还太快，再慢点。

语速快是年轻人的专利，也是率真、不设防的表现，所谓"心直口快"。我不知道这是不是也为她日后的遭遇埋下了隐患。根据我们的经验，说话快的人，最终总会被说话慢的人算计。

那场末日大审判终于还是来了。现在看来，一个民间组织，尤其是一个从事社会工作的民间组织，在那个年代的遭遇是不可能顺利的，甚至不可能是公正的，它太新了，让旁观的人和亲历的人都有些措手不及，也让投机主义者抓到了太多的把柄。当乐群社工服务社声名鹊起时，内部治理方面的巨大硬伤也逐渐显露，终于到了不可收拾的地步。作为发起人和管理者，刘晓芳当然负有不可推卸的责任，但是，如果把这一切都算到她一个人头上，甚至上升到道德和人身的层面，并且不留一点悔改的余地，也未免太夸张了。平心而论，在这场变故中，年轻的刘晓芳扮演了一个吃力不讨好的角色，她当然不是无辜的，但是，代价却过于惨重了。

当年面试我的那间会议室，如今变成了审判她的牢笼。会议从早晨开到中午，从中午开到下午，又从下午开到晚上，开到凌晨，然后第二天再重复。会议间里烟雾缭绕，灯光晦暗，映着一张张疲惫又亢奋的脸，让刚刚离开学校踏入社会的我，初次经历了人生的严酷与阴晴无常。让我不解的是，这场审判的主角是缺席的，她甚至难有当面申辩的机会。

在为数不多的几次会议中，她被要求短暂地露面，以当面交待一些技术性细节。那是我最难熬的时刻，因为我不知道如何面对她，就在几天前，她还是受人尊敬的前辈、师姐，而现在，她坐在一个暧昧不清的位置上，徒劳地面对着众人的轮番质疑。我想起初到协会时的面试场景，或许，我也应该留给她一个微笑，让她多少缓解一下紧张。但是我不能，现在，我坐在座位的另一侧，而且，我只是个列席的配角。

多年之后再回想与刘晓芳共事的日子，占据大面积的，不是我们的工作场景，竟是我们分坐在审判桌的两侧，中间隔着巨大的尴尬。这让我每次想起她时，心里总多一份愧疚。

这之后，刘晓芳离开了乐群，离开了上海，去了南方。这个来自北方的女孩，在命运的一再驱使下，不停地南飞，不知道何处才是栖息的地方。她走后的很长时间里，社工界仍在谈论她，直到今天，外地社工同行来上海交流，正题之外，总有人向我提及刘晓芳，打探她最新的下落，感叹她当年的境遇。也有一些人，至今仍津津乐道于她的八卦，说：如果她房子不卖就好了，放到现在，得多赚多少钱？

好在时间总是公正的，如果你愿意等，总能等到一个真相。2007年，浦东社工面貌一新，民间组织的外部大环境和内部小环境跟前几年也不可同日而语，乐群在阵痛之后也逐渐走上正轨，但环顾左右，却再难找到一个像样的当家人。那时的刘晓芳已经到了汕头，供职于李嘉诚基金会，仍奋战在社工和公益的第一线。国难思良将，我们又想到了她。想当年，乔布斯也曾被他一手创办的苹果踢出去，但多年以后他王者归来，成就了苹果和他本人的一段传奇。于是，我们兴冲冲向刘晓芳发出了邀请，请她回到浦东，重新执掌乐群。她在审慎地考虑后，回绝了。

我能理解她的决定。浦东是她的伤心地，那一段往事不会轻易过去。而且，浦东真能开出更好的条件吗？我看未必。相比较下，李嘉诚要大方得多。

2009 年，浦东社工协会十周年庆，我们有意请当年第一批社工重聚浦东，在一个分论坛上，中青院那一代社工齐齐上台，刘晓芳坐中间，左右全是处级干部。台上的晓芳，语速依然快，而她左右的同学们，这些处级干部们说起话来，一个比一个慢。众目睽睽之下，选择社工、坚持社工的后果，一目了然。

当年，才华横溢的音乐天才西德·巴勒特被他一手缔造的平克·弗洛伊德乐队遗弃，多年后，乐队唱起了那首让人动容的挽歌：Wish You Were Here，如果你在，该有多好。我想，这也许只是我们这些留下来的人的一厢情愿的心意，也包含一份歉意。换一个角度看，如果你不在，你一样很好。我相信离开浦东后，刘晓芳应该有更精彩的人生，我期待与她相遇，听她讲述后来的故事，并且告诉她：尽管你早已离开浦东，浦东社工的历史也将越写越长，但这故事开篇的主角中，永远有你。

三十年,如一日

虽然从没有刻意安排,但这一天总会有些与众不同。

凌晨,零点刚过,姐姐就发来短信:"三十岁了,祝你生日快乐,以后更快乐。"我马上回了短信:"一点都不快乐,不知道自己何去何从。"怕会引起她的进一步追问,我又加了一句:"谢谢你这么早就发来,睡吧。"她没有再回,但应该不会平静,她这么晚还不睡,就为了第一时间为我发来祝福,却得到了这样消极的回馈。也许我不该这么直白。

那一刻,我确实不快乐,我躺在床上,大睁着双眼,迟迟不肯睡去。事实上,几乎每一晚我都不想睡,我想尽量延长每一天,不想轻易结束它,哪怕毫无作为。因为一旦睡过去,我就什么都做不成,连梦都留不下。

何去何从,是我直到三十岁这一天,仍然没有想通的问题。

我熄掉所有的灯,但熄不掉心里这个巨大的疑惑。我执拗地躺在黑暗中,似乎一定要得到某个确切的答案,直到最终陷入睡眠的深渊。始于睡,终于睡,这是每一天的宿命,也是漫长人生的最好的隐喻。

早晨七点刚过，我被一条短信吵醒，是吉普发来的，"猪你生日快乐"，后面加一个笑脸。她好像总是这样快乐，快乐得无拘无束没心没肺。我和她的生日是同一天，还有几个朋友也都是射手座的，本来打算约了一起过生日的，我还嚷着要成立一个乐队，名字就叫"射击队"，她弹钢琴我弹吉他，但我总是爽约，她们的每次活动我都缺席，都有点不好意思了。我眯着眼看了一眼她的短信，虽然睡得糊涂，但我马上就想好了一条回信，只是懒得动手发，翻个身，又睡着了。其间，杨旭又发来短信，告诉我华东政法大学的地址和路线，叫我快到时联系她。我闭着眼给她回了一个"好"。

一觉睡到九点多，外面大片的阳光堵着窗帘，让我不好意思再睡。我从枕头下掏出手机，给吉普回信："谢谢，野猪你生日快乐。"也加个笑脸。刚按了发送，手机响起来，是某个部门的领导打来的。这个世界上最讨厌而又最难免的事之一，大概就是一大早接到领导电话。我没接，等铃声响过，穿衣起床，打开窗户，把室外的车辆喧嚣声放进来，再给领导打回去。也没什么重要的事，周末有一次外出考察，领导问我有没有时间参加。我说我不想去。我确实太不想去了，连借口都没来得及找一个就回绝了。领导也没强求，挂了电话。

我打了强生出租公司的叫车电话，订了十点三刻的车。下午的讲座一点开始，时间应该绰绰有余，我甚至可以在出发前练一会儿琴。

这一天是2008年12月12日，我的三十岁生日。

洗漱完毕，手机又响，是成都的号码。我接起来，原来是穆冬青。她得知我12月24号又要去都江堰,非常高兴,希望能带志愿者去我们工作的安置点去参观学习。冬青是我在四川德阳研讨会上认识的朋友,她本是成都白领,震后去做志愿者,是一个非常热情的人,我们虽然相识匆忙,但一见如故。她在电话里嘱咐我,这次去成都,一定要送一本我的书给她,我说:"什么书?"她说:"《阑尾》啊!"我还以为她说的是社工的书,因为我不记得曾经向她提过小说的事,不过,我还是答应了她。

如果我告诉她今天是我的生日,她会说什么?祝你生日快乐?没有如果,因为我不会告诉她。

出租车提前到了,我匆忙收拾东西下了楼。司机听说我要去松江大学城,建议走沪杭高速,但杨旭的短信里叫我走A9,到赵巷下。我把路线告诉司机,司机也没异议,车子飞速上了高架。

我想从包里拿《南方周末》,却意外看到了羊红给我的信,装在一个皱巴巴的信封里,夹在一堆文件材料中。这封信辗转多人,耗费多时,终于送到我的手里,但我竟一直没有看。从浦东到松江大学城要接近一个半小时的车程,足够我来消化这封长信了。我丢了报纸,从信封里抽出那一叠厚厚的稿纸。

羊红,又一个我不能忘记的名字。我们在都江堰的街头"捡"回了她,这个四处流浪的女孩,有一段不为人知的惨痛身世。这个繁华世界的孤儿,这个残酷世界里幸存的野孩子,用她质朴的、满是错别字的文字,向我讲述了她的故事,从出生到现在。一页页看下来,触目惊心。在信的最后,她写到:"姬导,对不起让你失望了,看了我的经历,你也认为我很坏对吧!其实很多时候我也想好好生活,可是……(略去部分)我也是逼迫无奈啊，希望你看了之后不会不理（我）了。现在的我一定会改掉所有的坏毛病，再也不会出现这样的问题了！"坐在出租车里，外面是飞速后退的 A9 高速，我的眼泪都要流下来了。

离开都江堰的前一晚，社工们为我和松松送行，大家都有些动情，羊红也来了，我们轮流送她一句话，她当时坐我身边，我握着她的手说："羊红，在我心目中，你就像一只虽然脸上和头发上沾染了灰尘，内心却仍旧纯洁的羔羊。"我没有说的是：这个世界并不美好，甚至找不到一个哪怕简陋、但至少可以栖身的羊圈。

在这封信的开头，羊红写下了这样一个标题：我是谁？

半个月前我去江西参加社工教育协会年会，顺便爬了趟庐山，在石门涧，我看到了一块圆润的巨石，静静躺在陡峭的悬崖边，上面刻了三个大字：我是谁？

三个月前我在都江堰，为完成我的大学老师高鉴国教授的约稿，我写了一篇文章《歧路问远方》，在这篇讲述个人经历的文章中间，我用到了这样一个标题：我是谁？

这并非完全巧合。

半个月后我将重返都江堰，我会再见到羊红，见到她头发乱蓬蓬的、灰头土脸的样子，如果我告诉她，我在三十岁生日的那天看了她的长信，告诉她我在三十岁的时候也在和她思考同一个问题、并且也没有想出答案，那么，她会怎么说？

看信的时候，我感觉有些段落跳跃性很大，好像漏掉了一些内容，开始我把这归结为羊红的叙述不连贯，但当我来回翻弄信时才发现，这些稿纸的正反两面都有字，而我竟然只看了正面！

也就是说，我是看一页、跳一页，断断续续看完了这封信。我赶紧把信翻到前面，把刚才错过的背面内容看了一遍。让我感觉奇怪的是，除了个别字句和细节的连接更通畅外，羊红的自传似乎并没有因此而多出一倍。

人生真的可以这样大段大段地跳跃和省略吗？

出租车下了高速，我收到我妈发来的短信，没有标点一气呵成，"姬中宪三十周岁了我第一次称呼你大名意味着长大了快给我找儿媳妇祝你生日快乐"。我不能像回我姐的短信那样回她，即使打字，我也要打出一个笑脸。我回她："呵呵，好的，谢谢妈。"

12点到了华东政法大学，好像到了一处世外桃源，开阔，安静，阳光充沛，欧式的校园建筑，典雅而不陈旧，放眼望去，只有红墙绿水，看不到几个人，一脚踏上校园，让人有种懒洋洋的不真实的感觉。在这里待久了的人，真是不愿再回到那个拥挤肮脏的城市。

杨旭在财务室排队报销，不能到校门口接我，我找到她，等她办好，一起去教工食堂吃饭。她是我研究生时的师妹，现在是华政社工系的老师，南昌开会时遇到她，她就说要请我来给学生讲座，我就随便答应着，没想到她真请了，而我也真来了。

吃饭的时候姐姐打来电话，果然，她凌晨收到我的消息后就一直很担心，以为我遇到了什么麻烦事，上午就打过一个电话，我当时在车上没听到，现在又打过来询问。电话里我也不便说什么，只说没事，她知道我在外面不方便，就说晚点再联系，挂了电话。我和杨旭吃完午饭，来到汇贤楼的阶梯教室。

一　不在场的主角

学生们非常认真，事先做了海报，正忙着往门上张贴，上面光我的头衔就印了六七行，占去半张海报。讲座的题目是"社会工作的昨天和明天"，我不是特别满意这个名字，两天前杨旭来短信问我题目，我那时从没想过这个问题，甚至还没有备课，就顺手回了一个"假若明天来临"，是一个外国畅销小说兼电视剧的名字。杨旭回我："大作家，文学性是不是太强了？我怕学生理解不了，要不换个和社会工作相关的？"我就回了这个题目。现在，这题目被印在海报上，粗大的笔画显得有些虚张声势，像一件既定的事实。本来我想随便讲讲的，现在倒好像成了命题作文。

已经来了一些学生，一眼望过去，全是稚嫩的脸孔和羞涩躲闪的目光。听杨旭讲，大三学生今天有其他活动，大四都实习去了，所以今天主要以大一、大二学生为主，而大一学生基本都是九零后了。大一，一个亲切又遥远的词，我已经离开它12年了。12年一个轮回，今天我又回来了。

周三是学生最忙的时候，因为学校规定这一天老师必须来学校，所以很多课程和活动都安排在这一天。大学搬到郊区，改变了整个校园的生物钟，扰乱了这群师生们原本安定的生态系统，让所有人都忙于赶路。老师如果要来学校，就要把一天中的至少4个小时耗费在路上，学生们没有时间和老师深入交流，老师一下课就要跑，错过了班车就回不了家。学生们也抱怨，进一趟城就像出一次差，一个南京的学生对我说，上海到南京2个小时，但他要从学校去上海火车站，2个小时还到不了。这是很多大学的普遍现状，日益官僚化、市场化的高校，跟在一群官员和商人的屁股后面,争先恐后地扎进了圈地运动的大潮中,没有人把老师和学生的时间算作成本。漫长的 A9 高速公路,不是靠几部班车就能缩短的,大学和社会之间原本就太大的距离,再一次被人为地拉大了。

讲座原定下午一点钟开始,但大二的学生结束上一档活动时已经十二点三刻,还要吃午饭,所以下午的讲座肯定要推迟。而且,下午三点还有另一档活动,结束后学生还要在五点半之前赶到上海政法大学,去参加一天里的第四场活动。杨旭向我道歉,说没安排好,我倒没什么,正好借前面的时间和学生们随便聊聊,只是感叹这些赶场子的学生们,太累了。

从交谈中得知,社工系学生成立了自己的社工协会,这次讲座就是他们组织的。我说:你们是社工协会的,我也是社工协会的,难怪看你们这么亲切。他们都笑,一直在教室内外来回张罗的一个女生就说:可不敢和你们比,你是大协会,我们是小协会。我问她,那你们协会有多少会员?她说目前有 60 多名,我说我们协会刚成立的时候,还没你们会员多呢。他们又笑,显然不相信。这位女生是协会的会长,还有刚才贴海报的一个男生,是协会的副会长,我说今天我来你们协会,下次请你们去我们协会,他们又笑。他们太爱笑了。

会长先开场介绍,说我的头衔太多了,都不知道怎么介绍我,我上了讲台,先向他们表示了感谢,我说:"我也不是第一次来大学讲课了,但像今天这样专门做了海报并且把我的头衔收集得这么齐,还是第一次,所以我得出一个结论:有了协会,就是不一样。"大家又笑了,讲座就这样在一片轻松的气氛中开始了。

根据题目,讲座主要分两部分,也就是昨天和明天,所谓昨天是指我的昨天,主要讲我如何进入社工专业、学习专业以及如何进入社工行业、如何创业等个人经历;而所谓明天,是指这些大学生的明天,以及要为明天做哪些准备。从1996年考大学,到2008年,12年的经历,数不清的细节和感触,足够我滔滔不绝地讲下去,学生们睁着亮晶晶的眼睛看着我,"我的昨天,也许就是你们的明天。"

我发现至少在某些场合,我是一个口才很好的人,尽管在更多的时候,我是一个不善言辞的人。这让我会有偶尔的犹豫:过早地、过于坚决地放弃口头表达,将自己隐藏在沉默中,继而全身心地投入到书面写作中,是明智的吗?不过,这种想法只是一闪而过,我已经30岁了,应该知道自己要干什么。

我把在都江堰时拍的一张照片放在PPT的最后作为结束,照片上,我和另外3名社工一起跳在空中,跳得张牙舞爪姿态各异,"右侧跳得最高最帅的那个,就是我了。"我说,"我很喜欢这张照片,在我去过的每一个地方,我都会跳,因为我觉得,跳是庸常的人类所能做出的最接近飞翔的姿势,我把它放在最后送给你们,我希望你们能够飞得更高。"

同学们热烈地鼓掌,还有些人上来和我合影,我很想和他们再有一些提问和互动,可惜时间有限,他们还要赶赴下一场活动,我讲的时间已经超了。没有提问的讲座,就像一场没有结束的或被中途打断的交流,总有些意犹未尽。

如果我告诉他们今天是我三十岁的生日,这群年轻人会有什么样的举动？没有如果，因为我不会告诉他们。

杨旭和另一位井世洁老师一开始也坐在台下听，两点钟学校要开全校教师大会，不到的要通报批评，所以她们中途就出去了。井老师是南昌会议上刚认识的，那天井老师、杨旭、我、还有我研究生的同学陈为雷一起逃会去游滕王阁，滕王阁很高，大概游到第三层时，我们就已经结下了深厚的友谊。从阁上下来，我又跳了，杨旭和井老师都给我拍，跳得最帅的那一张，就是井老师给我抓拍的。

有个戴眼镜的社会学系女生一直问我问题，我坐下来一一回答她，会长和副会长就在旁边等，我让他们要有事就先走，他们不走，说老师交代了，讲座结束后带我去校园里四处逛逛，他们要做导游。我说不用了，我还约了一个朋友见面，也是他们学校的老师，她会带我逛的。学生们不愿意，让我先联系那位老师，说至少要带我去找到那位老师，确保那位老师有时间做导游，他们才肯放过我，否则就算没完成任务。我于是打电话给裴洁。

裴洁在另一座楼，学生们带我过去，路上经过图书馆前面的一片湖，景色很好，他们又要和我合影，会长还建议我"跳一跳"。学生面前我倒不大好意思跳了，就只拍合影，我们抓了一个过路的同学帮忙拍，夕照刺眼，我们都笑眯眯的，因为睁不开眼。

华政给每座楼都取了一个好听的名字，而不是编号，这让初来乍到者摸不着头脑，还好有学生带路。我见到裴洁，她先拿给我一个小盒子，"送你的生日礼物"，是两支笔。她说："我正愁怎么送呢，你就来了。"

一　不在场的主角　　057

她带我在学校里逛，一边介绍各个楼的名字和功能。图书馆正门很气派，门前竖着两个巨大的外国人像，裴洁远远指给我看，问我知不知道他们是谁。我看不太清，只看到大胡子，就说马克思他们，裴洁说怎么可能是他们呢，你再想想。我省悟过来，说你们是政法大学，那应该是柏拉图、孟德斯鸠什么的。她说对了，是柏拉图和亚里士多德。我看柏拉图朝上竖着一根手指，以为他在骂人，后来看仔细了，竖的是食指，就问裴洁什么意思。裴洁说他们学校学费超贵，本科生一年要交一万块，柏拉图那是向学生收钱呢，举着一根手指说："一万！"

　　接到杨旭电话，她的会开好了，急着找我，要付我讲课费。裴洁把我送回汇贤楼，我找到杨旭，收钱签字。井老师也来了，还有一位年轻的辅导员姚静洁老师，她们也要赶四点一刻的班车回市区。我们都住浦东，就上了同一辆班车，聊了一路。越聊越近，发现我们不光都在浦东，而且相距都不过一两条马路。下班车后，我们又乘同一辆地铁，在同一站下车，姚老师的老公开车来接她，顺便带上了我。她老公是位漂亮的海军军官，我在地铁站出口一眼看到他的制服，还以为他是地铁站值勤的，他伸手替姚老师拿包，我还暗自惊叹：怎么现在的地铁服务已经这么周到了？一直到我上了他们的车，我才逐渐相信了他确实是她老公。天已经完全黑了，路上很堵，海军军官很健谈，邀请我下次去参观外国巡洋舰，我满口答应。

　　我在家附近的菜市场下车，买了几样熟食，我妈之前又来过短信，叫我"晚上吃好点"。我拎着大包小包回了家，在卧室床前的椅子上摊开饭盒，一边吃一边看体育新闻。火箭队最近的战绩又很糟，姚明状态时好时坏，麦蒂则又受伤了。我在今日五佳球中吃完了晚饭，喝了一罐啤酒。一顿典型的单身汉的晚餐，并没有因为生日而有所不同。

我姐又发来短信，说："昨晚你发的消息让我着急，你最近是不是有什么不顺心的事？"我回她："没什么具体的事，我的困惑都是大方向上的。也不是最近，一直都有。不用担心，更别和咱妈说。"我还能怎么说呢？"大方向上的困惑"，不是通过短信就能说清的。

我妈打来电话，我挂掉，给她打回去。她问我晚饭吃了吗，怎么吃的。我说："一帮朋友张罗着给我庆祝生日，刚从外面吃完回来，挺热闹的。"我没有撒谎，两天之后的周末，我的阳历生日，确实将有一帮朋友张罗着为我庆祝，确实将会很热闹，我只是提前说了两天。

我妈又问我下午讲课的事，我说讲得很好，很受学生们欢迎，讲课费也不少。我妈挺高兴的，挂断电话之前，我听到我爸在旁边和她嘀咕，好像在提醒她别忘记什么事。果然，我妈又郑重其事地对我说："还有，平时要注意衣着打扮，穿得排场点，头发别理太短，最好像你姐夫那样，留个公务员头。"我咬牙忍了一会儿，我想回答她的是："我是写小说的，我是艺术家，关于什么是美、什么好看，我是专家。如果一个卖茶叶蛋的人想对一个研究原子弹的人讲解什么是质子什么是中子，那将是一件很不明智的事。"但我还是咬牙忍住了，没有把这些刻薄话说出来，只说："公务员头不受学生们欢迎。"

我已经三十岁了。去 TMD 公务员头。

我表妹朱元军打来电话，我挂掉，给她打回去。她是我舅舅的女儿，今年刚考上交大，大一在闵行新校区，从浦东过去一次，要换五部车，两个半小时，比去松江还远，比去四川还麻烦。她开学后我一直没去看过她，前几个周末约她出来过一次，请她吃回转寿司，芥末辣得我们热泪盈眶。晚上又叫上丁蕾一起在田子坊吃晚饭，然后三人玩飞行棋，大战三个回合，三人各赢一局。

朱元军遇到了麻烦事，唉声叹气地向我求助。她参加了一个校外培训班，学费总价2000元，她先交了600块定金，又签了一份合同。做完这些事后，她又觉得那帮人像骗子，课程也不好，不想上了。但是根据合同规定，如果想退课，必须要先上至少三节课，并且全班多数同学都对这三节课不满意，才能退课。而如果要上这三节课，必须要先把余款交齐。然后即使最后能退课了，也不能保证退款，要根据上课情况来定，具体怎么操作则完全没有说明。如果学生自认倒霉，不去上课、不交余款、也不要求退款，白交600块，那么——根据合同规定，这属于违约——学生要再向培训机构赔偿总价30%的违约金。

简单点说，如果朱元军现在一节课也不去上，那她就要交600块，再罚600块，共计1200块。

初来上海的小姑娘，就这样签下了这份卖身契一样的合同。现在，她的手里只剩了三十几块钱。她想不通了，这是什么霸王条款？她还不认识上海，她要在上海读四年大学，以后还想继续在上海考研、就业、结婚生活。她的麻烦才刚开始。

这家培训机构叫"双引号"。我准备联系我的律师朋友和消费者协会的朋友,告他们。

朱建国发来短信:"中宪,我是建国。有重要的事和您聊,如果现在打电话给您,方便吗?"2007年1月我去北京参加文学笔会,和朱建国住一个房间。他来自云南,做普洱茶生意,也写小说。我们认识的时候,他正为自己的小说忧心忡忡,说如果小说赚不了钱,他就回去继续种茶叶。三天会议期间,他认识了全国各地的很多文学青年和老年,和他们探讨文学,并推荐普洱茶。临走的时候,他送了我两大块茶饼,之后我们再也没有见过。现在,两年后的这个晚上,他发来了短信。回消息的时候我一直在想,他说的"重要的事",是小说,还是茶叶?

是小说。他写的反映云南少数民族文化的小说《红泪珠》,现在被云南某电视台看中,想拍成电视剧,前提是要他先把小说改成剧本。建国没写过剧本,他想到了我,问我有没有写过,愿不愿意帮他写?我实话告诉他,我最近确实刚完成了一个舞台剧的剧本,但电视剧和舞台剧完全不一样,我怕我写不好,弄坏了他的好作品;另外,他的剧本要得急,而我的时间不能保证;还有,电视剧本的创作本来就是集体创作,不像小说纯粹是个人行为,现在街上有一大批嗷嗷待哺的剧本写手们,像天桥下面的民工一样举着牌子四处找活儿,完全可以把他们组织起来。我答应建国,帮他联络一些这样的人。

建国还说,在云南的书店里已经看到过我的小说《阑尾》,他盼着我的新作早日问世。

这一天,朋友们无意间打来的电话,让我更高兴,哪怕这些电话带来了一些麻烦。这一天,他们约好了似的,一个个分头来到我面前，和我重逢，和我初识，和我说些与生日无关的话题。这让我的感激难以启齿，让我的快乐更加隐秘。如果他们知道了今天是我的生日，他们还会这样吗？他们会怎么样？没有如果，因为我不会告诉他们。

时间已接近午夜，我坐在电脑前，记录这一天的经过。据我妈说，我是晚上8点多出生的。这个时间不错，虽然错过了晚饭，但正是夜晚的开始，是写作的开始，我赶上了。现在，我在写作中不知不觉地越过了8点，越过了这个30年的时间节点。31岁开始了。

在过去30年的大多数时间里，我和这个世界、和这个时代的关系，一直是视而不见、相互游离，就像我在《88层的违章建筑》里写到的，"我们相互张望，但老死不相往来。"这种状况一直持续到今年，确切地说，就在几个月之前，我们开始初次发现了对方，互相意识到对方的存在。我们相见恨晚。尽管这种发现和认识仍然微不足道，但却足够珍贵，足够规划我的未来。

1978至2008，中国最激荡、最富有戏剧性的30年，我有幸与她同龄，一起穿越了痉挛与阵痛，经历了理想和激情的最后一次狂欢，见证了世俗世界的扑面而来与不可逆转，现在，我们同样三十而立，同样站在人生的分水岭上，向左还是向右，早已经不是一个真正值得犹豫的问题，真正的问题是，我们是否积攒起了足够的勇气与智慧。

30岁，据说是男孩转向男人的时刻，是男人向男孩告别的时刻，是男人告别幼稚、告别偏激、走向宽容、走向成熟的时刻，同时也是衰老开始的时刻。我呢？是这样吗？好像不是。30岁的时候，我仍然愤怒，仍然伤感，仍然怀揣理想与诗意，仍然甚至更加热血沸腾、热泪盈眶，我仍然没有和这个世界握手言和、言归于好，在我眼中，世界仍然被分成颜色分明的两块：我喜欢的，我不喜欢的。这就是我现在的状态，每一刻，都比前一刻更加坚定。

这个 30 年，我只把这一天记下来。这一天是 30 年的一个横截面，一个切片，是 30 年的最后一天，我把它原封不动地记下来，希望再过 30 年，当我回头来看这篇文字时，不至于有太多的懊悔和尴尬。

我从这一天的凌晨写起，一件件历数，一直写到现在，一直写到"写"这件事。未来怎么样，我仍然无法预知，我稍稍能确定的，不过是接下来几十分钟的事：我将写完这篇文章，我将洗澡，我将练一会儿琴，凌晨到来，我将在琴声中结束今天，然后睡觉。始于睡，终于睡，人生的最佳隐喻。

二 成长的烦恼 ▶▶

细数社工界"家事",直面公益行业的麻辣话题

低收入的社工是可耻的

众所周知，NGO 中流传一句话：一流人才进企业，二流人才进政府，三流人才进 NGO。这话听着有点刺耳，却极有可能是一个残酷的事实。21 世纪最贵的就是人才，单从这方面看，三大领域的发展就极不平衡，第三领域完全没有和前两个领域对话的可能。NGO 中还流传一句话：有两种人会来做非营利组织，一是没有营利能力的人，二是打着非营利的招牌做营利的事情的人。这话说出来也有点刻薄，有点以偏概全，但深刻的论断往往也是偏激的，现实恐怕就是这么不给人留情面。

这两句话指向了这样两个背景：NGO 没钱，没人才。这二者本质上其实是一回事。那社工是谁？社工就是 NGO 中的蓝领，产业工人，做最辛苦的活，拿最少的钱。如果说 NGO 是低收入者，社工就是其中的"低保户"。记不清有多少次，当我们和政府部门谈论社工未来发展时，领导们无不欢欣鼓舞，踌躇满志，但当我们谈到项目经费时，一提到社工人员经费，有关部门的人员就变脸，就语焉不详，就支支吾吾，就顾左右而言他，当真是谈虎色变。"又叫马儿跑，又叫马儿不吃草"，这话说出来有些辛酸,却至今依然有效,社工就是那只不停被人赶着往前走、到头来却吃不到几口草的马。

都说上海的社工事业发展好,外地的领导来视察参观,总会揪住某个看上去年轻稚嫩的社工,问他一个月多少钱——这个问题真俗,只有外行才问得出。但是,正是这个外行的问题让我们这些内行的社工难以启齿。都知道上海物价贵,房价高,生存不易,选择在上海做一名社工,真的需要很强的心理素质,先别说能不能帮到别人,先说能不能养活自己?对这个话题,估计多数社工都没有底气。一个微妙的对比是:本地的领导则不太会问到社工的收入——据说这是文明的表现,对一个现代化大都市的文明人来说,有两个问题千万不能问,一是女士的年龄,二是社工的收入。

上海社工是上海滩上的穷人。一个有意思的现象是,很多社工机构、尤其是草根的非官方的社工机构,都选择"外来务工人员"作为首选服务对象,究其原因,除了咱们社工一贯的底层关怀外,恐怕还有一个难言之隐:民工是为数不多的比社工收入更低的群体,社工帮民工,正应了那句老话:穷帮穷。不过依我看,"穷"帮不了"穷","穷"只能帮"更穷",你收入还没我高,你自身难保,凭什么来帮我?现在各地都在提高外来务工人员待遇,照这样下去,社工可能连民工都帮不了了,因为连民工的收入都要超过社工了,你还好意思帮人家吗?

可能又有人要说了:有作为才有地位,有地位自然有收入。我不想故意抬杠,但我觉得这话反过来讲也成立:有收入自然有地位,有地位才能有作为!在众多衡量社工发展程度的指标中,收入,应该独享有"一票否决"权,如果社工的收入不能提高到一个合理合情的标准,社工不能脱贫,不能过上"有尊严的生活",那谁也别妄言"社工的春天已经到来"。

1994年,张楚唱了一首歌,叫"孤独的人是可耻的",本是极个人的情绪,却一不小心唱出了一个时代的尴尬:20世纪90年代,当私人情感被解禁,被无限释放,成为街头巷尾的公共话题,成为大人物和小人物的共同特权时,孤独的人就是那个时代最大的局外人,理应受到时代的嘲笑。同样的道理,在当今这个时代,追求财富是最名正言顺的事业,不追求财富的人倒被认为是动机可疑,得天天向别人解释和澄清。此时,没钱的人就是可耻的,没钱的社工也不会高尚到哪里去。社工应该以低收入为耻,以高收入为荣,而不是相反。低收入的社工可耻,主张社工应该以低收入为荣的人,更加可耻。主张社工收入不得超过事业单位,更不能超过公务员,则不但可耻,还可笑。我想说,收入问题是最理直气壮的问题,社工获得高收入是好事,说明专业的人才得到了专业的对待,说明这个社会还有人情味,正义和温情能得到大体等价的回报,而不是沦为权贵的笑柄。

让一部分社工先富起来

社工的工资该由谁来决定?

很多人首先想到政府,认为总有一天政府会"良心发现",为社工开个好价钱。事实上,政府也是这样"毛遂自荐"的,在很多地方,政府出台社工工资标准,被视作支持当地社工发展的重大举措。但是,我却不太乐观,理由很简单:无数事实已证明,由一群人为另一群人制定的工资标准,永远不会太高。

可悲的是,很多社工仍将提高工资的希望寄托在"另一群人"身上,比如政府,比如行业协会。每次提及社工工资问题,总是第一时间想到政府,希望他们发一纸红头文件,把提高社工收入的标准,白纸黑字写进文件,把社工脱贫致富纳入制度。体制内的社工这样想也就罢了,体制外的社工也跟着起哄,看着让人着急。

世界上真的会有这样一个让社工"一夜致富"的红头文件吗?恕我直言,社工们,丢掉幻想吧,这文件永远不会出现。

看看财政部、国税总局颁布的文件吧,他们更关心的不是提高社工收入,而是如何设置上限,为社工收入封顶。

上海司法社工发展十年，年年都喊钱少，年年都在呼吁加工资。主管政府不是不体恤下情，文件发了一个又一个，明码标价，什么六万七万，最近据说又提到八万，数字看着喜人，可落实到人头，落实到基层社工每人每月的实际收入，还是少的可怜，让我们不禁感叹：钱都到哪儿去了？

政府当然有权出台社工工资指导价，但别指望价码会很高。给公共服务定价，只能定个公共价，起步价，保底可以，发财绝不可能。你想"坐地起价"，想私人定制，只能另谋出路。

其实，政府与其亲手制定社工的工资标准，不如提高项目经费中的人力成本，尊重专业人士，承认专业人士的合理回报，至少在政府自己购买服务的项目中，大幅抬高人员工资的比重。政府的眼里，要容得下社工拿钱，而不是继续"谈钱色变"。

政府核价还有个老毛病：喜欢数人头。这是政府惯性思维，定岗定编，数人头数惯了，别的不会。按人头核算成本的好处是方便，公式简单，单价乘以总数就是总价，小学生都会。难的是按项目核算，给专业估值。这种情况下，政府永远选择对自己方便的办法，于是，按人头预算蔚然成风。社工机构的麻烦在于，要想增加经费，就要增加人手，增加出来的经费被增加出来的人手一分，每个社工拿到的钱还是没有增加，甚至不增反降。这还催生了弄虚作假，为了拿到更多的钱，有些机构铤而走险，虚报人数，虚构人员。这种"逼良为娼"的事不是孤例，参加过年底突击报销运动的人，应该都有同感。

而且，我们的社工多是政府"雇佣军"，恶毒点想：政府会让它雇佣的社工工资太高吗？老板会让手下打工仔赚的钱比自己多吗？我看不会。骨子里面，"上级"、"下属"的观念不变，工资标准也难松口。前些年，某地不是有个不成文的规定，说社工工资不能超过当地公务员吗？财政部、国税总局不也口口声声要求非营利组织员工工资"不准超过当地平均工资两倍"吗？

从宏观方面看，社工虽已纳入"六大人才"，但国家对社工的期待，首先是规模上的"宏大"。很明显这是要"跑量"的节奏，量上去了，单价一定会下来，否则量和单价都上去，一乘，总价就太可怕，没人付得起。

因此，寄希望于政府以一刀切的方式提高社工工资标准，注定是空想。事实也如此，那些体制庇护下的、看政府脸色行事的社工机构，多数是"饿不死吃不饱"的状态。各种座谈会、调研会上，主持人请与会代表提意见，场面很有意思：越是体制内的、经费有保障的机构，越哭穷，反倒那些民间野生的、看似吃了上顿没下顿的，不会张口闭口要钱。

都说"社工收入低"，社工收入确实不高，但不是都低，是平均数低，其中，体制内社工拖了后腿。今天的体制内社工机构，就是当年的国企，看天吃饭，效率低下，人浮于事，不可能拿高工资。这方面，我反倒看好民间社工机构和草根公益组织，他们的窘境是一时的，假以时日，一定会有一些脱颖而出。如果将来社工界真的诞生了较高收入人群，当从他们身上开始。

靠政府提高社工工资不可行，那行业协会就行吗？这些年，很多地方的社工协会也颁布过社工薪酬指导意见，我同样不看好，先不说多数社工协会本身就是"二政府"，即使民间化成分较高的社工协会，在制定社工工资标准方面也显得身份尴尬，有更多羞于启齿的地方：标准定低了，说你自我阉割，定高了，说你站着说话不腰疼。政府定标准，好歹手握资源，是出资人、购买方，谁出钱谁定标准，也还说得过去，社工协会算什么？一没钱二没权，凭什么定标准？只开菜单不请客，谁买你的账？

剩下的似乎只有一个办法：市场化。

提到市场化，不说政府反对，社工界内部就先有一些人不赞同。不得不说，直到今天，仍有很多社工视市场为洪水猛兽，其中原因，除掉学理和伦理上的那些说辞外，还有一个动机：对自己不擅长的东西，总是本能地排斥。当然，客观原因也有：社工毕竟还不能像心理咨询师一样坐诊，靠做个案来收费，也没法像律师一样有出场价和提成，社工的"客户"，多数也没有支付能力。因此，市场化对于社工，不但不好听，似乎也不太可行。

但我认为，社工工资即使不能完全市场化，至少也要项目化。工资项目化意味着，项目多，项目经费充足，就要允许社工多拿钱；项目化还意味着，同一个项目，可以多处筹钱，一个项目足够好，理由足够充分，就可以拿完政府的钱，再拿企业、社会的钱，政府的钱负责托底，解决社工基本工资，政府以外的钱，负责发奖金；项目化是不是还可以理解为，社工跟着项目走，而不仅仅跟着机构走，社工是机构的人，更是项目的人，因此允许参与其他机构的其他项目，类似医生的"多点执业"，打双份工，拿两份钱，是不是可以？

"重赏之下有勇夫"，工资项目化后，社工工资会拉开差距，一定会有一部分社工先"富"起来。哪些人先富？前提当然是社工专业技能高超，伦理纯正，更重要的则是野外生存能力强，会觅食，擅营销，不把鸡蛋放在一个篮子里，不在一棵树上吊死，拓宽筹资渠道，开源节流，会要钱，也会管钱，会花钱。这样的社工，有理由先富起来。总之，敢于走出体制的樊篱，到更广阔的天地去化缘。至于那些甘愿被体制圈养的社工们，就让他们继续在低保线上挣扎吧。

钱多了，自然要争取话语权。有实力的社工机构，必然要争夺薪酬标准的主动权，最终会制定出一套经得起质疑、也对得起自己的工资标准——因为无数事实也已证明：由一群人自己为自己制定的工资，永远不会太低。

除了钱，社工还有什么

上次写《让一部分社工先富起来》，意犹未尽，网上对这篇文章也有众多谈论，索性把这话题掰开来，再细细讨论一番。

上次那篇文章主要写给有决策权的政府看，希望他们尊重专业人士，还权于民，在观念和制度上，允许社工"富"起来；也是写给社工机构看，希望他们能更勇敢、更理直气壮地"求富"，并给出了"项目化收入"这一具体建议。总之，是希望、也相信会有一批社工"先富起来"。但是这一次，我想换个角度，关起门来对我们社工说几句知己话：如果设想成真，那么，社工究竟能"富"到什么程度？

很遗憾，说到底，社工恐怕永远不是一个可以发财致富的职业，部分社工先富，"富"也是加引号的，只是比现状再富一点，离专业的真实价值再接近一点，这"富"与这时代流行的财富标准相比，还是远远拿不出手。社工收入的下限，仅仅是保障生存、体面与尊严，而这三个时下的流行词，其实弹性极大，空间极广，很多人打着"生存"的名义攫取财富，喂养的其实是奢华与欲望；至于"体面"与"尊严"，更是上不封顶，永无止境。

跟他们比，社工对财富的追求要寡淡得多，选择社工，等于自动与"有钱人"划清界限。社会工作发达的美国、香港地区，收入也不过中等。因此，社工们更应该关注的是：除了财富，我们还能拥有什么？或者说，当一家社工机构不能给出足够的薪酬时，拿什么作为补偿？

万幸的是，这世界不是只有钱，补偿机制还是有的，大概有这样几个方面。

更弹性的工作机制，更多可自由支配的时间。社工不是门卫，坚守岗位就是最大敬业，社工开个案、做小组、带项目，不是只看出勤，更看结果和成效。所以，社工机构的管理者们，不要再挖空心思研发什么考勤软件来监视社工，或者设计一套套让人眼花缭乱的表格让社工填，用管理钟点工的方式管理社工，这是管理者能力不够，与其担心社工旷工、怠工，不如承认社工工作相对弹性。前文写到"项目化收入"，鼓励社工"多点执业"，参与更多机构的更多项目，其实现前提也是灵活机动的工作时间。作为管理者，你给不了社工钱，就给他（她）自由，你已享用了社工的专业，就不要再霸占社工的时间，好社工，不是靠朝九晚五坐班坐出来的。如果还是把社工框死在办公桌前，圈在本机构的业务半径中，拴在领导射程以内，那项目化收入就大打折扣。据说俄罗斯大学教授工资也不高，但鼓励他们兼任多个学校的教授，年底算总账，收入也还不错；都说国内大学老师待遇低，但大学老师们至今健在，奥妙全在一点：不用坐班。社工和老师教授一样，同属专业人士，专业人士都有个毛病：不喜欢坐班，也没必要坐班。让专业人士在最大限度的空间内发挥作用，是对专业最大的尊重。当然,让社工有更多自由时间,首先还要恢复社工的专业身份,把社工从"行政助理"中拯救出来,如果社工还身陷行政事务,要围着领导转,而不是跟着案主走,那么社工将永远不可能自由。总之,聪明的社工机构该学会放手,给社工更多自由时间;聪明的社工也不要签"卖身契",要签也别只签一家,多签几家。我不是教社工坏,是尽可能争取自由身,让专业最大化。做社工没钱,至少还能收获更多自由时间。自由时间哪怕不用来兑换财富,它本身也是财富,传说中的富人圈里,大家比的也不全是谁更有钱,还要看谁更有闲。王石的资本与魅力,不仅在地产大佬,还包括"哈佛游学",以及"一半时间在山上"。

更人性化的管理,更富人情味的机构文化。企业早就在讲扁平化管理,政府如今也开始变管理为治理,至于社工机构,原本做的就是最有人情味的事,聚拢的是一群最热爱自由的性情中人,管理上更应该伸缩自如,以人为本。毕竟,社工机构没有资本,只有人本。可事实上,恰恰是在有些社工机构和公益组织中,行政化、官僚化的管理泛滥成灾,还美其名曰"规范化"、"制度化",更借着上级部门"考核"、"年检"、"评级"的由头,用条条框框把机构上下弄得服服帖帖。"画虎不成反类猫",社工机构被搞得政府不像政府、社会组织不像社会组织。在人才评价与晋升方面,官僚化的考评机制更让社工、公益人深受其苦。我一直认为,政府在没有给民间充分的空间以前,先不要抱怨民间组织的能力不足;同样,作为社工机构管理者,当你给不了社工眼前的回报时,就要对社工的成长抱以更大的耐心、更多元的标准，当你口口声声号召社工和公益人讲"奉献"时，自己也要有所收敛，不要用管理公务员或流水线工人的那一套来对付社工。社工和公益人身边的亲朋，普遍对这一行缺乏理解和尊重，社工们为此饱受质疑，针对这一点，我们的社工机构曾经做过哪些努力？社工们平时多接触脏乱差、黑恶丑，谁来安抚他们的心？做社工和公益的人，天生更散漫、更不着调、更不服管，你怎么管？社工落不了户口，社工找不到女（男）朋友，社工在家里没地位，社工的孩子入托上学拼不了爹拼不了妈、买不起名牌听不起演唱会，怎么办？总之，社工和公益人是这时代的另一群"特殊人群"、"弱势群体"，当他们没有足够的钱来获取安全感、成就感、尊严感、幸福感，甚至起码的存在感时，社工机构的管理者们，必须要用另外的东西来替代。每一个管理者都应该明白：你不能给你的员工更多的收入是你的耻辱，作为补偿，你应该更愧疚和周到，更加的面带微笑，在你还没有给出更高的价码前，不要试图打着"行政管理"的旗号处处管束你的社工，这很不礼貌。

更独特的价值观与生活方式。如果上述设想实现，社工享受到更自由的时间、更宽松的管理，是不是就已足够？短期内似乎是的，社工好像也能有一些可与身边人炫耀的福利，但长远来看，这些还不足以稳住社工的身心，让社工真正在这个时代安身立命。事实上，任何人想在这变动的时代守住内心一份安宁，都需要这最后也是最重要的一点：价值观和生活方式。这是两样东西，本质则相通。在这方面，社工和公益行业具有天生的优势，因为他们最讲究价值观与伦理，而且特别擅长把这些说不清道不明的东西说得一套一套的。可是，说起来容易做起来难，因为它没那么直观，也不可能立竿见影，我们只能做一个大致的猜想：当一个人做了十年甚至更长时间的社工后，他（她）是不是可以拥有比别人更健康的身体，更平和淡泊的气质，更从容的生活节奏，更和睦的家庭关系，更良性的社会交往，更丰富的精神世界，包括更少的仇人，更少的暮气与戾气？我们是不是可以用这一朦胧的前景来安慰今天的社工：十年以后，我们可能过得不如别人更富足，但至少可以比别人更不同？

上述三点主要针对社工机构，除此外，社工还可以从政府那里争取到一些更实惠的福利，政府给不出更高的购买服务经费，也可以出台更多的倾斜政策。事实上有些地方政府已经在这样做，我们希望看到更多、更普惠的制度：比如外地社工落户是不是可以加分，或者满一定年限自动落户、政府录用公务员时同等条件下优先考虑社工？有社工和公益经历者是不是可以在个人信誉评价中获得更高等级，在贷款或出国审核时多亮绿灯？社工奉献青春服务他人，等到社工老了，是不是可以在养老方面惠顾一下他们？在一个"特权"无处不在的国家，动用一点公权力，给社工一点小小的恩惠，不是什么难事，只要想给，总能找到给的办法。对政府来说，既然谈钱伤感情，那就谈谈钱以外的东西吧。当然，社工一贯主张平权，现在却要为自己争取特权，似乎说不过去，但这实在是无奈之举，如果社工可以获得专业人士应有的待遇，也不会动这样的"歪脑筋"。况且上述几个"特权"并非完全无理：让更多有基层社工经历者做公务员，对老百姓来说不是坏事；银行把钱贷给喜欢慷慨解囊的公益人，比贷给喜欢中饱私囊的骗子更安全。

有句玩笑话,"穷得只剩下钱了",有钱人拿它来炫富,无产者也拿它来自嘲,称得上这时代最传神的悖论之一。我仍然希望、也相信会有一批社工"先富起来",但不想看到有一天社工"穷得只剩下钱"。

写这些话,原为开导社工,写着写着,变成给社工机构、公益组织加压,为管理者出难题。确实,社工的管理者和决策者,也是一群弱势群体,对属下的社工,你不能束之以法、诱之以利,你只能动用更高的管理智慧,更大的人格魅力,可能也有更多的牺牲与奉献。很多事情告诉我们,到最后,给钱是最容易的事,给"钱以外的东西",恰恰是最难的。

名不正、言不顺的社工

最近上海市召开社会组织系列座谈会，市分管领导亲自主持，听说还准备邀请社工代表参加，我们听了都挺兴奋，终于有机会和大领导面对面了。大家日思夜盼，盼来了会议通知，一看通知内容，我们都有点小失落：通知很长，有两大页，根据社会组织的类型将座谈会分为六期，工青妇首当其冲，占据首页；翻到第二页，残联、文联紧随其后；社工呢？找了半天，总算在最后一期座谈会中找到了，居然被归入"等特殊类型社会组织"。一个"特殊"让我们觉得很不好意思，很不敢当，因为很长时间以来，我们一直以为工青妇才是社会组织中的"特殊类型"，没想到在分管领导眼中，我们才是异类。

类似的事情还有很多，社工经常在现实中遭遇"归类"难题，在政府扶持社会事业的政策文件中，经常看到这样的表述：大力发展养老、助残、扶贫、帮困以及社工服务……好像社工和养老助残扶贫帮困全没关系，是独立在这些工作之外的一桩事情。当然，社工们看到这些文件已经很高兴了，毕竟在"以及"之后出现了"社工"，过去这样的礼遇也不曾有过。不过仔细想想又觉得不甘,养老助残扶贫帮困等原本是社工分内事,现在一个"以及"把我们挡在了后面,我们还能做什么?看来,所谓"嵌入式发展"还没有完全实现,社工在很多时候仍像一个生硬的后缀,在各类文件中尴尬地寻找着自己的位置。如果有一天各类文本中不再出现"社工"字眼,而是将社工分散、化解到各项内容中去,那社工才算是真正嵌入了。

有一次我去渣打银行开户,要填一大堆个人信息,业务经理非常耐心周到,指导我一项一项填写。前面都很顺利,到了"职业类别"一项被卡住了,因为这不是一道填空题,而是选择题。根据要求,我需要在该银行网络系统中查找到适当的职业类别。我翻动鼠标一路看下去,工农商学兵、农林牧副渔,可谓三百六十行、行行能开户,翻到后面,连"军火交易商"都有了,唯独没有社工,没有社会组织和公益机构。我很气愤,内资银行不知道就算了,这不是外资银行吗?怎么也不认识社工?允许军火商开户,不允许社工开户,是欺负我们没钱吗?还好,那位业务经理倒真是训练有素,接过鼠标直接翻到最后,选中了一项,我凑近一看:"其他"。

相信所有社工在填表格办证件时都遇到过和我相似的经历,我们像从事某种秘密职业的人,在当前的社会身份大辞典中,我们永远属于有待增补的那一个词条,输入我们的名字,搜索出来的永远是"特殊"和"其他",或者干脆是"无"。类似的遭遇还体现在我们的另一个名称上:民办非企业。不知道是哪位语言大师发明了这个词,实在是太有意境了,100个人见了,100个人会读成民办非"企业",而不是民办"非企业"。托这个名字的福，我们每天都要顶着"企业"的名义去交税，税务专管员都是火眼金睛，一堆信息材料中总能一眼看到"企业"这两个字，然后不由分说将我们打入纳税大户的行列。这就像父母给取了一个不男不女的名字，害得孩子每天要向人澄清和解释，一辈子都要经受误解和玩笑。人如其名，一生的宿命由此注定。

我还注意到一个现象，在很多地区，分管社工的领导往往也分管维稳，在众多场合，社工首先被当成一支安抚上访对象、调解医疗纠纷、化解少数民族群体性事件的力量。当然，社工理应有维稳的义务与能力，但这并不意味着将各地方政府最头疼最棘手的问题抛给社工。这些问题无一例外有两个共同特征：一是重事后化解、轻事前预防，二是问题的产生往往有深刻的制度原因，可社工恰恰更擅长事前预防与日常抚慰，恰恰对制度无能为力。因此，片面强调社工的维稳功能是不是也是地方政府病急乱投医的表现？将原本弱小的社工推向社会矛盾的风口浪尖，社工能承受得起吗？

说了这许多，似乎在咬文嚼字，追究名分。但："名不正，则言不顺；言不顺，则事不成。"所以，为社工正名，不仅关乎其名声。

社工与空手道

上海市杨浦区组织"公益总动员",对辖区内申报的68个公益项目进行评审,我有幸参加。在为期一天半的时间里,密集接触了很多新兴社工机构,见识了五花八门的公益项目,让我感触良多。在众多的投标者中,给我印象最深的不是我们的社工,却是一位非社工。

说她是非社工,是因为她身上没有一点社工的硬指标:她不是社工专业毕业的,也没考过社工证书,整个述标过程中从没听她提到"社工"二字。她本人的身份则更是离社工十万八千里,她是一位空手道运动员,据说还是国内第一个国际级空手道裁判,想象中,该是一个四肢发达、某某简单的人,搞不好还是社工的服务对象。进来的却是一位秀气的小姑娘。她先不讲方案,而是先给我们讲了一个故事:在一次空手道比赛中,有一对父子同台竞技,同时获得冠军。作为裁判,她问了他们一个问题:为什么会想到父子共同参赛?父亲回答:我们是一个单亲家庭,孩子的母亲不在身边,大人的事曾给孩子带来不好的影响,我选择和儿子一同参赛,是希望在训练和比赛中重新树立父亲的形象,融洽父子关系。现在，我们做到了。

一语惊醒梦中人，从此，这位裁判不想只做空手道，她想创办一家公益性的体育机构，专门招收单亲家庭，以武会友，以武悟德，通过空手道的训练和点拨，融洽亲子关系，促进家庭和谐。于是，她带着她的方案和团队来到了评标会，赢得了所有评委的尊重和认可。我们之所以对她印象深刻，不仅因为她传奇性的身份和戏剧性的转变，更因为她一语道破了社工之道。她让我们看到，空手道也好，社工的个案、小组也好，仅仅是手段，并不足以区分社工和非社工，真正让社工脱颖而出的，是这些手段背后的理念、目标和方向。

反观我们的社工，他们的方案却时常让我陷入"专业审美疲劳"，那些娴熟的术语和规范的格式背后，我只看到了社工的"形"，却感觉不到社工的"神"。有一家社工机构在阐述方案时，雄心勃勃地要在一年内搞 50 次活动，争取做到每月有大活动，每周有小活动，但当我们问他搞这些活动是为了什么时，他说不上来，甚至意识不到这是一个问题。还有一家机构，他们发现青年人不喜欢和老年人在一起，原因之一是老年人的娱乐方式太落伍了，青年人难以接受，所以，他们决定教老年人弹电吉他，玩电贝斯，并为此申请了一大笔购置设备的费用，要以新式乐器武装老年群体，在老年人中掀起一股摇滚风。类似拿文艺作文章的机构还真不少，还有教民工子女唱歌的，教白领女性绣花的……这些活动不是不好，只是在手段与目的之间，在私人兴趣与公共关怀之间，他们还没有找到结合点，还没想明白做这些事是为了什么。所以，在外人看来，很多社工就知道搞活动，搞培训，于是，社工成了"活动家"，社工机构成了"培训班"。

那位空手道裁判还申请了另一个项目，同样具有难得的社工品质。那个项目也源自她身边的故事：她的母亲刚退休，突然迷上了打太极拳，女儿问她为什么，母亲说，我有一个朋友，退休后一个星期，去世了，他原本身体不算太好，但不至于那么严重，人也算坚强，可退休后他突然觉得身边没伴了，被社会抛弃了，整个人的状态就不对，病魔轻易就征服了他。你问我为什么突然学起了太极拳，因为我需要伙伴。于是，她的裁判女儿带来了第二个公益项目：专门针对 50、55、60 人群进行退休前后的干预，核心目标即帮助他们重建社会关系，为他们找到新的"伙伴"。这个项目和前一个项目异曲同工，我想，社工这个行业还是讲究点悟性的，一通百通，方向找准了，手段倒是次要的。身怀绝技、手握资源的人迷失在公益中，这样的案例，我们见过太多了。

社会工作者，前面始终冠以"社会"二字。如果社工失掉了社会关系、社会融合这一根本之道，那社工就真成了空手道，成了空手套白狼。而一旦把握住了社工之道，哪怕他没学过社工，哪怕她原本是个空手道运动员，也可能成为一名出色的社工。

成长的烦恼
——浦东社工协会十年十问

20世纪的最后一个月,浦东社会工作者协会在上海浦东成立。新世纪的前夜,太多值得全人类铭记的事情发生,相比之下,一群身份不明的人组成的这个小小的地方性协会,实在引不起太多的关注。此后的10年,恰是中国内地社工事业突飞猛进的10年,浦东社工协会有幸见证和参与了这一过程,并通过自己的努力逐渐获得业界的认可。回想10年前的浦东社工协会,正像一个新生的世纪婴儿,面对的是一整个未知的世纪,和一项刚刚起步的全新的事业。除了几个远房的表亲外,这个婴儿几乎没有兄弟姐妹,连父母都不像是亲生的;她没有家,常年寄人篱下;她没有历史遗产,只有一堆历史遗留问题;她也没有前辈留下的道路可循,每一步都是在摸索和试探,每一次跌倒或爬起都让她更加沉稳成熟。10年后,当我们回顾这一过程时,浦东社工的重要缔造者和推动者、上海市民政局局长马伊里女士用了一个形象的比喻:成长的烦恼。

烦恼是由一个个恼人的问题组成的,而成长正是建立在对这些问题的尝试性解答上,哪怕解答得不尽正确,这种思考与探索本身就弥足珍贵。浦东社工协会 10 年间遇到的问题可能有 100 个，让我们选出其中的 10 个，一起来看一看。

社工协会有必要存在吗？

这第一个问题，可能很多人认为不成问题，社工协会当然有必要存在！不过，看上去最不容置疑的问题，往往是最需要不断反思的问题。1999 年，第一批来浦东工作的科班出身的社工已在各自岗位上有了几年的专业实践，他们强烈地想有一个社工协会，一个能为他们提供专业归属的"家"，主管政府也希望有一个统一的机构来凝聚和管理这些分散的社工个人，这个时候，社工协会非常有必要存在。但是，不要以为社工协会时刻都有必要存在，2003 年前后，上海乐群社工服务社刚成立，一群怀抱专业理想的年轻人投身到浦东的社工事业中，其中就有人曾发出过这样的疑问：浦东社工协会既不能指导我们的专业，也不能为我们带来更多资源，为什么要有社工协会？这个问题问得好，当社工协会没有足够的能力时，它的必要性就该受到质疑；当社工协会无法为它的社工会员提供帮助时，它的合法性就成了问题。每一个社工协会都应该时刻拿这个问题反问自己，因为这个问题永远没有一劳永逸的解答。

社工协会是官方的，还是民间的？

浦东社工协会这 10 年间，曾被无数次问到这个问题。坦白说，我们很难给出一个纯粹的、非此即彼的回答，因为我们的出身本来就不够"纯洁"。很多场合下社工协会因为某些间接的政府背景而获得格外的礼遇,也有些时候协会正是由于坚持了民间立场、草根身份而有了新的发展。我还记得2003年协会想做一个青少年健康教育的项目,为了获得美国辉瑞制药公司的资助,我们要想方设法洗掉协会身上的政府底色,把自己装扮成一个清白的、纯民间的协会;但是,当我们拿到项目经费,想在社区组织一次活动,需要向某个街道借活动场地时,我们拼命强调自己与政府有密切关系,是政府的亲戚,以便尽快得到对方的信任。这是具有中国特色的难题,也暗示了中国社工发展的特殊路径:既要擅长借助政府资源,又能不失民间本色。在这方面,社工协会只能拿捏分寸,精确定位。

先有社工,还是先有社工协会?

这是一个先有鸡还是先有蛋的问题,这个问题从来都争论不休。来自西方的比较理想的状况是:先有了社工,有了各种各样的社工机构,当这些机构和个人发展到一定阶段,需要一个协会来规范和统筹时,社工协会出现了。不过,现实中可能正好相反,至少在浦东,是先有了社工协会,社工协会却找不到会员,最早的一批科班社工大多都争先恐后地考公务员去了,放眼当时的浦东乃至全上海都没几个真正的社工。2005年春节前,浦东社工协会召集社工进行联欢,经过广泛联系多方动员,最后全体会员加上协会秘书处工作人员,一共才十几个人到场,大家强颜欢笑,唱了几首歌就草草收场,那个春节联欢过得真是惨淡。不但社工少,社工机构更少,征收单位会员的标准改了又改,条件不断放宽,会费不断降低,仍然没几个会员单位。没有会员,社工协会多少显得有些有名无实。但到了 2010 年，浦东社工协会召开第三届会员大会时，却因为会员数量太多而不得不改为会员代表大会。浦东社工力量不断壮大，机构和社工数量不断增加，这一切几乎都与浦东社工协会的招募、培育、孵化有着直接或间接的关系。中国社工自上而下的发生、发展模式，决定了先有社工协会，然后才有社工，而不是相反。

社工协会要不要做社工实务？

浦东社工协会迄今三届理事会，我有幸都经历过。其间召开过很多次理事会，几乎在每一次理事会上，各位理事，尤其是来自高校的专家学者们，都热衷于探讨这个问题。社工实务界也曾就这个问题向浦东社工协会提出过建议，很多人认为社工协会不应该介入实务，至少不应该直接运作实务项目，而应该做些协会该做的事，比如编个简报，开个年会，搞个培训，组织个体检什么的。道理非常简单：实务不是协会最擅长的，而且协会这样做也容易有失公允。不过，浦东社工协会自 2005 年换届进入第二届理事会以来，一直没有放弃实务项目，"项目部"几年来都是协会最大的部门。协会的理由也很明确：在社工实务机构数量不多、能力不强的情况下，只能先由协会来运作一些项目，进而推动实务发展，而实务的发展是整个社工发展的根基，也是浦东社工迄今最引以为傲的资本；而且，一个不懂社工实务、不懂项目运作的协会，凭什么来服务和督导其他社工实务机构？事实证明，协会这一步走对了，日后浦东社工协会在社工界的威望，很大程度上是因为协会了解实务，始终占据着实务项目的制高点。

当然，社工协会要做实务，并不意味着永远要做实务，当各个社工机构纷纷成长成熟起来，社工协会应当及时转型，从实务中抽身，退居二线，这才是明智之选。

社工协会的钱从哪里来？

现在的浦东社工都知道浦东社工协会"不差钱"，但在协会历史上也曾有过一段四处化缘的饥荒期。我仍然记得协会第一任会长、华东师范大学吴铎教授对我讲过的一句话，他说，浦东社工协会是吃百家饭长大的。这话并不夸张，直到今天，浦东社工协会仍然在吃百家饭，所有关心社工事业的政府部门、基金会、企业、社会机构都是社工协会的衣食父母。"吃百家饭"不仅是筹资能力的表现，也是协会保持独立姿态的重要保证，不吃百家饭就很难真正代表百家。

前段时间我和南京的一些协会交流，一位年长的协会会长有一句话让我印象深刻，他说：如果一个协会只拿政府的钱，那这个协会一定做不好！话是绝对了些，但我相信这是他的经验之谈，浦东社工协会如果只拿政府的钱，相信它也很难成为一个好协会。另一方面，作为一个以会员制为基础的协会，浦东社工协会当然也曾幻想过靠"会费"过活，就像众多经济领域的行业协会一样，问题是，在社工机构和社工普遍还未脱贫的情况下，会费只是一个一厢情愿的理想，在现实中早沦为一个象征性的手续，想指望会员来发财的社工协会恐怕要破产了，社工协会必须要有独立的对外筹款的能力。如果说现在的形势只能允许一部分社工先富起来，那社工协会不妨先富起来，然后先富带后富，最终实现社工界的共同富裕。

社工协会与社会是什么关系？

社工协会不只对社工专业负责，社工协会的视野也不是只盯着社工。社工是什么？说到底是一种手段，一支力量。在中国，由于社工在出生和成长过程中受到了太多有关身份的疑问，以至于很多社工都养成了一种本能的身份辩解的习惯，他们习惯于强调社工是谁、社工不是谁，乐于区分社工该做什么、不该做什么。在社工发展初期阶段，这种自觉的界限是必要的，但当社工身份逐渐确立、全社会对社工有了更多更实际的期待后，社工应该果断跳出身份囹圄，投身更广阔的社会。毫无疑问，在这方面，社工协会应该走在最前列，引领社工找到真正价值所在。因此我们会看到，2008年汶川地震后浦东社工协会带领浦东社工奔赴都江堰灾区，2010年11·15上海静安特大火灾后浦东社工协会组织社工前往受灾家庭进行服务，浦东社工与心理咨询师、医务工作者打成一片共同参与救灾。社工逐渐淡化社工的身份标签而融入"专业助人者"这一集体形象中，这时的社工更像社工，这时的社工协会也更像一个协会。而当社工埋首于具体的职业、方法、技巧、伦理时，社工协会要让社工抬起头来，放开视野，找到自己在社会中的位置。

社工协会的人是不是都应该是社工？

曾经有一段时间，浦东社工协会连同社工机构的人都是社工，要么科班出身，要么来自一线，从上到下都是血统纯正的社工，互相一打听，要么是师兄弟，要么是师生，总之脱不了社工这个小圈子。学生进协会，老师当会长，这种近亲繁殖、内部循环的做法几乎成了惯例，这在很大程度上限制了协会的视野，使得专业外的新鲜血液难以进入，协会可以在本专业内称王称霸，一旦进入更广阔的竞争领域，人才的单一与背景的雷同就成了大局限。任何机构都需要多元人才，社工机构也不例外，尤其是社工协会。在过去，传统社工机构为人诟病之处在于缺乏专业社工人才，而现在，社工协会同样要警惕只有社工一种人才。一个理想的社工协会要具备全方位的能力，这些能力不是单靠社工能胜任的，比如项目部要有能找钱的，宣传部要有能忽悠的，最好还要配一个完全不懂社工、整天质疑社工价值的人在里面捣乱，所谓"鲶鱼效应"。否则大家一团和气，天天把社工吹捧上天，渐渐地自己也不知道自己是谁了。

社工协会与其孵化的社工机构是什么关系？

2003年，"孵化"这个概念在社会组织中还是一个陌生的词语，浦东社工协会已经在用实际行动做孵化的事：乐群社工服务社就是在协会母体中孕育并成功脱胎的第一个机构；2006年以来，"孵化"这个词开始被逐渐引入社会组织，但还不像今天这样泛滥，社工协会又先后培育出一系列"乐"字辈的社工机构：乐耆、乐家、乐爱等。与NPI为代表的外生型、流水线式孵化不同，乐字辈的社工机构多半是协会内生型、十月怀胎式的孵化，即使出壳，也与母体有着难以割舍的联系，这给协会出了一个难题：怎么处理与这些孵化机构间的关系？怎么处理亲生孩子与领养孩子间的关系？我想，协会应该眼光放远，孩子终将走出家庭，走向社会，协会必然要经历一个机构空巢期。作为一个社工协会，有时要举贤不避亲，有时要大义灭亲；有时要忍痛割爱，有时也要更加博爱。

社工协会和政府是什么关系？

政府是永远绕不开的一个话题，所以有必要把这个问题再单独列出来。总结浦东社工协会这些年与政府合作的得失，我认为一个称职的社工协会在处理与政府关系上应该做到以下四点：

一是理解政府：协会要充当政府要求与社工服务的中介人，福利政策向弱势群体的传递者，官方语言与专业语言的翻译官，政府利益与社会诉求的调解师。

二是引领政府：在所有的文件报告中，政府的角色一向是引领者，还从来没有被引领过，但事实上，一个成熟开明的社会中，专业永远走在政府的前面，政府是时候放下架子虚心听取专业界的意见了，社工协会也有义务为政府献计献策，用它擅长的方式影响社会政策。

三是跨越政府：不是超越政府，而是要利用社工协会的组织优势打破政府部门划分所带来的弊端，政府职能划分决定了它的视野必然是分类的，标签化的，所以民政眼里只有穷人，公安眼里只有犯人，而社工和社会组织将人还原为"全人"，社工协会可以归民政主管，但它一定要有能力走出民政，整合资源，深入盲区，服务全社会。

社工协会是不是也可以用适当的方式监督政府？最近几年地

方政府在应对公共危机和群体性事件时，对舆论和民意的回应屡屡陷入被动。事后的反思当然必要，事前的监督与善意的、建设性的意见是不是更有意义？在这方面，社工协会及旗下社工有着得天独厚的优势，他们贴近社区，了解民间疾苦，应该担当社会问题的第一个发现者与政府失策的第一个提醒者。

社工协会的明天在哪里？

浦东社工协会10年来几经变身，她曾经是民间沙龙，是学术团体，是实务机构，是培训学校，是行业协会，2009年协会度过了她的10周岁生日，在第二个十年的开始，2010年11月举行的会员代表大会上，协会又通过了一项重大决议：将浦东社会工作者协会更名为浦东社会工作协会。一字之差，意义深远。马伊里局长用"成长的烦恼"形容浦东社工协会10年之路，10年来烦恼不断，问题不断，所幸她也在不断寻求答案，不断成长。社工协会的明天在哪里？仍然没有一个一劳永逸的答案，浦东社工协会愿与所有社工界同仁共同探索，共同成长。

助人大家庭中的社工

社工是后来者,在前社工时代,已经有众多职业和人员在做社工的事情,扮演"助人者"的角色。社工属于晚辈,他读过书,留过洋,考过证,志向高远,有时又底气不足,他和前辈的区别与关联是什么?如何看待社工在助人大家庭中的角色?这个问题值得社工们深思。

人民调解员的案例常常给我很多启发,往小里说,是"以生活的情理驳击法官的法理",是以人生智慧应对人生难题;从大处看,社会的事情,还是应该尽可能由社会自己去解决,从社会学角度分析是最合理的,即使从经济学角度看,也是最经济的。政府、法律等体制内框架,都是民间手段失效后不得已才求助的对象,是最后的选择,而不是最先的选择,更不是最好的选择。在体制框架之外,有一大片民间领地,行政无力干涉,法律难以触及,要靠民间来填补。解铃还需系铃人,说的就是这个道理。

更何况,法制在我国还不够健全,这一点早已是共识,有法不依、以政代法现象更时有发生。相比之下,民间从来都是健全的,自古依然,甚至不为朝代和社会制度所左右。在法官和律师出现之前，我们的家庭纠纷夫妻矛盾怎么解决的？还不是靠历代的大嫂大妈们？如果说我们现行的法律体系有60年的历史，那我们的民间体系至少有6000年的历史，哪个更有智慧一目了然，别以为穿制服戴眼镜讲话文绉绉的年轻人就一定能解决家里老头子的那些老问题。制度更应该考虑的是如何小心呵护这些代代相传的民间智慧，如何从这些智慧中汲取营养以弥补体制的僵化与不近人情，而不是急于去否定和同化它。毕竟，从来就只有不明智的制度，没有不聪明的百姓。

有一则案例，讲的是人民调解员如何帮助两个养鸭专业户分鸭子的故事，很有意思，形象地展示了人民调解员的独特智慧。看到这个故事的时候，我想到了另一则类似的故事：美国德州家家养牛，为了区分，Tom家把牛身上写上Tom，Mike家把牛身上标上Mike，搞得牛身上花花绿绿全是字母，有一家人别出心裁，说既然你们都写了，那不写的就都是我的牛。后来，"maverick"（未烙印的小牛）这个单词有了一个新意思：形容独辟蹊径、持不同意见的人，这个农户为英语贡献了一个新词汇，也传扬了一种创新精神。美职篮（NBA）中有一支德州的球队，在全美都盛行一号位到五号位严格区分位置的打法时，他们独创了五位一体、模糊身份、灵活机动的篮球技战术，引领了NBA乃至世界篮坛的新风气。2011年，这支球队拿到了总冠军，他们的名字正是"小牛"——maverick。

不知道有没有专家研究统计过，现存的人类智慧中，有多少是民间贡献的，或经由民间首创日后又上升为体制所用的？又有多少是上层建筑拍脑袋想出来的？我相信前者一定占绝大多数。

所以，底层智慧远比顶层设计更重要，民间的事情交由民间来解决，原本就是最优方案，只是我们经历了一个特殊的历史阶段后，民间被过度钳制和无视，以至于自身萎缩，所以我们才做了那么多舍近求远的事。现在，在一个更开明的世界中，民间正在蓬勃复兴，它天生具备"给点阳光就灿烂"的秉性，只要稍有空间，它就生根发芽，野蛮生长。我想，这也是"小政府，大社会"这一宏大设想的初衷。可以预见，在一个大社会、强社会的未来，民间可以具备更强的自我调解与事故消化能力，到时候，政府就不用忙着到处救火了，四处活跃的民间消防队，早将火势扑灭在火苗中。

当然，民间高手也有它的不足处。它随性，八仙过海各成一家，讲究人格魅力，缺少职业魅力，因此难以快速复制推广，它更多地靠口耳相传，靠调解人自身的天性与终生修炼，它只有案例没有通则，只有故事较少沉淀，所谓"一把钥匙解一把锁"，当事人愿意做"调解大嫂"，不愿意做"动脑筋爷爷"，这些都为培养后人带来了障碍。"无招胜有招"当然好，但"有招"就可以讲解传授，别人也可以照猫画虎，"无招"就只可意会不可言传，最终很容易"失传"，用学术的话来讲，不利于"职业化与专业化"。社工的任务就是充分理解和吸收这些智慧，将它放入一个更规范化和科学化的方法体系中，拓宽它的适用范围，也方便更多的社工学习应用。如果说过去十年，中国的社工主要在学习西方，学习港台，学习书本；那接下来这十年，社工们应该调转方向，看看身边的父老乡亲们，有哪些濒临灭绝的"非物质文化遗产"要我们继承。否则，所谓"社会工作本土化"、"中国特色社会工作"怕难实现。

另外,民间智慧往往对老一代人更有效,对年轻人的价值观和行为方式则有些不适。上海的经典调解栏目"新老娘舅",据我观察,对较年长的上一代人调解更有效,对年轻人就不一定,作为一档电视节目,其收视率估计也多半是老阿姨们贡献的,年轻观众中不买账甚至抵触的大有人在。所以,对民间智慧中的具体伦理与规则进行与时俱进的修正,也是年轻社工的任务。

党的群众工作更特殊些,单论工作难度和技术含量,一点也不比社工差。按社工专业的说法,思想工作涉及的不单是"行为矫正",而是"转变认知",是更高层次的追求。只是它毕竟有"党"字在前,多少要有政治倾向性,尽管方法极其技术化甚至艺术化,但目标毫不通融,具有坚定不可选的导向性,这一点和社工尊重当事人价值观、不强加价值观会有所不同。除此外,在操作技术层面,二者完全可以互相学习借鉴,思想政治工作需要引入社工的新理念、新方法以应对新人新问题,社工师也要向老政工师好好讨教"做人的工作"之精髓。

为什么我"胳膊肘往外拐",一再强调社工要向民间、向传统学习?这里还有一个现实的原因:西方的社工,原本就根植于民间,是西方社会文化和价值观的产物。被称为"世界上第一个伟大的观护人"和"感化工作之父"的奥古斯特,原是美国马萨诸塞州的一个鞋匠,他不好好修他的鞋,专去监狱里保释那些犯了事的坏孩子,对其晓之以理、动之以情,20年间成功保释了近2000名犯罪人员,开创了"社区矫正",日后的司法社工才上升为专业和制度。西方的社工,本是民间土壤上开出的花朵,后来又沐浴了专业化、职业化的阳光雨露,结成了现在的果实。而中国的社工呢,从一开始就没有摆脱自上而下的行政渠道和西学东渐的理论路径,它是空降的,是舶来的,因此,汲取中国本土的,尤其是民间的智慧,对它来讲是补课,而且不是选修课,是必修课。

当然,民间也分不同层次,也表现为不同的角色,调解员也好,群众工作者也好,包括上海的老娘舅,尽管他们和当事人一样都是站在民间立场、运用民间智慧,但对于当事人来说,他们又都是"外来人",是"中立方",是"第三者",这是他们成功的另一个不可缺少的身份。试想,一位调解员,如果她自己家里遇到类似的问题,她不一定能得心应手,不是能力不足,是身份不便,有失公允。

社工的身份和立场是什么?是民间代言人?是政府雇佣军?还是某个绝对真理绝对正义的化身?恐怕都不能简单地对号入座。这时候,"中间人"就是社工始终要坚守的一个身份,尽管在现实中做到这一点很难,但还是要尽量去做。两人吵架,越吵越不可开交,这时候,旁边过来一个第三者劝架,所谓"非利益相关者",往往有奇效。要领在于公允,各给一个台阶下,或各打三十大板,而绝不能有主观倾向性,否则就成"拉偏仗",要是被明眼人看出来,事态只能更激化。这个简单的道理也适用于所有调停者,只是社工的"中间人"身份要更复杂一些,当他面对民事纠纷时,他要站在事件当事人双方的"中间",当事情涉及制度层面时,他要站在官、民的"中间"。一边倒地支持或声讨其中一方是容易的,也是多数人的选择;难的是不偏不倚站在中间，因为两边都开阔，唯独中间狭窄，有时候，中间狭窄到只有一条钢丝绳，如何拿捏平衡，是社工必须要修炼的。但这也正体现了社工的价值和存在的必要性，比如现在很多问题，政府不便出面，一是因为身份敏感，二是因为政府也是利益一方，不能一厢情愿地把政府想象成纯"公益"。这时候，政府不能既当裁判员又当运动员，于是社工就有了用武之地。

最后再来谈谈社工师与心理咨询师，他们二人间的恩怨早已是人所共知，社工与人民调解员、思想政治工作者的关系是两代人的关系，是新旧共存与交接的关系，这种关系还算平和，各有各的拥趸和粉丝，也各有力不能及的地方，很多时候并没有交集，完全可以随时代自然更替。社工和心理咨询师就不一样了，他们基本算同代人，很多时候在抢同一碗饭，比如在地震、火灾等历次公共危机事件中，总少不了他们暗中较劲的故事，大有"立谁做太子"的势头。相比之下，心理咨询师的公众影响力更大一些，电视台抛头露面的机会更多一些，考证培训费更贵一些，据说考出来赚的钱也比社工更多一些，当然，言多必失，树大招风，遭受的非议和指责也比社工更多一些。总之，心理咨询师算是专业化社会服务与人文关怀新军中的大哥，社工也就排老二。现实中情况更复杂些，我知道很多人身跨两界，本科学心理，再考个 MSW；或者纯粹学心理学出身，却在大学社工系大讲社工专业课；又或者身兼两职，左边口袋是社工师证书，右边口袋是心理咨询师证书，用到哪个拿哪个，在哪个圈子里就夸哪个好，也算是融会贯通自成一家了。

其实大可不必，二者本是同根生，又都是替人排忧解难的，现在这样的人种不是太多，而是太少。做坏事可以各做各的，做好事不妨多些合作和交流，现实中的问题人群往往都兼有社会和心理问题，这是二者合作的最重要的基础。这种合作既可以是两个职业团队间的合作，也可以是个人学科背景的交叉和丰富。总之，他们交集多于分歧，合作优于分化。

当然大家更关心二者的区别，或者从社工角度来说，关心社工与心理咨询师相比较，优势在哪里？对于这个问题，那些身跨两个专业的专家更有发言权，我口袋里只有一个证书，只能说些粗浅的看法。依我看，社会工作者的优势正体现在"社会"二字，具体表现在两个方面：方法上的"整合资源"，目标上的"社会融合"。

我原来说过，社工永远不是手握资源最多的那个人，但他知道谁手里握有什么资源，他根据案主的需求，使出浑身解数，将这些资源巧妙网罗起来，为案主所用；如果现实中不存在这种资源，那他还要再多费点力气，去呼吁甚至去忽悠，让有能力者将这种资源"创造"或置换出来。总之，有资源要上，没有资源创造资源也要上，这是讲的社工在"方法"上的独特性，所谓"社会活动家"这个美誉就来源于此；再看"目标"，社工做上述这些事情是为了什么？具体的目的千差万别，但大的目标或使命就是一个：让那些被各种具体困境所隔离、所疏远、所封闭、所对立的人，重新回到人群中，回到"社会关系"中，让父子更像父子（而不仅是让父亲更像父亲，让儿子更像儿子），让同事更像同事，让社区更像社区，让国、民更像国民，所谓"社会关系重建"、"社会关系的缓冲剂与黏合剂"，正是此意。

很明显，我说的是理想状态中的社工，现实中，很多社工要么暂时还没掌握这些能力，要么还没有意识到这两点，于是有人会发出"社工到底有什么独特性？""社工的专业性体现在哪里？"以及"社工和心理咨询师有何不同？"的疑问。如果社工迟迟做不到这两点，那么将导致两个结果，比较好的结果是：社工越做越像心理咨询师；比较糟的结果是：社工越做越不如心理咨询师。

柏阿姨是不是社工

众所周知,上海有两个人最红,最受上海人宠爱,一个叫周立波,一个叫柏万青。周立波嬉笑怒骂,开创海派清口,一时风头无人可比,不过有段时间却名声不佳,原因主要是得罪了网友。在中国,网友几乎是草根和公民的代言人,周立波以"喝咖啡者"自居,鄙视"吃大蒜者",从社工的角度看,这明显与现代公民社会的精神相悖,水能载舟也能覆舟,周本以娱乐大众起家,却也可能因脱离草根而失宠。柏万青就不同了,她有一个最民间的身份:老娘舅,她专以调解百姓琐事为特长,多少年来乐此不疲,都说清官难断家务事,她却专断家务事,断成了专家,并借着电视媒体的渲染成了明星,成了上海家喻户晓的草根偶像。全市人民不分辈分,一律称她"柏阿姨",她目前的影响力可以用她新主持的一档电视节目名称来形容,那就是:"一呼柏应"。

柏阿姨不但在上海一呼百应,恐怕也扬名海外了。有一年非洲 21 个国家和地区的非政府组织组团访华,上海也纠集了多家社会组织一同接待,我当时代表浦东的社工机构参加,柏阿姨代表静安区的老年协会参加。在非洲人民面前,我再次领教了柏阿姨的魅力,话筒一到她手里,她立刻眉飞色舞,侃侃而谈,对面一排黑乎乎的非洲兄弟听不懂中国话,更听不懂上海话,居然也被柏阿姨逗得哈哈大笑,时不时露出一口白牙。倒是我们几个号称专职社工的人,没能和非洲社工擦出火花,对方黑着脸听完我们的介绍,礼节性地露出几颗白牙,明显没太听懂。主持人适时插话,请非洲的朋友们晚上回到酒店打开电视,肯定能看到柏阿姨。非洲朋友们一听,又乐了。

于是,有外行开始说了:柏阿姨,不就是中国特色社会主义初级阶段的社工吗?

看看柏阿姨调解的事情,不都是社工该介入的吗?谁家夫妻闹离婚了,谁家子女分遗产不均打起来了,谁家房产证上没写女方名字要打官司了,谁家卫生间漏水把楼下地板泡了……凡此种种,只要柏阿姨出面,一定顺利解决,圆满结案。照这样看,柏阿姨不但是社工,而且是资深社工,主抓个案工作,专攻家庭治疗,偶尔还危机介入,柏阿姨简直太社工了!

当然,每当这种时候,专家们又准时出面辟谣了,说:按照专业标准来界定,柏阿姨根本不是社工!

原因有很多,比如说柏阿姨不是做服务,更像做节目;柏阿姨违反保密原则,不但将案主家丑外扬,还借着卫星电视,扬得海内外皆知,连非洲人都知道上海人家里那点事;柏阿姨断的案子合情合理,有时却不合法,她断完的案子转介给法院,大法官都为难;柏阿姨不助人自助,不让案主自决;柏阿姨不会恰当处理移情和反移情,不但不处理,还经常在调解过程中触景生情,主动大哭,哭得案主要反过来劝她……总之吧,柏阿姨多次违反社工伦理原则,完全不符合专业社工的标准。再说了,柏阿姨连个初级社工师证书都没考过,她要是社工,那不成无证上岗了吗?

坦白说,作为一个专业社工,我每天晚上都准时收看《老娘舅》,倒不是我多喜欢柏阿姨,主要是我们家遥控器不在我手里。不过看着看着,我也看出点门道,这个节目至少有一个意义:从前我们只说"国家大事",说"外事无小事",好像就只有老百姓的事是小事,而这个节目告诉我们:百姓的事无小事,国家领导人的事要上卫星,老百姓的事也要上卫星,也要像新闻联播一样,每晚准时列入全国人民的晚餐议事日程。这个节目还告诉我们,社工也不是谁说是就是,谁说不是就不是,美国的社工也是先有了实践,后来才规范化、专业化,才取了名字,写了论文,考了学位,发了证书,这样的社工到了中国,必先经历本土化。而柏阿姨正相反,她太本土化了,她压根儿就没留过洋,她就像她的名字"老娘舅"一样蕴藏着朴素但有效的调停角色与民间智慧。所以我说,柏阿姨不是社工,但胜似社工,专业界不应该急于对她划定身份,更应该从她身上汲取本土的营养。什么时候社工界也能出几个柏阿姨这样一呼百应的人物,社工就真成功了。

从盗版到取经：内地社工的"北斗之旅"

1997年香港回归的时候，我刚刚学完"社会工作概论"这门课，因为没有适合的教材，老师给我们复印了一本繁体字的书，这书看得有点别扭，里面案例中的对话也很奇怪，案主都叫"阿明""阿杰"，一看就不是本地人。那时我还没意识到，这本"盗版"的教材正是香港社工给我上的第一堂启蒙课。很可惜，这课程距离当时的我们还有点遥远，那位老师讲得不清不楚，我也听得一知半解，一个学期下来，留给我印象最深的就是每到周末，老师就带我们去一家福利院擦窗户，擦了一个学期。这给我幼小的心灵留下了阴影，以为社会工作就是擦窗户。

2000年我到华东理工大学社工专业读研究生，毕业后到了上海浦东社工协会，成为一名专职社工。那时协会办公条件简陋，家徒四壁，整个协会只有两件"镇会"之宝，一是费孝通老先生的亲笔题词；一是香港社工前辈送我们的一个铜牌，上面刻着四个字：任重道远。现在想来，这真是一句情真意切的嘱咐，协会后来几经搬迁，这铜牌一直不敢丢，只因为上面那四个字，我们始终没有完成。

后来，我几次去香港，都是因为社工。香港社工，以及香港这座城市带给我许多启迪和期待，让我们那些看上去有些不切实际的理想，有了一个眼前的榜样。那时候，上海社工几乎全盘复制香港社工，大到"一校一社工"、"一院一社工"的制度设计，小到"长者关怀"（而不叫"老人关怀"）、"耆青齐乐"（而不叫"老少同乐"）这些名称概念，都带着明显的香港"口音"。在那之前，我甚至不知道"耆"字怎么读。在我们自己整理的社工案例里，也习惯性地把案主名字改作"阿明"、"阿杰"。不单上海，北京、广东等较早发展社工的内地城市，至少在形式上都以香港为模板，尤其深圳、广州、东莞，更是近水楼台，深得香港社工的滋养。可以说，没有香港社工，就没有内地社工的今天。

再后来，内地社工开始探索自己的道路，与香港社工的关系似乎不那么亲密无间了，尤其以"官办民营"为代表的内地模式强势出台后，有那么几年，香港社工专家的身影似乎不太容易见到了。但是，这局面并未持续太久，我们很快遇到了麻烦，当政府的强力推动到达了"强弩之末"、深入的专业发展却仍难以为继时，我们又想到了香港社工。原来我们并没有预想的那样成熟独立，"任重道远"这四个字，我们仍然绕不过去。

现在，我重新回到高校，成为社工专业的一名老师，与15年前不同，今天的社工老师再也不用盗印香港的繁体字书了，我们面前摆满了各式社工教材，多到选不出来；我们的学生也早摆脱了"家政服务"，再也不用干擦窗户这种"脏活"、"累活"了，他们可以选择不同的实务机构，心无旁骛地做个案和小组。可是，在这表面的繁荣背后，我们总还是会心虚：我们真的得到香港社工的真传了吗？为什么我们的社工学生一到大二就想方设法转专业？一到毕业就拼命想"流失"？为什么我们的社工老师在讲台上毫无激情？别说打动别人，连自己都对自己的话将信将疑，我们到底缺了什么？

这种时候，我们还是要想起香港社工。这情形，像极了中国青年政治学院社会工作学院和香港圣公会福利协会合作的项目名称：北斗之旅。在这场任重道远的行程中，我们一度以为找准了方向，一度以为目的地已近在眼前，殊不知，歧路与迷失始终与我们相伴。还好，在我们疲惫不堪时，抬头看看，星星始终在它的位置，守护和指引着我们。

今天，在我写完这篇文章后，我就要搭乘晚上的航班再次飞赴香港，同样是为社工。今年年初，上海市教委因"签约率"问题，"预警"了十几个大学专业，社会工作不幸排在首位。这是我印象中社会工作首次出现在上海政府文件的首位。上海社工教育界刚刚还歌舞升平，突然就人人自危。我和同事们这一次赴港，正是在此背景下的又一次取经之路，又一次北斗之旅。和以往的每一次一样，我们希望，这一次香港社工也不会让我们失望。

社工界的专家与外行

大概在六七年前的某个下午，一个无关痛痒的小会议上，我开始被人称为社工"专家"。这真是一个不良的开始，从此以后，我开始义无反顾地维护起社工的形象，否则总觉得对不住"专家"这个称谓。我听不得别人说社工的坏话，稍有质疑就要据理力争，像个偏袒孩子的家长，看谁的孩子都不如自家孩子长得顺眼。这是专家头衔的危害之一。在各种会议上，主持人总喜欢随口奉送"专家"称号，我想推辞都不允许，因为人家也有理由：你是科班出身，又长期在社工界工作，兼通理论与实践，你不专家谁专家？我只好受命，渐渐也觉得自己真有些"专"，以至于能成"家"了。回想起来，专家泛滥的现象多半是在这种半推半就的情况下成为事实的。

后来，类似的会议越来越多，我开始遇到更多与我同类的专家。我没好意思打听他们是如何成为专家的，但看上去似乎都有充分的理由。再后来，专家们围绕社工的高论听多了，会后细细品味，总觉得像中学语文课上讲到的"同语反复"，在一套语言体系内它圆满、自洽、无懈可击，相当具有解释力，听者也总能听得意兴盎然，豁然开朗。但一走出会场，一离开这套话语体系，接触到活生生的社会现实，又觉得不够尽兴，不能及物。一旦遭遇外行的质疑，我还是不能照搬会上专家的言论，给质疑者以迎头痛击，恨自己口拙，有辱专家身份。倒是外行质疑我的话，生动鲜活，言之凿凿，常常让我这个专家陷入专业的困惑。

我无意贬低专家的贡献，也不是要助长外行的气焰，他们的视角不同。专家是从正向的角度、成体系地阐述社工的理念和价值，他们是社工这座摩天大厦的设计师；外行不同，他们没有义务着眼整座大厦的宏伟，他们从反向的角度，在这座大厦的地基处挖一个墙脚。挖墙脚是容易的，难的是再补上，在不伤筋动骨的前提下保证大厦的稳固。我感谢专家们的贡献，但现在，我更加珍惜外行们的小小破坏，他们那些听上去有些刺耳的话，那些带点挑衅的反问，恰恰揭示了社工专业界最容易忽略的常识。社工界的外行，正像童言无忌的孩子，可能说的话很幼稚，问的问题很业余，很山寨，却句句击中成年人的经验世界与理论框架。他们的问题，才是社工专业的哲学问题，意识形态问题。对这些问题的解答，正是维护社工合理性与合法性的关键。

可惜，越是社工界的大专家，越不容易听到外行的质疑，因为对大专家，大家总是敬畏的，客气的，不由自主地要请教，绝不敢刁难。这是专家头衔的危害之二。还好，由于我这个专家不够大，所以偶尔不小心听到了一些质疑。我愿意将这些不同的声音收集起来，求教于更大的专家。更是时刻提醒同仁：在中国，社工这座大厦的根基还不够牢靠，筋骨还不够茁壮，可能还有一些安全隐患，抗震能力也有很大上升空间，时常来一点小震，五

二　成长的烦恼

级以下的，反倒有助于加强预警，夯实基础。

比如，有一次我们组织社工普及培训，对象全是不懂社工的"外行"。培训结束后，一位外行站起来说："我是外行，我不懂社工，但我有个外行的疑问：社工一直讲资源整合，也有一套整合的方法。但根据我的理解，所谓整合资源，是指有一些资源在那里，需要人来整理收集，合理配置。可问题是，现在的社会现实下，社工手里根本没有这些资源，有也不让你碰，所以我不懂了：没有资源，怎么整合资源？"这个问题很业余，以至于我当时没回答上来。还有一次，有关家庭社工服务的某个活动上，一位很外行的家庭主妇站起来，说："你们派来的社工，自己还没结婚，哪懂家庭？哪能解决我们家的问题？"这个问题也很业余，由于我当时也没结婚，所以我也无法回答。

问题是，现在我结婚了，还是觉得回答不好。让我回答不好的问题，还有很多。希望"外行"们多提问题，哪怕我们暂时还给不出答案。

司法社工"七宗罪"

2004年,在上海市政法委和综治办的推动和直接领导下,上海市新航社区服务总站、自强社区服务总社、阳光社区青少年事务中心成立,招募社工人员,尝试运用社会工作的方法来服务刑事解教人员、监外服刑人员、吸毒人员、社区青少年等人群,并以此来推进"预防和减少犯罪工作体系"的建立。主管政府及社工界一般将这三家机构并称为"三大社团",其社工则被统称为"司法社工",这两个名称都带有鲜明的中国特色。

"三大社团"的"大",一是指其人员规模,远远超过当时上海市已有的社工机构。以稍早成立的乐群社工服务社为例,该服务社被称为国内第一家民间性社工专业机构,成立初期,其社工人员在规模最大时也不过二十几名,而三大社团成立之初就拥有600余名社工。与其他社工机构所采用的项目化用人机制不同的是,三大社团是根据社工与服务对象的配比关系来确定人数,具体比例为:社工与刑释解教人员比例为1∶150,社工与监外服刑人员比例为1∶50,社工与吸毒人员比例为1∶50,社工与社区青少年比例为1∶150。服务对象规模的庞大与相对稳定,决定了三大社团中社工人员规模的特点,虽然其人数还不足以与香港社工机构规模相提并论,但却足以在内地社工机构中称"大"。在日后的改革中,"大"也将成为一个让人头疼的顽症。

"大"的第二层含义,恐怕是指三大社团背后强大的政府背景,这也是三大社团之所以"大"的根本原因。与其他草根性、自发性社工机构相比,三大社团从酝酿、成立到日后的运作,无不体现出浓郁的政府色彩。以社工人员薪酬制度为例,三大社团的社工收入标准由政府定价,一开始本科学历者收入为4万元/年,每年由主管政府以类似"人头费"的形式划拨,无论是人员收入的绝对数字,还是其来源的稳定性与连续性,都让同时期的其他社工机构无法望其项背,其"财大气粗"的气势一望可知。这种高度计划性的薪酬制度,也将成为日后改革的一个最初动力与重要内容。

再来看"三大社团"中的"社团",这是一个被频繁提及、其实却暧昧不清的概念。在国内,社团有大、中、小三个层次的范畴:大概念泛指一切非政府、非企业的机构,类似现在统称的"社会组织";中概念则指社会组织中的一种,社会团体,如各类协会、学会、联合会,与民办非企业、基金会并列;小概念多用在民间非正式语言中,用来指代社区自发性文娱团队。"三大社团"中的"社团",游移在大、中概念之间,其初衷与定位究竟在哪一层已无法考证,这既反映了始作俑者对"社团"概念本身的认识模糊,也可能是有意的模糊处理策略,但在日后的改革中,"社团"概念的内涵将被反复提及,对它的争议和澄清将成为改革进程中一个无法绕过的障碍。

至于"司法社工"这个名称,在社工学术界一直未得到认可,它在很大程度上是为了给这三支队伍一个简练的统称而想出的权宜之计,可以理解为"在司法系统内提供社工服务的社工"或"为司法对象服务的社工"。在更好的名称出现之前,这个民间的非专业称呼算是一个不错的选择。值得留意的倒是"司法社工"这个名称所天生携带的威严、强制与监管色彩,它让人首先想到的是"司法部门"、"公安局"、"监狱"一类的字眼,而不是社工的平等、宽厚与接纳,日后的事实也证明,正是这一对官方名称与民间名称的矛盾组合,规定了三大社团的团队文化与机构风格,使它的面孔看上去总比其他社工机构更严肃些,这也将成为日后改革的一条内在主线。

三大社团在上海社工界和司法界影响巨大,在全国的知名度也很高,一度成为上海社工的代名词,在提高社工知晓度、营造社工氛围、打造规模优势等方面,司法社工都发挥了积极的作用。在上海市中心人民广场众多知名国际品牌的广告丛林中,曾有一块与众不同的广告牌格外引人注目,就是阳光社区青少年事务中心的巨型海报,这或许是迄今为止社工在户外广告中所能得到的最高待遇。同时,三大社团的强势也使一些对上海社工发展缺乏深入了解的人,一度将上海司法社工等同于上海社工。我曾接触过北京、深圳等地的众多社工界人士,谈及上海社工,言语中只有"禁毒"、"矫正"、"青少年",甚至上海本地的一些专家和官员,对上海社工的视野也局限在司法系统内,对上海社工的另一支重要力量——浦东社工,则知之甚少,很像桃花源中"不知有汉,无论魏晋"的那些村民。这一方面可反映出司法三大社团在社工界的比重与影响力，同时也说明在那一时期的社工界，各自为政、互不来往的局面还未被打破。

除市一级的三大社团外，各区县还设立相应的分支机构。"中致社区服务社"的前身即是浦东的三家分支机构，为标明自己的上级归属，它们都有一个冗长的名称，分别是：上海市自强服务总社浦东新区社工站、上海市新航服务总站浦东新区社工站、上海市阳光社区青少年事务中心浦东社工站。要了解中致社的改革，必须要对它的前身进行充分的梳理，考虑到三大社团的行政统一性非常明显，浦东三个分站的特点基本上等同于整个司法社团的特点。撇开较微观的社工实务不谈，在2007年之前，三家司法社团在机构治理与管理方面的状态，大致罗列如下：

一是多头领导，"娘家"众多。和其他社工机构相比，司法社团的"出身"和"成分"更加复杂，如果询问一个不太熟悉党政系统的司法社工，他或许能一口气列举出下面这些领导：市一级三大社团的总站（或总社），市政法委、市综治办、团市委、市司法局、市公安局、市禁毒办，区政法委、区综治办、团区委、区公安局、区禁毒办，以及围绕"预防和减少犯罪体系"建立的各种委员会和办公室。如果再算上财政局和各街镇领导，这个名单还要加长，这就像一个大家族中的子女，总有数不清的七大姑八大姨。在这些党政部门中，有些是直接领导，有些虽不直接领导，但也要时刻注意协调。一个社工机构能和如此众多的党政部门有关系，也许是件好事，但是，当这些"关系"不是以项目和契约的形式来出现，而是以行政隶属和行政指令来体现时，形势就复杂了。

二是董事会的边缘化。三大社团均以"民办非企业"性质注册。按照章程规定,董事会是该机构的最高决策机构,在成立之初,三大社团都成立了董事会,成员多由政府主管领导、专家学者共同组成,有的还由学者担任董事长,这本是一种比较合理的构架,但在一个强势的政府业务主管部门和多头的行政管理格局下,董事会很难行使独立决策的职能,参与董事会的官员也缺少社团运作和董事会治理的经历,很难将"领导"与"董事"的身份划分清楚。在这种情况下,董事会可发挥的作用可想而知,很多时候都沦为"走程序"的附属设置。

三是仿行政化的自上而下的管理体系。仔细看一下三大社团的垂直管理体系,与政府的行政体系非常相似,市里设总社或总站,区县设工作站,工作站再在各街镇设立分点,社工则铺散在最基层的各社区,这与"市政府—区政府—街道办事处—居委会"的行政模式异曲同工。社工作为最底层的一只只"脚",要面临和居委会成员相似的命运:应对无数上级部门和领导的要求。在这种情况下,自主的专业社工服务非常困难。一个有意思的细节是,司法社工们经常为"写"头疼,因为要写的东西太多,每天都有大量书面材料要上报到不同部门。有社工戏言:司法社工是写出来的,这虽有失偏颇却也反映了部分事实。

行政化的最大伤害来自行政式考核,以行政考核替代专业评估。三大社团对社工的评价体系,基本沿用了行政考核的模式,重结果轻过程,重事后救济轻事前预防,盲目追求"戒断率""复吸率"等指标,考勤、书面报告、指标、服务或参与人次,这些量化、形式化的术语构成了社工的基本考核标准。之所以这样做,一方面当然是因为司法社工服务对象的特殊性;同时更说明了主管部门对社工专业评估方法缺少了解,试图用行政方法来考核专业工作,使"行政色彩"穿过机构层面,渗透到每一个社工的日常言行中。在这种情况下,专业成效自然难以凸显,甚至基本的工作效率也难保证,"出工不出力"、杜撰访谈日志等职业恶习,成为部分社工内部隐秘传染的风气,严重影响了司法社工的形象。虽然是个别现象,但既然这种现象有机可乘,也暴露了考核制度的不尽合理。

四是"人头费"喜忧参半。司法社团的社工薪酬,采用的是与公务员和事业编制人员类似的"人头费"的方式,由政府分级定价,单价乘以总社工人数,再加适当行政成本,即是每年的"购买服务"费用,或曰"项目经费"。而事实上,这种方式下政府购买的不是社工服务,而是社工,与真正意义上的"购买服务"有本质区别,当然也称不上"项目经费"。在社团成立初期,人头费使社工的收入有了基本保障,有利于吸引人才、保证社团快速平稳发展,尤其和那些朝不保夕、吃了上顿就不一定有下顿的纯民间社团相比,这种做法是必要的。但是,当社团发展到一定程度,尤其是一些发展较好的社团想进一步提高收入水平时,就与高度计划性的"人头费"所必然导致的"平衡性"、"平均化"相冲突。政府总想一碗水端平,社团则各怀心事,问题由此而生。

五是权责分离,管事的不出钱,出钱的不管事。市一级的政府主管部门和市三大社团的总站掌管着社团的主要事务,但有意思的是,用来购买社工的经费却是由各区县来出的,这种"你请客,我买单"的局面,造成了权利与义务的不对等,各区县要出钱为社工发工资,但是如果要辞退一个社工,或许还要经过市里的层层审批,因为根据员工聘用协议,每一名社工都是市里直接聘用的。

六是三大社团之间的"统、分"错位。在行政管理与对外宣传上,三大社团总是作为一个整体出现,他们在同一时间挂牌成立,同时出现在媒体报道中,在管理体制、用人机制、薪酬标准、考核评估等方面也都享受着同等、同步的政策,很多时候,自强、新航、阳光不像三家机构,更像是一家机构的三个部门。然而,这种"统"的状态仅限于行政体系,并未惠及社工的具体业务,当社工面对服务对象开展工作时,立刻被区分成"禁毒社工"、"矫正社工"、"社区青少年社工",因此,当一个家庭同时出现吸毒、刑满释放、单亲、问题青少年时(这种情况在现实中并不少见),谁来为他们服务就成了问题,及时的转介与会诊常被生硬的行政划分所阻碍。"该分时统,该统时分",是当时的普遍状况。

七是司法社工与"司法以外社工"之间的隔离关系。如前所述,很多人甚至不知道司法之外还有社工,对更早出现的、以浦东社工协会和乐群社工服务社为代表的"浦东社工"知之甚少。司法社团在规模和气势上的强势,几乎打破了上海社工界的生态平衡,有几年,浦东社工中跳槽转投司法社工的不在少数;每一年,三家司法社团对内部优秀员工进行评选,竟冠以"上海市十佳社工",而不是"上海市十佳司法社工",如同美国职业篮球赛最后颁发的是"世界冠军"奖。与大浪滔天的司法社工相比,浦东社工是一条暗中涌动的潜流,尽管有些人也许不承认有"司法社工"与"浦东社工"的划分,但事实上就在几年前,它们还走在各自不同的路上。这是政府部门划分与各自为政的一种延伸,同时也说明,在当时社工还没有强大到足以打破这种划分。具体到浦东,浦东司法社工与浦东社工的关系就更加微妙,在2006年之前,他们像一对互相早有耳闻、却鲜有来往的邻居,为数不多的几次试探性接触要么不了了之,要么尴尬收场。2005年,浦东司法社团曾尝试引入社会化运作机制,想拿出部分区域的业务进行招投标,并有意邀请来自民间的乐群社工服务社参与,但开过几次会后就无下文。也是在同一时期,浦东社工协会正在扩充会员单位的规模,想吸纳三家司法分支机构入会,但在填写会员登记表时,却发现三家分支机构都没有公章,因为它们都是市社团的分支,不是独立法人团体;而在行政规则中,市社团是绝对不可能加入区协会的。这说明对当时的浦东司法社团来说,"社会化"只是一个经常提及、但实施时机远未成熟的概念,浦东社工与浦东司法社工所在的两条路,暂时还看不到相交的前景。

不过,后来的改革事实证明,正是浦东社工长达十年的专业储备,以及关于社团社会化运作的丰富的第一手经验,为浦东司法社团改革打下了基础,使浦东成为全市司法社工改革的第一批试点,也是在浦东社工协会的直接参与和协助下,中致社区服务社得以成立。

2007年10月30日下午,中致社区服务社正式挂牌成立。巧合的是,浦东另一家社工机构——公益社工师事务所也在这一天上午挂牌。我同为这两家机构的董事,一天之内赶场参加了两个成立大会，对比鲜明，感慨颇多，这一对同年同月同日生的孪生兄弟，先天发育不均，后天营养各异，走上了截然不同的两条道路。

当然，从行政化走向社会化的过程是漫长的，中致社区服务社的改革还在进程当中；同时我们也应该看到，纯粹的官办社团自然不可取，过分强调民间性、草根性也不现实，官办社团逐步社会化，民间组织不断争取政府支持，都是大势所趋，如何处理政府与社会的关系，如何把握行政性与民间性的比重，是每一个社工机构都要面对的问题。

一个不想当演员的社工不是好志愿者

导演是影视界的专家,却是社工界的外行。这些年来,为了维护社工形象,我先后和两名导演起过冲突。当然我们都是文明人,没有动手,两次都是纯学术的碰撞,两次都印象深刻。第一次我已经在别的文章中讲过了,现在讲第二次。

作为社工,我们经常有幸被拉去"填场子"。有一回,某社区志愿者中心要拍文明社区宣传片,专门聘请了影视公司的某导演。导演打来电话,要我们火速组织50名社工,统一服装,按规定时间,到规定地点,进行拍摄。所谓拍摄,就是扮演群众演员,对着镜头喊口号。口号自拟,不超过10个字,其中须包含某某、某某和某某要素。我们一数,一共10个字,三大要素占去了6个,还剩下4个字供我们尽情发挥。没办法,我们像发电报一样惜墨如金,像做填空题一样字斟句酌,总算凑上了这四个字。

因为拍摄地点,我和导演起了争执。我想在浦东公益园,对方坚持在陆家嘴金融中心。我说我们是社工,公益园是我们的家,以家为背景,情真意切,金融中心的高楼是好看,但好像和社工关系不大,毕竟目前社工界对上海金融市场的贡献还不明显。导演说,你这就不对了,陆家嘴是所有浦东人的陆家嘴,是所有上海人的陆家嘴,当然和上海社工也有关系。我也有点成心逗他,我说,据我了解,举凡有关上海的宣传片里,都少不了陆家嘴的画面,难道真如姜文说的:上海就是浦东,浦东就是陆家嘴?咱这回能不能有点新意,换个地方?浦东大着呢,文明社区,也不光陆家嘴文明,我们这儿也挺文明的。导演说:我当导演还是你当导演?我们这是艺术你懂不懂?而且我们又不是光拍你们,好多单位排队等着拍呢,不在一个地方集中,难道要我们一家家跑?我们的机器借一天很贵的好不好!

因为人数问题,我们又起争执。人家那么重视社工,给了50个名额,我们才勉强凑了10个人,都是从各社工机构临时召来的,长得高矮胖瘦的,统一服装就更没有了。这是社工本色,但似乎有违文明本色。他们原计划派旅游大巴来接,一听这情况,改派了辆依维柯。导演很不满意,说:社工志愿者不是经常参加这样的活动吗,怎么你们那么难组织?我说:你们既然是志愿者中心,最不缺的就是志愿者,怎么到了关键时刻还要我们找志愿者?我们是社工,不是志愿者,社工是我们的专职工作,一个萝卜一个坑,都出来填场子,场子是满了,坑就得空出来。结果,导演被我惹毛了。平心而论,他有点冤,他也是拿人钱财受人之托。我那天也有点情绪,因为我刚看了一部国产大片,我一看完国产大片就痛恨国产导演,正想找个导演撒气,他就主动找上门来,我能不气吗?

最后,我灵机一动:社工不是志愿者,但社工不是很擅长招募和组织志愿者吗,俗话说得好:一个成功的社工身边至少要围绕着十个志愿者。所以我想了一个办法,要求10位社工到达陆家嘴金融中心后,现场进行外展工作,动员路人加入拍摄。陆家嘴人流如云,都是穿西装打领带的三高人员,都懂事,凭我们社工的能力,凭着那句内涵丰富、字句凝练的口号和争创文明社区的号召,不相信招不到人。10个社工,每人招4个志愿者,50个人就够了。社工和志愿者打成一片其乐融融,齐喊口号共同拍摄,这不正是文明社区的本色吗?

可惜,那天陆家嘴地区的天公不作美,竟然下起了雨,把金融中心的行人都淋跑了,当天的拍摄草草收场。不得不说,这场戏,社工没演好。

"不想当演员的社工不是好志愿者",这当然是句玩笑话,我想和导演争辩的是:社工不是演员,志愿行为不是表演,凭一句指令就让社工丢下工作投身到一场莫名的"集体舞"和"团体操"中,做规定动作,背规定台词,这是国产大片和张艺谋式大导演的逻辑,不是社工的本职。偶尔为之可以,如果成了家常便饭,甚至成了某些部门引入社工的真实动机,那社工事业就成了一场集体秀,社工就真成群众演员了。

最好的公益人不是社工

2010年,我离开工作了八年之久的浦东社工协会,来到浦东公益促进会工作。这两家机构都在浦东公益服务园内,相距不过百米,对我来说,最初的变化并不明显,我只是从公益服务园的五楼搬到了一楼,从此再也不用每天乘坐那部咔嚓作响好像随时要瘫痪的电梯。但对身边的朋友来说,这似乎是一个重大的变动,很快就有人来问我:听说你离开社工协会了?对这类问题,我一般都轻描淡写回答:是离开了,但也没有走远。但紧接着,又有人问我:听说你离开社工界了?对这个问题,我就不知道怎么回答了。

这个问题说明,在有些"外行"的眼中,社工和公益,仍然是界限分明的两个圈子,所以,我离开社工协会来到公益促进会,也就不是简单的跳槽,而成了放弃专业,成了"人才流失"。当然,我们也不好怪他们,谁让人家是外行呢?

问题是,有些内行也这样认为。最近几年,上海市各种公益创投和公益项目招投标搞得如火如荼,大概是为了体现发展社工的导向性,主管部门希望投标的机构能够配备一定数量的社工,以保证项目的专业质量。很快我就听到了各种不解的声音,有人说:我们又不是社工机构,为什么一定要配社工?还有人说:我们是一家公益机构,我们用不着社工,照这个标准,我们这些公益机构都拿不到项目了?看来,他们并不太买社工的账,在他们眼中,公益机构和社工机构,仍然是非此即彼的两个概念。

反过来讲,社工机构中持此观点的也不在少数。有一次我们组织公益界联合会,邀请多家会员单位参加,某社工机构的领导急匆匆闯进来,一看是公益界在开会,以为自己进错了会场。后来经过反复解释多方挽留,总算把她留下来开会,她还很无辜地指着我们说:你们都是公益机构,我们又不是公益机构,为什么要来开这个会?搞得我们很无语,不知道怎么跟她从头讲起。后来我们了解到,这位领导原是体制内人,不久前才进入社工机构,刚刚弄明白社工大概是怎么回事,突然又迎头闯进公益,确实有点信息爆炸,概念混乱,难怪她要晕。可是,我们有些年轻社工们每天埋头做社工,却不知道自己的工作很"公益",这就有点说不过去了。

总之,公益界对社工的身份隔膜,以及社工界对公益的认识误区,现实中仍然存在。在我看来,前者情有可原,后者却不能原谅。因为对公益界来说,社工毕竟是新生的、后来的事物,毕竟是手段,公益才是目的,为了这一个目的,可以"不择手段"。而对社工来说,看不到公益就意味着失去了目标,埋首于具体的工作事务与概念,却忘记了自己的专业使命。当然,我也要替社工开脱一句,有些社工之所以不想沾上公益,恐怕也有难言之隐。因为公益本身也有认识误区,在中国,公益很多时候就意味着免费,意味着不计报酬、义务劳动,这对于刚刚把自己跟义工撇清关系的社工来说,对于常年被工资待遇太低所困扰的社工来说,无异于"哪壶不开提哪壶"。可以想见,在这样的偏见下,社工们当然不想"被公益"。

再来看公益界,他们对社工的不太认可,至少还有这样一个原因:社工做的"活",并不比公益更好,甚至在某些方面明显不如公益好。在公益面前,社工还没有表现出无可争议的独特性和不可替代性,那我何必要用社工?何必非用社工?在公益界,我们可以随手举出一些公益明星、公益个人,公益界尽管也鱼龙混杂,但毕竟涌现出一些实实在在的行业精英;而在社工界,谁敢拍胸脯说自己是专解各种疑难杂症的资深社工?最有意味的是,那些最好的公益人,有几个是社工出身的?

"最好的公益人不是社工",对于我这样一个前社工、现公益人来说,这多少有些让人尴尬,不知道该庆幸还是该惭愧。好在这种相互隔离的局面正慢慢松动,公益界开始认识到社工是践行公益的一支专业力量,社工界也看到公益是施展专业的一片广阔天地。一年前我离开社工协会进入公益促进会,也正是基于这样一个基本的判断。我相信,我没有离开社工;恰恰相反,我真正回到了社工。

浦东社工为何离开浦东

2011年夏天,上海社工界流传一则颇为轰动的消息:浦东社工界三位"元老"相继离开了浦东的社工机构,一个进了政府,一个进了事业单位,一个进了大学。放在平时,个把社工离职或跳槽简直是社工界的家常便饭,根本不会引人注意,这次为什么会引发一场小轰动乃至骚动?我想,问题正出在"元老"二字。当然,说这三位社工是"元老",确有夸张和炒作的嫌疑,毕竟他们离法定退休年龄还很久,但要说他们"资深",则一点不为过,理由有三。

第一,据我的了解,这三位社工年龄相仿,都属于70后,在80后占据主导的职业社工队伍中,70后绝对称得上"前辈"。再一细查,不得了,三位社工竟然都是1978年出生,正是十年浩劫之后、改革开放之初的第一代,十一届三中全会的春风唤醒了他们,"建立宏大社工人才队伍"的号召激励着他们。他们都在2002至2003年期间进入社工岗位,一干就是八九年,浦东社工乃至中国社工最重要的这段创业期,他们都是全程的参与者和见证人。第二,三位社工无一例外,都毕业于社工专业,甚至具备了社工硕士学位,并且毕业之后就没有"不务正业",一直都在浦东的各社工机构摸爬滚打,一直是"纯社工",从没干过"非社工"或"反社工"的事,连一点见异思迁的前科都没有,可谓科班出身,根正苗红。第三,三位社工从一线社工做起,现在都已经成为各社工机构的负责人,掏出名片来都是"理事长"、"社长"什么的,最小的也是"秘书长",把名片翻过来,更吓人,一长串社会兼职,中文的、英文的,各种"法人"、各种"董事"一应俱全,走到哪里都被人称为"某老师",此"老师"并不是"传道授业解惑"的真老师,是专业界的一种尊称——为保险起见,凡是具备了一定权威和年纪、但又没有局长处长职位的人,一律称其为"老师"——他们三位就是这样的人。

但是,就是这样三位资深社工,在 2011 年春夏之交,不约而同地做出了这样一个决定。你当然可以从不同的角度来分析他们离开的动机和时机,比如是因为七年之痒?八年抗战?或者是因为后世博效应?2012 前兆?又或者是"十二五"开局之年、新世纪第二个十年之初的新变化新气象?总之,各人有各人的看法。在众多看法中,我的观点更具体、更居家:根据我多年来对他们的深入了解,我发现他们三人身上还有一个共同的时间节点:2011 年前后,三位社工的人生都进入了新的阶段,其中有两位在这一期间结婚了,还有一位在此期间生了孩子。这是他们离开社工界的原因吗?或者至少是原因之一?我听说在国外和我国港台地区,很多是结婚生子后出来做社工;我们好像正相反:单身做社工,一人吃饱全社工界不饿,一旦结婚生子,则立刻离开社工。最可怕的是,这三位资深社工——我可以打保票——他们

二 成长的烦恼

绝对没有事先商量，却几乎在同一时间做出同一决定，看似随机的事件具备了规律，偶然也就变成了必然。

好吧，最后我要承认，我是这三位社工之一，进大学的那个。另两位也是我多年的同事、好友、战友。我刚得知她们的消息，还没来得及和她们通电话，不知道她们二位的具体情况。但是我想，我们一定有很多共同语言，我们曾有过很多共同的难以言表的快乐，也有很多共同的难言之隐，我不知道我能不能代表她们二位表达一下我们这一代社工的心声：对于当年的选择，我们没有一丝一毫的后悔，从来没有，哪怕它曾给我们的生活带来那么多的挫折和困惑，哪怕我们已经把最好的青春年华奉献给了它，我们也要承认，我们迄今为止所获得的最高的荣耀和最深沉的幸福，仍然来自于它。我们离开了浦东，但并没有离开社工。她们二位，一个将是未来主管社工的领导，一个进入体制内从事更专业的社工；至于我，进的也是大学的社工系，而不是传说中的文学系。所以，我们只是换一种身份和方式继续从事社工事业。我们仍以浦东社工为荣，希望她也能继续以我们为傲，将我们视为浦东社工界向党政事业单位和高校科研机构输送的三个人才，而不是三个逃兵。

选专业不是选人生

这几天高考放榜，举国学子们翘首以待，似乎十几年的前程官司，终于到了宣判的时刻，人生的去向就此敲定。据说由于一些复杂的原因，浙江省连续几年放榜时间都在7月14日后半夜，这一天是法国国庆日，却是浙江青年的不眠夜，学生们彻夜不睡，凝神守候命运的裁定。选学校、报专业是一项系统工程，家长们也行动起来，动用关系，打探内情，俨然拼爹史上又一个决定胜负的战役。全社会也跟着神经紧张，媒体报道、专家支招、教委发话，一度让欧洲杯和奥运会都成为浮云——这一切，真的有这个必要吗？

我不是高考专家，对专业选择没研究，不敢多说话，我现在想到的是我们自己的专业：社会工作。在全国近一千个专业中，社会工作肯定不属于热门的那一类，很难成为考生手中左思右想难以取舍的备选项。但是，事实却是，终究会有一批"不幸"的孩子，因为几分之差，错失自己心爱的专业，被莫名其妙地调剂到这个叫"社会工作"的专业。尽管现在还不知道这"不幸"会降临到谁的头上，但它总会降临的，总有一些孩子要接住命运抛给他们的这个玩笑。在这里，我想对未来的他们说几句。

首先恭喜你，你不是最"不幸"的那一个，还有一些为数不多的、早熟的孩子，他们竟然主动报考了社会工作专业，结果还没被录取！跟他们比，你是幸福的。然后我想对你说，别急着怨恨这专业，别把你高考不如意的情绪转嫁到这个无辜的专业身上，这个专业到目前为止还没有惹你，只是在你分数稍差、人生稍有些失意的时刻，适时接住了你，正如这个专业对无数暂时陷入困境的人所做的事情一样。现在，试着走近它，和它相处一段时间，说不定，你会有意外的收获。

更重要的是，对你原本的宏大志向，这个专业可能无法给你提供直接的帮助。但是别急，给它一些时间，它会转弯抹角地影响你，改变你，让你获得生命中必须要获得的那几样东西，并最终促成你的志向。那几样东西是什么呢？我先不告诉你，假以时日，这个专业会告诉你。

十六年前的那个夏天，在我报考的所有学校中，第一志愿都是中文、文学，后来，跟你们一样，因为分数不够，我被调剂到了社会工作。但是，这并不妨碍我成为一个作家，写出杰出的小说。

好吧，我的例子不足为证，因为你根本没看过我的小说，那我再举一个例子。一百多年前，有一个青年，一心想学军事专业，立志要救国救民，但当时军校不多，而且只招富二代，他这个农村来的穷孩子根本没机会，于是，他被调剂到医学专业。多么不幸啊，他本来想当将军，却顶多当个军医。但是，进校后，他马上对医学很感兴趣，在一张保留至今的成绩单上，依稀可以辨认出他的毕业总成绩：98.2分，我不知道总分多少，反正他以第一名的成绩毕业了（后来我得知那一届毕业生总共两个）。毕业后他没考公务员，也没进外企，而是做起本专业：开了一家药店。他仍然想着救国救民，两年后他把药店托给朋友管理，自己躲在乡下，给政府领导写了一封信，叫"上李傅相书"，李傅相就是清朝直隶总督兼北洋大臣李鸿章。李鸿章位高权重，没搭理他。他终于明白了，这个国家有病，他不能光医治个人，更要医治这个国家，于是他把药店关了，走上了革命的道路。这个人叫孙文，我们都叫他孙中山。

我想说的是，其实选择某个专业，并不妨碍你成为任何人。我们就以医学为例来列举一下，除了孙中山，大家都知道鲁迅也是学医的，郭沫若也是学医的，罗大佑是学医的，连你们的偶像王力宏都是学医的。但是你看，这并不妨碍他们成为他们想成为的那种人。

社会工作专业是什么？和孙中山的专业很像，往小了说，可以医治一个人，往大了说，可以医治一个国，看你怎么用它！世界上的专业无非有两种：第一种，在校四年你很喜欢它，但毕业后才四个月你就发现其实没用；第二种，在校四年你都觉得没用，到了社会上才慢慢发现，原来还挺管用。我相信，我们的专业属于后者。如果你毕业四年了，还是觉得这个专业没用，那么很可能，不是专业没用，是你没用。

好吧，我先说这些，祝你们好运，我们大学见。

公益界的"国进民退"

三十年来,围绕企业与市场的纷争可谓波澜万丈,激荡不已,当中的两大主角,自然还是国与民。"国"以国企、央企为代言,以政府为后台;"民"以民营企业为先锋,以民间资本为主力。两股力量时而联合中带着对抗,时而又在对抗中联合,联袂主演了三十年的市场经济大戏。"国"与"民"都曾在这场纷争中独领风骚三五年,也都曾短暂蛰伏蓄势待发,三十年来此消彼长,你进我退,正所谓三十年河东,三十年河西。

如今,我看到国、民之间的这场进退游戏又将在社会领域上演,在公益界上演。如同我们早已看惯了的美国大片,演员换了一拨又一拨,场景也换了一场又一场,情节却没有太大的意外,无非国进民退或国退民进。这一次,"国"以官办社团为代言,以政府和"二政府"为后台,"民"的主力则换成了形形色色的民间组织、公益机构,乃至公益个体户。不同的是,由于有前车之鉴,双方实力又太过悬殊,这一轮的进退之争似乎正以更快的速度朝一边倒去。

这场进退游戏首先始于近十年前的"社区之争"。想当初,一群初生牛犊的社工机构打着"专业"的旗号进驻社区,要与居委会为首的社区"原住民"切磋,碰撞是难免的,互相瞧不上眼的尴尬场景也时常出现。我还记得在2003年全民抗击"非典"初战告捷时,各个部门都在论功行赏,某地宣传部门却陷入两难:到底要不要突出社工机构在抗击非典、抚慰居民恐慌方面的作用?如果突出了社工,那将置社区和居委会于何地?置我们传统的、向来行之有效的体制于何地?今天看来,这担忧似乎有点多余,但其实在骨子里,很多人至今仍以此为忧。

后来,社工机构不断分门别类,"社区之争"也开始朝纵深发展,老年社工机构与社区老年协会短兵相接,服务青少年的公益组织与学校、青少年署、团委干部等狭路相逢……官办机构们原以"皇帝女儿"自居,从不担心成为"剩女",如今突然杀进来一批"外来妹",要与自己争宠、邀功,不免就有点小压力,小怨气。政府主管部门也不解:原本一个萝卜一个坑,自己的孩子自己亲,现在却要民间组织一起来竞标?这算不算另一种"国有资产流失"?有一年,我曾亲耳听见某主管领导发牢骚,颇有代表性,他说:自家的鞭炮,为什么让外人去点?

更有某些特殊领域,因为涉及"执法",事关"稳定",被牢牢抓在官方手里,如同交通、通讯、能源这些领域,因为"关系国计民生",必须由亲生儿子独家代理;领养的、野生的孩子,哪有自己孩子信得过?公益和社工界同样有"国企",这方面,司法社工是典型代表。

但是大势难挡,一朝醒来,民间、公益、社工、专业化、社会化这些时髦词汇突然印在中央文件中,上升为最高指示,一场由上而下的去行政化运动于是兴起。官办机构们闻风而动，一夜翻牌，用这种成本极低、风险全无的办法，迅速取得了新一轮竞赛的资质，一时间，人人号称"纯民间"，个个自封"专业化"。刚刚还泾渭分明的国、民壁垒，突然间不分彼此了。与此同时，在"政社分开"文件的指引下，官办社团纷纷宣布与政府脱钩，回归民间。只是谁都知道，基因、血液上的藕断丝连，不是那么容易改变的。

更有一些脑子灵活的部门，借由"培育社会组织"的合法名义，培植自己的附属机构，扩大自家的行政地盘，毕竟，增加编制、开办事业单位这些传统做法已经越来越难了，并且与改革方向相悖，而办一家社团或民非却易如反掌，并且时尚。于是出现了这样一种"民间组织"，他们与自己的业务主管部门单线联系，只接受业务主管部门的项目委托，只拿业务主管部门给的钱，只在业务主管部门的行政管辖区域内开展业务，他们的会长、理事长多由前业务主管领导兼任，他们大多有一个冗长的、有无数前缀的唬人名字，却很难让业务主管领导以外的人记住……

公益界的"国进民退"仍在继续，"社区之争"之后，是"园区之争"。

2008年上海浦东公益服务园试运行，旋即在全国掀起一股"园区热"，各种公益园、社会组织服务园、公益组织孵化园拔地而起。"眼球经济"、"注意力经济"时代，公益界同样奉行"关注度决定成功度"的原则，公益园区自然成为社会的关注焦点，成为公益创业的"梦工厂"，为了成为园区的第一批"房客"，官办与民办组织又开始了新一轮的进退攻守。

浦东公益服务园在遴选第一批园区"房客"时颇花了心思，最终入驻的机构中，草根机构占多数，也点缀了几家官办机构。园区开张，两类机构立刻显出差别，官办机构多挂着威严的招牌，办公室里摆着整齐的红木桌椅，竖着高大的屏风，一眼望去，只见机构，不见人，按下门铃，半晌出来一位神情肃穆的长者，问你：找谁？跟他们比，民办机构简直就是胡闹，一家一个样，办公室窄小，凌乱，墙上花里胡哨，桌上杯盘狼藉，进进出出全是人，年轻人，个个带着笑，没大没小，没心没肺。两拨人在很长时间里不相往来，偶尔电梯里碰到了，气氛相当诡异。这官、民两类机构，原本相隔万里，如今成了近邻，面上和睦，暗中也在较劲，也算公益园区的一大景观。

随后，公益园区遍地开花，几乎以"每月一园"的速度递增。问题是，园区有了，"房客"并不太多，开张之前，当地主管领导四处拉人入伙，装点门面，但毕竟民间组织储备有限，甚至一片空白，所以最终的格局，多半以官办的、传统的机构为主，民间组织倒成了点缀。对官办机构来说，入驻园区等于换了一间新办公室，甚或多了一间办公室；对民间组织来说，则可能是第一次有了一张固定的办公桌。官办机构凭着主场优势，往往占尽天时地利，抢占朝阳的、楼层好的房间，把民间组织挤在边边角角，可是，上面领导一来视察，优先参观的、领导驻足最久的，还是那几家民间组织。再后来，园区越来越多，能撑得起"门面"的民间组织却还是那几个，毕竟，园区好建，民间培育却要花时间，没办法，有些明星组织于是跑马圈地，狡兔三窟，生出许多"连锁店"、"加盟店"，以至于在每家园区都能看到他们的招牌。园区一片，机构寥寥，"园区模式"所带来的公益虚假繁荣值得警惕。

"园区之争"还未见胜负，又一场争夺已经拉开序幕，这一轮争夺更具实质性，更接近"顶层设计"，因为它争的是公益界的制高点，我把它称为"枢纽之争"。

"枢纽型社会组织"概念一出，争夺已经或明或暗地开始，只是在这一轮争夺中，民间具有天然的劣势，官方则得天独厚，步步为营。枢纽之争的具体做法，一是建立新枢纽，如某地区社会组织服务中心、社工协会等等，毫无意外地由官方主办，不但主办，还从大到小派去一批退休官员，全面接管枢纽组织的法人、董事长、会长，行政部门对枢纽组织的管控，实现了"领导在职时兼职管，退休后专职管"，总之"终生监管"。退休官员入主枢纽组织，带来的不仅是行政化的管理思路，甚至还带来了残存和延伸的"行政级别"，前市长领导的协会当然是市级协会，前区长领衔的中心当然就是区级中心。枢纽型社会组织，似乎正面临自上而下全盘复制行政体系的"坏未来"。果真如此，那何必要培育社会组织？一个眼前的事实是，一些带有枢纽功能的民间组织，包括很多所谓"支持性社会组织"，立刻有了生存压力，枢纽型资源更加僧多粥少，官方枢纽出现后，民间枢纽不是多了一个合作伙伴，而是多了一个竞争对手，甚至多了一个管家。

二是转型老枢纽。所谓"老枢纽"，指老牌的工青妇、社文残等各种人民团体，他们是那个年代的枢纽型组织，如今要与时俱进，转变职能，更换身份，变成各自领域的枢纽型社会组织。这是好消息，但在这好消息中，我看到了坏的隐患：他们真能转变过来吗？还是新瓶旧酒、转而不变？他们的未来，是成为我们的知心大姐、青年领袖、劳工之家，还是变成新的垄断与利益集团，变成社工界的"中石油"、公益界的"铁老大"？

公益和社会领域的国、民之争仍在进行，上述"三争"格局下，公益人才之争，资源之争，地盘、领域之争，乃至价值观之争，也就在所难免。前段时间微博上争论一个话题：社工伦理守则为什么要由民政部颁布，而不是社工协会颁布？如果由社工协会制定，是不是可以更专业一些？意识形态淡一些、爱国口号少一些？看来在社工伦理守则的话语权上，也存在国、民之争。不过依我看，事实更有可能是：此伦理守则恐怕原本就是由社工协会起草、民政部加工润色，他二者的关系，世人皆知，至于其中吸收了多少民间社工的声音，则不得而知。

公益界的国、民之争首先是件好事，说明在社会领域，国与民有了切磋的平台，有了博弈的空间，有了进退的平衡；相比较下，更可怕的局面是：还未竞争，胜负已定。在特定阶段下，公益界的国进民退似乎也可以解释为无奈之举，是摸石头过河，是警惕经济领域的改革痼疾不要重染，不要演变成公益界的"阶层固化"。国、民本一家，但愿双方各有进退，各守边界，合理竞争，别忘合作，争的结局是共赢，而不是俱伤。

12 个愤怒的男人

我在大学教书,坚持每堂课给学生推荐一部文艺作品,不管是电影、音乐还是小说。我有两个原则,一是这部作品我必须看过、听过、鉴定过,个人非常喜欢;二是不管时间多紧,哪怕下课前的三五分钟,我也要说说我喜欢它的理由。至于同学们看不看听不听,就"案主自决"了。

在众多文艺作品中,排在首位的,总是一部电影。很多社工网站和论坛上,都会有"社工必看的 15 部电影"一类的帖子,我看过名单,多是就事论事的平庸之作,可以看,但远远不够。我要推荐的这部电影,很不幸,从未入选各种名单和排行,这也是我要加倍推荐它的原因。电影名叫《12 怒汉》(*12 Angry Men*)。

这是一部 1957 年的美国电影,黑白的。很多同学一听这个开场白就怕了。但是别急,往下听:一个贫民窟里的坏孩子——按社工的说法,应该叫"社区青少年",或更直白的"三失青少年"——被指控杀害了他的父亲,各种人证、物证、作案时间、作案动机都指向了这个杀人的事实,但是,根据英美法系的庭审制度,该案还要经过陪审团的评判。故事一开场,12 名陪审员鱼贯进入一间会议室,开始了这场看似毫无悬念的审判,有人甚至想快点走完过场好回家看球赛。可是,恰在这时,12个人中的一个人,弱弱地问了一句:如果男孩没有杀人呢?

在随后的一个半小时里,这个人用他的正义、执著与严密的推理,逐一说服另外11个人,质疑与反质疑的力量对比,从一开始的1∶11,变成2∶10,再变成3∶9……直到最后,12个人一致认定:男孩并没有杀人。十二比零,他们用一部电影的时间,完成了一个惊天逆转,在一个狭窄的房间里,完成了一场波澜壮阔的战争。

真正好的电影都是不怕剧透的电影,因为它的过程足够精彩。我把《12怒汉》排在"社工必看电影"的首位,因为它首先传达了正义,并且是普通人的正义。西方的陪审团成员被称为"平均人",他们并非什么专家或权威,而是来自社会各个阶层,代表这个社会普遍的价值观与判断力。第一个提出质疑的男人,以及随后站到他身旁的人,无一不是普通人,可是,正义逐一统治了他们,让他们不敢对一个男孩的生死随便给出结论;正义使他们怀疑,并且是理性的怀疑,而不仅是为了怀疑而怀疑;正义使他们超越偏见和歧视,对一个贫民窟里的少数民族裔也怀有基本的同情与信任;正义还让他们克制愤怒,找回理性与逻辑。正是正义在他们身上所引发的这一系列神奇变化,使他们完成了这个几乎不可能的大逆转。

《12怒汉》还告诉我们,什么是"善的制度"。善的制度,宁肯放过一个坏人,也不肯轻易冤枉一个好人;而恶的制度,往往既放过了坏人,又不能保护好人。善的制度,绝不容忍"个人服从集体"或"舍小家顾大家",一个人的怀疑也是"合理怀疑",可以赢得一群人的尊重和接纳;企图以一群人的意志强暴一个人的意愿,则是典型的恶制度。有人说,《12怒汉》是一部有关民主的简明教程,也有人引用电影中人物的话说:从这部电影里,我看到了美国之所以强大的原因。

  对社工来说,《12怒汉》还可看作一次小组工作的极端典范。第一个站出来的男人就像是社工,剩下的11个男人就是他的案主,且看这个社工如何以自己的愤怒唤起众人的警醒,再以自己的智慧逐一平息众人的愤怒,这其中的理念与技巧,够社工们学一阵。这个小组可以说是一个治疗性小组,它治愈的是盲从与成见;也可以说是一个自助与互助小组,它激发了每一位成员的潜能,最终,每个人都为最终的结论作出了自己的贡献;这个小组也可以说是社会目标模式的小组,它在澄清一桩命案的同时,更修缮了社会各阶层在别人眼中的形象,增进了"平均人"之间的理解与接纳。可以说,这一个半小时,就是一个完美小组工作的浓缩。

  撇开上述推荐理由不说,《12怒汉》也是一部很好看的电影,历经半个多世纪仍不断被人提及和翻拍。在今天的中国,这部电影更有它的现实意义,上海话剧团还曾把它搬上舞台,用汉语,再次诠释了经典的魅力。

做一个"有文化"的社工

理科生讽刺文科生：有文化没专业，身无一技之长，找工作难，找到了也专业不对口，讲起道理来口若悬河，却连灯泡坏了都不会修，百无一用；文科生反讽理科生：有专业没文化，除了自己的专业术语啥都不懂，搞得定电脑程序搞不定女朋友，智商超高，情商余额不足。

社工专业是文科，按说也属于"有文化没专业"那一类，但又据说，社工很"专业"，因为我们有专业方法，有专业理念，是一项专业助人的事业。很多大学社工系高考招生时，都是文理科兼收，似乎也可以证明，社工专业超越了文理之分，是一个既有文化又有专业的全能学科。

果真如此吗？

过去十年，我们致力于宣传社工的"专业性"，十年后的今天，关起门来，我们必须要承认，社工这个专业，其实没那么专业，社工专业的完备性、专有性、不可替代性，其实远没有我们吹嘘的那样厉害。我们懂的，人家多少也懂；人家不懂的，我们更不懂。至于文化，不要说社工专业，整个文科乃至整个大学，谁还敢声称自己"有文化"？今天，高等教育沦为高等技校，大学正致力于成为大型职介所，哪还有什么"文化"？

我有个不好的预感：我们社工专业，很可能是一门既没文化，也不专业的"专业"。

怎么办？依我看，社工当然要提高专业，更要恶补文化。"专"之外，社工还要追求"博"与"深"，不做一事一议的小社工，做真正有文化、有情怀的大社工。

文化丰富你的人生，增加你的底气，让你可以纵论古今中外，从容面对三教九流，处理疑难案例；文化让人厚重，不至于浮在问题表面，不至于随波逐流，总能透过现象抓取本质；文化使人生出恻隐之心，也才有了社工的"尊重"、"接纳"与"同理"；文化塑造你的气质，培养你的气场，所谓"腹有读书气自华"，我们一直讲究"社工相"，相由心生，经由文化浸泡和腌渍的心，才可能生出厚道可亲的社工相。总之，做一个有文化的社工，而不是开口闭口只会说"个案"、"小组"的社工。

这么说吧，中国足球为什么那么差？有专家指出，不仅仅因为球技糟糕，或体制落伍，最重要原因是球员的文化水平太差！你看，连踢球都要有文化，何况做社工？

讲文化，容易虚，我试着提些具体的建议：

多读书。我说的书，不是教科书，不是社工专业书，那些都只是工具书，而文化不是工具。事实上，我从不认为教科书和工具书是书，它们只是凑巧也装订成册而已。要知道，不是所有长得像书的都是书；也别看机场书店里那些兜售廉价成功学的书，机场只适合买免税品，不适合买书，机场里的书，是为那些没时间也没能力甄别好书坏书的人准备的，你应该比他们强点。总之，别看那些"立竿见影"的书，道理大家都懂：凡是号称"15天攻克托福单词"的，一定在开国际玩笑；凡是宣称"一个疗程根治"的，都是江湖骗子。

要读"闲书"。闲书看似无益，日积月累，大有裨益。闲书跟专业书不同，没有什么所谓"必读书目"，看什么不看什么，视个人兴趣。你是禁毒社工，你顺手把世界毒品发展史了解个透彻；你做少数民族服务，你收集了世界各国的宗教小故事；或者你重口味，喜欢研究各种奇谈怪论、怪力乱神；或者你小清新，喜欢和小朋友抢着读"十万个为什么"，从小到大，出一版看一版——这些都可以，只要是好书，开卷有益。

说实话，在这个人人都像患了多动症的浮躁年代，你能手捧一本书读下去，先不管读什么，单是"读书"这个动作，就足以让你显得沉静儒雅，与众不同。

我也随手说几本：我看《三体》，科幻小说，与社工没丁点关系，但我看到了宇宙的恢宏无情，看到了人类社会演变的另一重真相，见识了"宇宙社会学"，回头再观望眼前的凡俗人生，突然就豁达了许多；我看《城邦暴力团》，武侠小说，也是大部头，我看到的是庙堂与江湖的纠缠，以及民间社会的光怪陆离、摇曳多姿，悟出黑社会和民间组织的共通之处；我看龙应台，时而像个温情细腻的小女子，时而化身俯瞰大江大海的大男人，几乎囊括社工的全部素质，尽管她只字未提社工，社工一样可以拿来读。

可惜的是，我们这群精神上的贫瘠者，却把书——世界上最便宜的奢侈品——扔得越来越远。想一想，去年一年，你认真读过几本书？我们可以花一百多块钱去看部大片，可以花几百块钱下馆子吃饭，却不肯花二三十块钱买一本书，即使买了也不读。今年暑假我泡在浦东图书馆，那么庞大的图书馆，阅览室里人山人海，座无虚席，可是仔细一看，他们要么背单词，要么在做暑假作业。很抱歉，我前面说过，这不叫读书。

总之，多读些好书吧！如果你的文艺生活仅限于看电视剧和好声音，或者每日浏览网上八卦，看到一部稍微"文艺"点的电影，你就惊呼看不懂，并大加奚落，那么长此以往，即使有一天你不做社工了，当你想和你的孩子谈谈人生时，也会被他（她）耻笑的。

阅读是个广义的概念，书之外，电影、音乐、绘画，所有文艺形式都在阅读范围内。有人可能要质疑：老师，你这不是培养社工，你这是培养文艺青年。我要说：社工，理应比别人更文艺一些。道理也很明显：三类青年中，社工肯定不属于普通青年，肯定更不想成为二*青年，所以，别无选择，我们只能是文艺青年。当然这是玩笑，严肃点说，社工、文艺，都属于广义的人文，原本一家，不该分出彼此。

读万卷书，当然还要行万里路。旅行是大家都喜欢的事，不需要动员，但我说的旅行不是跟在导游后面亦步亦趋的旅行，不是到指定景点拍几张到此一游标准照式的旅行，更不是去免税店扫货式的旅行，那不叫旅行，那只是换一个地方继续堕落。我向往的旅行生活，是了解各地风土人情，开拓自己的视野，与陌生人搭讪，对他人的生活发生兴趣，了解世俗，又能超脱于世俗，丰富自己的人生，让天底下再无新鲜事。这样走一圈，你才有资格去跟别人谈谈人生，才有可能帮到别人，因为此时的你才称得上是"过来人"。生活在别处，你才能更深刻地理解本土，认识不同的文化，你才不至于偏狭，不至于被成见蒙蔽。以这种方式养成这些宝贵的品质，远比课堂学习更鲜活有效。

说了这么多，一是想说明：如果你想成为一名好社工，只有专业是不够的，还要有点文化；二是想说：如果你已经是一名社工，那么，不要让社工成为你的全部。有时候，社工真的只是我们的职业，职业之外，你还可以拥有更多，比如文化，比如人生。

公益的细节

近日参加"一个鸡蛋的暴走"项目评审,该项目由联劝(上海公益事业发展基金会)发起组织,已经连续举办三年。项目源起于联劝员工的一次突发奇想,想通过发动朋友徒步行走 50 公里来为西部儿童募捐,不想应者云集,最终变成声势浩大的公益事件。单说今年的"暴走",就有数千人参与,共募得 434 万善款。更重要的是,它让慈善捐赠变成了时尚的户外运动,开创了新的公众参与式募款。

我没有参与暴走,只参与了款项资助评审,深感"暴走"项目不仅成功在形式,更因为内涵与过程。它既有引发媒体和公众关注的"热闹",也有值得公益同行借鉴的"门道"。相比阳光下的暴走,关起门来的评审更加耐人寻味。眼下公益行业群雄并起,为什么有人成为公益大佬,有人甘作公益屌丝,原因其实并不复杂,单看细节,就足以分出高下。

我参与过很多次公益项目评审会,评过别人,也被别人评过。与传统评审会上"专家说了算"不同,"暴走"评审会引入了捐赠人评审团,凡是在暴走中捐过钱的人,无论数额多少,都可以成为评委。此举有多重含义，它首先告诉公众：除了捐钱，你还可以做更多，当你捐出一张钞票后，你还可以投出一张选票，以决定钞票的去向。我之前以为会有很多捐赠人关心资金流向，抢着报名做评委。事实正相反，联劝的工作人员告诉我，一开始报名的捐赠人并不多，捐赠人普遍觉得出钱即可，没必要再出人。联劝不得不一一打电话动员他们，这动员的过程，即是公益理念的一次深层次传播。过去，有人会认为捐钱就是慈善，钱投进捐款箱，善举就算完工；即使现在越来越多的人关心善款流向，却也苦于监管无门。现在，联劝正在改变这一局面。

此举的另一个意义在于，过去公益专家主宰评审的格局被打破，捐赠人代表成为平衡公益声音的另一支力量。根据联劝的规则设置，捐赠人评审团和公益顾问评审团分别投票，如果双方均通过，该项目毫无疑义获得资助；双方均不通过，该项目毫无悬念被刷掉；有意思的是第三种情况：一方通过而另一方不通过，怎么办？联劝做了一个"粗暴"的决定：将两个评审团混编成一组，展开辩论，让评委"自相残杀"；最后，看谁说服谁。

当天的评审中，第一轮就出现了意见不合，针对广西山区赤脚儿童的"关爱小脚丫"项目获得了公益顾问团的全票通过，捐赠人评审团却给出了两票支持、五票反对的"不通过"，于是，好玩的时刻到了，工作人员撤掉两组评委面前的桌子，把我们赶进中间空场，让我们围成一圈，捉对厮聊。十五分钟的自由辩论可谓一波三折，精彩非凡，我们好像法庭上的控辩双方，纷纷拿出各自论据；作为"被告"，那家投标机构也列席旁边，聆听评委们的质疑或辩护。经过十五分钟的舌战群儒后，根据规则，由捐赠人评审团进行第二次投票,一票定胜负。结果,戏剧性的结果出现了,经过公益专家的"洗脑",部分捐赠人"弃暗投明",回心转意,最终给出了四票支持三票反对的意见,"小脚丫"涉险过关,成功复活,获得资助。

我很享受这双方碰撞的环节,并自认为在其中发挥了关键作用。其实,改变的不仅是捐赠人,公益人也在这过程中被影响、被修正。这个让双方短兵相接的规则看似粗暴,实则粗中有细,用心良苦。捐赠人、公益顾问、公益执行方,本是分工不分家的公益一家人,其实却并不互相理解。这个规则的好处在于,它让捐赠人更直观地感触公益逻辑,领略公益人的"腔调";也让公益人直面捐赠者的挑战,揣摩"有钱人"的心思。很多时候,公益人善良,善良得"没原则",受不了有人穿鞋、有人光脚,看到图片上儿童赤脚走山路就同情心泛滥,心里先说了"yes",道德优先,有时理智就有点跟不上;"有钱人"则关心效益,会计算"性价比",计较每双鞋的成本和运费,埋怨投标机构为什么不直接拉上李宁、耐克去捐鞋,而非要动用他们走了50公里、走坏了好几双鞋才筹来的这点钱?双方都没错,双方意见合在一起,才是完美的公益。

当天剩下的几轮评审,不管通过不通过,捐赠人、公益人都意见一致,再没出现过平局打加时赛的情况。这种一致性甚至在提问环节就已显现,公益人会主动提问捐赠人可能关注的话题,捐赠人也很想知道公益人最看重的那几个方面,在双方的联合把关下,好的公益项目不会漏网,自然脱颖而出,以次充好的项目,当然也休想蒙混过关。我想,没有第一轮的碰撞,就不会有后面的和谐，小小一个评审规则，透出公益大智慧，捐赠人和公益人由分歧走向共识，由相互碰撞变为相识相知，这个过程，比那区区几十万的钱，意义更重大。

还不止这些，细节贯穿始终，最终成就了让人信服的公益。我再随手举几例。

评审前至少一星期，各参选项目方案就已发到各位评委的邮箱中，邮件里再三叮嘱，请评委提前审读方案，了解每一个项目的背景和细则。我参加过无数个会，基本都是现场发材料，讨论会变成阅读会，会议桌上，大家都忙着看材料，边看边拿笔写写划划，临时想观点，想问题。这种会上，一般会安排撰稿人先口头汇报，汇报人也明白，他汇报他的，其实没人听，只是为了给专家留出看材料的时间，然后顺便给这段时间配点画外音。对专家来说，这也没什么难的，提问题永远比解决问题要容易，提意见从来就比出点子要轻松，专家们早练就了现炒现卖的本领，足以应付一场接一场的评审会、论证会、研讨会。可是，真正有见地的提问与负责任的质疑，却需要事先做足功课，而不是那种"逢场作戏"式的专家发言。

邮件里除了这些材料外，还有一个图片附件，点开来，竟然是当晚项目签约仪式的海报。图文并茂，让我感觉我收到的不是一堆冰冷的材料，而是一份请柬，一部预告片，让我对当天的活动想入非非，充满期待。

当然，所有这些材料，包括当天随时更新的方案最新版本，都被主持人反复提醒：阅后即焚，评完就删，切不可四处传播。

邮件里还有一份特别说明：评审当天不会打印发放纸质材

料，请评委们自带电脑。这可能是一个让专家恼火、让领导觉得掉价的消息。不过，既然是公益，就公益到底吧。当然，也不是完全地不近人情，邮件最后又补了一句：如果实在不方便也请告之，主办方会另外为您提供一台电脑——反正坚决不打印。

评审过程中，工作人员不断对着我们拍照，我们很配合、很习惯。但是，上、下午开场前，主持人至少郑重其事地在台上讲了两次：请各位评委授权给联劝，允许他们在后期宣传中使用含有我们形象的照片，并且仅用于宣传本次活动。我瞬间觉得我的头像原来也挺值钱，不是随便什么人想用就用的。我得寸进尺，猜测会后应该有个授权仪式什么的，结果没有。

旁边有位公益界的朋友下午有事，只参加上午半场的评审，中午她向我告别，我说：急什么，吃完饭再走呗。她弱弱地问我：有饭吗？我以一个资深公益人的身份对她说：当然有，怎么会没饭。

结果真没有。朋友饿着肚子走了。我坚持评完下午的，结果晚饭也没有。只有参加晚上签约仪式的人，才有资格待仪式结束后留下来吃自助餐。当然我中午也没有饿着，联劝秘书长是我的老朋友，她带我和另一位评委朋友在附近转角咖啡店吃了一顿商务套餐。我理解，这属于私人请客。

上午的时候，工作人员就笑眯眯地给我们每人发了两块巧克力。我当时想，他们还真客气。后来，随着事态发展，我逐渐意识到这两块巧克力的沉重含义。下午评审会结束，评委们都站起来收拾包，按照惯例，应该到了"签收"的时刻了。结果，签收单和小信封迟迟不来。看来，真被我"不幸言中"了：我们这群利用周末时间赶来参与评审的评委们,一律没有费用,不管是评审费、劳务费,还是车马费,一律没有。上午的两块巧克力就是全部。

说实话,纵使那两块巧克力是进口的,价钱不菲,恐怕也抵不上我们这些专家的传统"身价"。真庆幸我白天没把它们吃掉。晚上回到家,按照惯例,我得向老婆有所交待,以证明我没有藏私房钱。于是我从包里掏出来两块巧克力,特别说明,进口的。

我和那几位公益顾问团的同行们,应该都听闻过传说中的那些"纯公益"活动,也曾感叹过人家的廉洁与奉献。今天,当我们当真经历了一次"纯公益"时,还真有点不适应呢。不过我想,联劝一定用别的一些东西——不仅仅是那两块巧克力——做了替代和补偿,在细节上做足工夫,所以才会吸引我们乐此不疲,给她打完工,还愿意替她吆喝。其中奥妙,还是归结到刚才的那句话:既然公益,就公益到底。

给社工毕业生的一封信

同学们！今天你们要正式毕业了，很遗憾，因为一件推脱不掉的事，我无法参加你们的毕业典礼。请相信我说的遗憾不是外交辞令中的遗憾，是真心的遗憾，因为我第一次在大学上课，就是在你们班。我本想善始善终的。

这样看来，我和你们的最后一次大规模集体会面，就是那天拍毕业照的时候。那天我在前排，我能感觉到你们在我身后，我们的样子被永久地载入了史册。我还没看到照片，料想我拍得不会太好。我总是拍不好大合影，因为大合影总选在中午，大太阳底下，大家都只能皱着眉眯着眼，好像毕业是一件很痛苦的事。可能是因为校长只有中午有空吧。顺便说一句，我们的校长真不错，每次都亲自拍照，从不找替身，也不像某学校，十几年如一日地 PS。

遥想当年，我第一次给你们班上课，也是我平生第一次正式在大学讲课，由于地形复杂，以及内心的惶恐，我走错了教室，跑到了中文系。后来，站在你们班的讲台上，我用这个即兴的笑话作为开场。我说我考大学时报的是中文系，因为分数不够被调到社会学系社会工作专业,多年来,我一直梦想能站在中文系的讲台上,今天我终于实现了这个梦想。不过,我只在中文系讲台上站了不到一分钟,就发现搞错了。我的讲台在社工系。

这是两年前的事了,两年过得真快,今天已经是你们的毕业典礼。这是你们在学校的最后一天,估计很多同学的铺盖都收拾好了,这也是你们最后一次合法地占用学校的教室,从今往后,再来学校,门卫就要查你们的证件了。

在这样一个时刻,我还是要不合时宜地板起老师的面孔,再给你们几句忠告。考虑到时间紧张,我尽量用简短的词语。

第一个词,心态 你们知不知道,在你们的脸上,我曾看到过这时代已濒临灭绝的一种表情:脸红。记得有一次上课,有同学在玩手机,我走过去,拿起了他的手机。那一刻,他很惶恐,脸有些红。现在我要说,其实我本意不是要强调课堂纪律,更不是要没收手机,这年代,哪有听课不玩手机的?我只是刚好讲到了一个与手机有关的话题,于是顺手拿起一个而已。但是,他那一刻的脸红让我意外,让我印象深刻,那一刻我认定,你们仍是有希望的一代,因为你们仍保留了惶恐和敬畏,仍会为某些事情脸红。要知道,到了我这个年纪,我和我的同龄人们,几乎没有几件事能让我们真正脸红了。这很不好,很可耻。我希望你们能尽量将这种心态保持下去,不管将来你们变得多么世故圆滑,在某些时刻,仍会为某些事情脸红。

在我给你们班上课以前,我曾听到过关于你们的各种说法,"不够活跃"、"慢半拍"。我花了差不多两个学期的时间,想方设法让你们变得更外向,更善于交际,与这时代的流行逻辑更加接轨。但现在我想说,我并不想矫枉过正,其实,内敛没什么不好,关注内心比关注世界更紧要;"慢半拍",是这时代又一项濒临灭绝的品质,不要轻易丢掉它,不要对这时代太亦步亦趋,适当慢一点,保持一点距离,又不至于被甩掉,才是最好的步伐。可以做到吗?

  第二个词,挑战 我们仍生活在一个笑料百出的年代,比如某地发生公交车纵火案,政府马上下令,为防止类似事件发生,个人加油需持身份证复印件及单位介绍信。当这类事与我们无关时,我们将它视作又一个笑点;当这事与我们有关时,我们也只是抱怨几句,然后赶紧想办法去单位开介绍信。我们这一代就是这样的,但不希望到了你们这一代,仍然要这样。在很多时候,我觉得你们还是太会配合了,下一次,当这个世界明显无理时,能不能试着去和它理论一下?你们学了那么多年的理论,还抽空学了法律二专,考了司法考试,能不能调动你们生平所学理论,去理论一下?记住,我没让你们干别的,没让你们动刀动枪的,仅仅是"理论"一下。当面对一群喜欢"理论"、不肯配合的年轻人,他就不得不考虑改进方法;相反,如果面对一群无需理论就很配合的人,他才懒得改善。记住,这个国家的每一点点进步,取决于你们每一次看似无用的坚持。

  第三个词,代价 你们中的很多人,来自外地,来自乡村,其中又有很多人,想留在这个大城市,或者去另一个更大的城市。你们想脱掉这世代笼罩在你们家族身上的身份外衣,与这花花世界再拉近一点距离。首先我要说,这光明正大,无比正当,任何人无权剥夺。但今天我更要说的是,世间美好的事情都有残酷的代价，所以，这事也不例外。这事的代价是，你可能要牺牲掉另外一些东西，比如亲情，比如生活方式，比如我们刚刚说过的心态。你转型越成功，这代价就越大，大到有一天你可能会不可承受。你准备好了吗？有的同学会说：那几样东西都不重要。我想说，不一定，时间越久，年龄越长，这些东西的重要性就越突显，终有一天你会发现，其实它们最重要。或者有的同学会说，那么干脆我选择回家吧。我想说，回去，或者留下，都有代价。你们可能要问：有什么解决办法吗？我说，没办法。所谓代价，就是不管怎么核算，总要付出去的那部分成本。所以我不能提供办法，我能做的，仅仅是友情提示。

最后一句，不要拼爹 你们中的有些人，可能有一个著名的爹，或者至少是一个有权有势的爹。那么听我一句，不管别人怎么拼爹，你不要拼。让父母帮你提供最基本的保障，这无可厚非，你甚至不用急着工作，先去四处游历几年，胡闹几年，也没什么大不了。但是，仅此而已，剩下的，自己拼。由于你家境不错，你的成长环境、教育资源以及由此熏陶出的良好教养与心态甚至你的家族基因，已经足以构成你的优势，所以，不要再让父母源源不断地提供那些有形的、但上不了台面的资源和关系。起跑线上，父母给了你一个名牌助跑器，就不要再搭他的奔驰车了。要知道，自己拼来的成就更长久，自己拼来的幸福更真实，自己拼来的人生更安全，更不容易被人羡慕嫉妒恨。今天的毕业典礼上，你们的父母可能也在场，就坐在后排的座位上，请转告他们：今天也是你们的毕业典礼，从今天起，你们的孩子长大了。

好吧，我就说这些。我的邮箱和手机号码不变，不管将来哪一天我能收到你们的消息，我都会非常高兴。祝你们好运，再见。

三　汶川至雅安 ▶▶

从2008年汶川地震到2013年雅安地震，
中国社工的亲历与反思

灾害社工：从百年一遇到随时待命

很多年以后，中国内地社工发展史或许可以有这样一种写法：2008年之前的社工，2008年之后的社工，分水岭即汶川地震。在大的公益领域，这一分界更明显，已经有很多人将2008年定义为"公益元年"，并不是说这一年才有了公益，而是从这一年起，公益才浮出水面，由过去的遮遮掩掩、羞羞答答，变成了全民的显性话题，变成了人人可以触及的日常行为。社工行业也大体相同，从这个意义上讲，社工、公益，都是"乘人之危"的行业，人人自危的时候，正是社工施展专业的时刻。上世纪30年代经济大萧条成就了美国公益和社工的大发展；台湾9·21大地震对台湾社工的发展也有相当大的促动；汶川地震后，社工不再只是北上广深几大城市的话题，中西部地区也开始谈论和引入社工，而灾害社会工作更成为近年政府和学界的热门课题。

2003年"非典"时期，浦东社工策划了一个"抗击非典与你同行"项目，当时还有部分政府主管领导不理解，说非典这么大的事，肯定是政府出面解决，需要社工"同行"吗？社工进来的话，我们的街道居委会往哪里放？这事算谁的？这样的声音在当时完全可以理解。事实上，对于非典这样一个百年不遇的非典型性案主，社工也完全没有准备，只是隐约觉得这样事关大局的危难中，社工不能毫无作为，至于做什么，没人说得清，只能先做起来再说。于是，这个项目在社工的迟疑与周遭的质疑中做起来，我不认为它真的对当时的非典恐慌起到了什么实质性的安抚作用，但至少有一点成果：非典结束后，浦东社工顺势策划了另一个项目：青少年公共卫生与健康教育计划，这个项目意外地获得了政府和企业的双重认可与资助，轰轰烈烈地搞了一年多。我想，这得益于我们在之前非典时期的勇于亮相，它让大家看到，社工不但可以处理家长里短的小事，关键时刻也能应对大事，包括大灾大难。

接下来的事情似乎顺理成章，2008年春节冰雪灾，上海也遭遇大雪，市民政局和市社工协会立刻组织社工去火车站现场服务，"上海社工"的标识在一片冰冷气氛中显得异常温暖。然后就到了汶川地震，我记得在地震的第二天，5月13日，市民政局局长马伊里就召集全市社工理论与实务界的各路大侠齐聚一堂，在一间狭小昏暗的会议室里，大家群情激昂，像1911年的一群革命党人，似乎一个巨大的新生事物就要降临。我们挨个表态，各抒己见，一个有关"社工参与灾后社会关系重建"的方案当场出炉。

有一个小插曲，那一天，连我那远在北方的妈都敏锐地觉察到了这一点，给我发来一条短信，她当时刚学会发短信，通篇错别字，但我还是看懂了，她威胁我说：你可千万别去四川，你要敢去，我和你一起去！我当时刚向马局长表完态，随时准备开赴灾区，突然收到这样一条短信，简直哭笑不得。现在想来，这是一个好迹象,说明不但社工的专家和领导意识到灾害过后需要社工,连我妈这样的普通老百姓都想到了,我之前向我妈解释社工是干什么的,解释了八千多遍她都一知半解,这次地震一来,我什么都没说她就猜到了:这小子肯定要去四川。这充分说明我妈对社工的理解更深了,从2003年非典起,我们花五年时间做到了这一点。

我给我妈回短信:好,那你就一起来吧。

事实证明,四川的经历是一段不可复制的人生体验与专业历练,在都江堰的板房里,我就迫不及待地写下了一大批日志和感悟,在那些凌乱的、显然被过分的激情冲昏了头脑的文章中,可以看到一个年轻社工置身于一个真实的现场时,迸发出了怎样的专业抱负与灵感。我和我的同事们有一个共同的体验:在都江堰做一个月社工,胜过在上海做五年甚至十年社工。这种膨胀的感觉并非只源自年轻人的热血和冲动,它还有一个更真实的基础:我们的工作对灾民和灾区起到了作用,我们获得了认可,有了专业的成就感。这似乎可以从另一个角度印证:灾后重建,确实需要社工。

回上海后,在一篇更为理性的总结性文章里,我将这段经历对社工的作用概括为一个比喻:上海社工的成人礼。我想不单上海社工,全国社工都在这一年经受了成长的考验,一个专业或职业,究竟能否称得上专业或职业,最好的检验办法莫过于离开自己熟悉的环境,到突发的大灾难前接受挑战,迈过这个坎,就是一片新天地。幸运的是,中国社工在2008年之前的储备和积蓄没有白费,灾害社会工作这一重要的分支专业,终于在震后的废墟上徐徐站起。

我还想再继续讲下去，因为灾害社会工作不仅对天灾，也对人祸。地震之后的另一个重磅级事件，该轮到富士康连跳事件，这件事对中国社会的警示与震撼，不亚于地震，我一直称它为社会心理的一次大地震。从社工的眼里看出来，这样的灾害是一样的，它们同样击垮了社会关系，同样将普通民众暴露于脆弱无援的社会网络中，将人异化为同质的、原子化的人群，而这种时刻，正是社工该出手的时候。这一次，重任落在深圳社工身上，更为年轻的深圳社工，与一个沉重的社会现实不期而遇，他们整建制地开赴厂区，代表整个中国社工，接受一个全新的挑战，无论成败，他们的一举一动都为中国灾害社工积攒了经验与案例。

一个眼前的成果是，企业社会工作开始大张旗鼓地发展起来。我认为，在"社会工作"这四个字前面加上什么样的定语是次要的，重要的是，在每一个需要社工的时刻，社工总能挺身而出，不辱使命。社区社工、企业社工、老年人社工、禁毒社工、医务社工，所有这些日常领域的社工都有可能在某一个特殊的时刻变成灾害社工；灾害社工在没有灾害的和平年代里，就要分身、隐身在各个日常领域里。每一次大灾都是无数小问题的累积，每一个得不到控制的小隐患最终都指向一个突发的大事件，这样想来，灾害社工无处不在，无时不在。不管你是助老、助残、禁毒、矫正，还是医务社工，灾害救助应该成为每名社工的职业本能，像吃饭、呼吸一样随身携带，终身修炼。

这样想来，2010年上海静安11·15大火后，上海社工的再次出动，也就在意料之中了。

现在，我们可以回过头来对"社会工作"的内涵和外延做一次补充和修订。所谓社会工作，无非以专业力量应对天灾人祸引发的个人资源匮乏与社会关系危机，只是这天灾人祸的范围非常广：有天灾，如地震洪水泥石流；有人祸，如富士康、静安大火、列车追尾；有百年不遇的大事，如上述所有事件；也有天天要遇到的小事，如邻里吵架青少年打架；可能是一个人的灾难，如有人失恋了想跳楼；也可能是一群人的灾难，如一群人失意了开始打砸抢烧等群体性事件；可能是人对人，如一个患者砍了一个医生；也可能是人对自然，如一个人砍了一棵树。所有这些事件都可能在条件成熟时相互转换，社工只能防微杜渐，并随时待命。

单看大的灾难，也日益侵入日常生活，对于这一代中国人，灾难曾经只存在于灾难片中；而现在，灾难就在我们的身边。进入 2010 年以来，世界上已发生多次地质灾难，海地、智利、中国、阿富汗、巴布亚新几内亚以及多米尼克共和国相继发生大地震，冰岛火山灰向整个欧洲扩散，日本核辐射让全世界谈核色变，《2012》的玛雅预言不再遥远。而地质学和统计学告诉我们，灾难并没有比过去更多，只是对灾难的关注更多了，这也是灾害社工的重要发展契机。和世界相比，中国一直没有摆脱多灾多难的命运，瑞士再保险公司甚至绘制了"中国灾害地图"，急欲染指尚未开垦的中国巨灾保险市场。据保险业内人士称，巨灾保险已经成为保险业未来新的增长点。对社工来说，厉兵秣马，让我们的灾害社工真正成长成熟起来，可能是比买保险更保险的做法。

月亮照常升起
——都江堰社工日志

2008年汶川地震后,我跟随上海社工服务团浦东分队来到都江堰,开展名为"灾后社会关系重建"的项目,我和社工同事们住在一个近两万人的大型安置点,在这里度过了人生中难忘的一个月。以下内容选自我的工作日志。

爱心加油!

救援物资的发放是安置点的一项常规性工作,也是很容易引起争议和纠纷的工作,受浦东慈善基金会的委托,社工负责物资的发放,在发放方式上我们动了番脑筋,提出了"爱心加油站"的计划,印制"爱心加油券"作为领取物资的代金券,保证让需要照顾的弱势者和积极参与社区服务的居民拿到爱心券,在发放物资的同时,又能促进社区互助与合作的氛围。比如,一位电工帮助板房修理线路,一位老师给灾区失学孩子家教,一个一无所长的人,每天陪隔壁独居老人聊聊天,所有这些力所能及的善举,都会以爱心加油券的形式加以认可,并最终兑换成物资。

从实践来看,这个计划是很成功的,避免了物资发放中可能产生的纠纷,一定程度上保证了发放的合理性,也让当地官员和媒体眼前一亮。自社工进驻安置点以来，爱心加油站也许是受到最多关注和报道的一个项目，其实此项目所贯穿的社工理念与其他项目是一致的，比如助人自助、公平公正、协作互助等，只是这个项目最快捷地解决了当地官员最头疼的问题，所以受关注度才会更高一些。

初步成功背后，有几个细节需要反思，一是任何标准和分类都意味着反个别化，总有众口难调的时候。比如，标准规定70岁以上老人每月可得30分，有些68、69岁的困难老人就有意见。再比如，发放办法中规定80岁以上老人或残疾人、单亲家庭，每月可得50分的爱心券（可换一袋大米或10箱饼干），但实际操作时社工发现有些80岁以上老人有退休工资，又有子女照顾，日子过得还是不错的；反倒有些中年人经济非常紧张，却不符合爱心券发放标准的任何一条。

社工还发现，老人拿券、年轻人消费的现象比较多。这一方面是因为爱心加油站里针对老年人的物资还不够丰富，老人拿着券买不到东西，只好给年轻人用；另一方面也反映了很多老人的观念：一切以下一代为重，中国人（尤其是普通老百姓）以子女为重的观念根深蒂固，从人生的某一个阶段开始，他（她）就不再为自己活着，而是为下一代活着，再过一个阶段，又要为下一代的下一代活着，如果有福气赶上四世同堂，那这个队伍就又要扩大。在农村，安守了一辈子土地的农民，老了以后突然有一天要背井离乡外出打工，原因就是这一天他（她）的儿子结婚了，或者他们刚刚抱了孙子，所以要打工赚钱养家。中国人不养老，只养小，在我看来充满了悲壮和无奈，在当事人看来却是一件义无反顾的，甚至很幸福的事情。等到这个老人彻底丧失了养小的能力，他（她）也就失去了活着的价值。这样的例子不胜枚举，不说也罢。

还是回头说爱心加油站，我们今天就这些问题专门讨论过，准备进一步调整和细化发放标准。就在这一天的上、下午，又有两批官员来到滨河新村找我们了解加油站的运作细节，表示出极大的兴趣。下午有一位都江堰安置办的领导说，他们很想在1500人以上的23个大安置点内全面推进社工，但首先是要解决物资分配，所以他们目前最看重的也是爱心加油站项目。很多领导了解社工是从加油站开始的，也是他们想推广社工的一个基本动力。同时，该领导还讲到，今后还有几个棘手问题，虽然没有明说，但语气里听得出来，肯定也是希望社工能介入的。比如拆迁问题，三成居民主张拆，三成居民不同意，还有三成居民想卖，政府如何决定？危楼修复问题，一二楼受损最重，主张修，五六楼不想修，如何决策？类似问题都是政府头疼的，也是当地政府对社工有所期待的地方，虽然政府有"病急乱投医"的嫌疑，但我们社工倒真要做好准备，有可能要介入更加真金白银的利益纠葛。我们当然希望能在更广范围内推广社工体系，而不仅仅是爱心加油站的推广。

中秋晚会为谁举行？

安置点的中秋晚会为谁举行？这似乎不算个问题，其实问题多多。

管委会考虑更多的是领导，从怎么走台，到唱什么歌、谁唱，都尽量揣摩领导喜好，力争把居民最正面、最配合的形象展示出来；社工应更多从居民角度着想，让晚会成为居民展示才艺、自娱自乐的一个舞台。管委会重结果,重当晚的现场演出质量;社工重过程,重晚会策划、筹备过程中如何凝聚居民热情、激发居民潜能。如果用"养兵千日,用兵一时"来比喻,政府更重视这用兵的"一时",社工则更重视"养"的千日。

晚会结束后,管委会和居委会缺少后续跟进,八月十六开始就不再关心八月十五的事情,中秋节之后马上投入国庆节的筹备,依此类推。这和所有政府行为,尤其是节日性、仪式性行为相似,任何事情都是有时间节点的,因此也是有截止日期和有效期的,过期作废,过期不候;社工要更懂得服务的长期性、后续性、系统性,通过回访、跟进、系列活动等方法,把中秋晚会纳入整个服务体系中,把团圆、和睦等主题融入全年、融入日常,而不是仅仅当作一年一度的、例行公事的一次活动。

对此类活动而言,"自娱自乐"可能是最好的定位。社工们注意到,当晚中秋晚会正式节目结束后,舞台上桌椅道具被搬空,音乐声还在继续,居民们随即和着音乐翩翩起舞,这种自发的、不需要动员和排练、也不需要观众和掌声的行动,才更有意义;而在晚会当中,互动性的游戏需要观众参与时,主持人拼命发动,却只有不分场合、不看眼色的小朋友们最起劲,台下居民基本处在观望和无动于衷的状态。有社工曾建议,国庆活动干脆就搞成全民卡拉OK,大家随便唱随便跳,初衷是可以理解的,但在各级政府的注视和干预下,也许很难实施。

另外,居委会和社工的组织动员方式不太相同:居委会点名,社工招募。这首先说明居委会对居民情况相对更熟悉些,知道哪些人适合做哪些事,社工作为外来人员,尤其在进驻初期,往往用张贴海报公开招募的方式。当然,这更体现了理念上的差别，在管委会和居委会的眼里，居民中有很多"典型"，有好典型也有坏典型，哪些人适合接受采访，哪些人适合接待领导，哪些人最好不要在公开场合露面，在他们心里都有一个名单，有白名单，当然也有黑名单。

中秋晚会现场，我在台下摄影，听到观众席上一位马大姐一边观看一边发表意见，听上去颇有怨言。原来她是社区文艺骨干，一直很喜欢唱唱跳跳，有一次社工在组织"夕阳之声"老人唱歌班，马大姐旁边经过，没人邀请她，她却主动跑到前台为大家表演，她声音沙哑，动作丰富，载歌载舞地很能带动现场气氛。但此次中秋晚会她却没有参加，按她的说法是"居委会不让我参加"，而管委会工作人员则说她报名报晚了。具体情况我没有深究，我只知道马大姐性子耿直，敢说敢做，过去还曾当过人大代表，肯定属于居民中的某一类典型。当晚中秋晚会的最后一个节目是社工和管委会共同演唱《相亲相爱》，同时带动全场观众一起唱，马大姐终于逮到上台机会，她站在社工们中间唱得非常投入，只是人太多，她沙哑的声音被淹没了。

难忘中秋夜

中秋节当晚，在住处简单吃过晚饭后，我们悄悄回到了社工站办公室。今晚，将是一次特殊的加班。

和其他活动或项目不同，这个晚上的工作并没有事前周密的计划和分工，我们的想法非常简单，在这个合家团圆的特殊时刻，我们不应该离我们的居民太远，我们应该守在一个不太被人注意的、但随时可以出现的角落里，以便在突发情况下进行紧急介入，按专业说法这应该叫陪伴服务。同时，我们也想利用晚饭后的一段时间给安置点的一些困难老人和独居老人送些月饼和饼干。

　　当时现场有6名社工和2名当地管委会工作人员，我们正商量如何分组，是提高效率一人一组，还是两三人搭档分成若干组。这时办公室里涌进几个七八岁的小女孩，她们平时经常来办公室找社工玩，视社工为大哥哥大姐姐，现在刚吃过晚饭，看社工站亮着灯，就又跑来玩。我们突发奇想，决定带几个小女孩一起去探访，老人喜欢孩子，由可爱的小女孩送上月饼和笑脸，肯定比社工送效果更好。一开始我们商量的办法是两个社工带一个小女孩，这样分成三组，按照事前排摸的名单，分三路出击。我们还商量了见面后说什么话，表演什么节目，就这样一边热烈地商量着一边出了办公室。这时不知谁又说了一句，说干脆先不要分组，第一家就当是试点，所有人一起上门，然后从第二家开始再决定怎么进行，结果大家一致同意。也许是因为心里还不是特别有底，集体行动会减少些压力吧，毕竟，在这种时候，社工之间也是需要相互陪伴的。于是，我们一行十余人浩浩荡荡地出发了。

　　后来的事实证明，这一连串的临时调整都是非常及时和正确的，当晚，从第一家探访到最后结束，我们就一直没有分开过。

　　第一位探访对象是一位73岁的鳏居老人，住在安置点的西南角，我们从热闹的安置点中心区域来到这个偏僻的角落时，天色已经昏暗，但这一排板房中没有一家亮灯的，后来才知道这里住的人很少，毕竟大家都喜欢住在人气旺的地方。在一片暗淡的天光和灰白色的板房中，我们发现了独坐在门前的灰白色的老人，他一动不动地靠在门前，蜷缩着，几乎已经和背景融为一体，如果不走到跟前是很难发现他的。那一刻，一种非常孤独和凄凉的气氛迎面而来，我不知道其他社工的反应，至少我在那一刻是有些手足无措的，来的路上准备的一套喜庆的表情和说辞，现在感觉全用不上了，还是社工同事松松和晓鸣主动上去和老人打招呼，给他送上月饼，老人耳聋，两人冲着他的耳朵喊，老人渐渐才有所回应，管委会的陈姐对他比较熟悉，趴在老人耳朵上用四川话告诉他：上海的社工来看望你了！老人嚅动嘴唇，说了"你们好"，看得出来，他脑子还非常清楚，也很有礼节。事后我们知道他以前是老师。

　　大家七嘴八舌地和他说话，老人能听到、听懂的肯定不多，但我想我们的心意他一定感觉到了，嘴里不断地说着什么，虽然我也不能完全听懂，但也同样听懂了他的心意。孩子们在他膝前玩闹，老人的眼睛似乎一下亮了些，我们原来准备了一个节目，就是所有人齐唱"明月几时有，把酒问青天"。因为总算和月亮相关些，但这首歌调子低缓，不利于调节气氛，松松灵机一动，指挥几个小女孩在老人面前唱"假如感到快乐你就拍拍手……"这首歌很欢快，而且唱到"拍手"就要跟着拍手，很容易营造互动氛围，结果现场一下就热闹起来了，我们和孩子一起唱歌，一起拍手、跺脚，合唱的声音毕竟比一个人的声音大，老人肯定听到了，身体也有微微的动作，后来唱到第三段"假如感觉幸福你就耸耸肩"，耸肩毕竟不像拍手和跺脚，做起来总有些尴尬，尤其要连续耸两下肩，对一个成年人来说多少显得有些傻，但在那种气氛中，我们也都跟着孩子嘻嘻哈哈地一起耸肩，这时最让我们惊喜的是，一直没有太大反应的老人竟跟着我们一起快速耸了两下肩，而且完全合拍，同时脸上也露出了笑容。原来他一直在听,并且已经融入到我们的节拍中了,这让我们非常高兴,老人其实并没有我们想象得那么老,他也有俏皮的一面,关键是有没有一个场合、有没有人把他这一面激发出来。

接下来,孩子们又为老人跳了拉丁舞、朗诵了唐诗,我们还合唱了《大中国》等歌,虽然也没什么灯光音响,我们也唱得跳得参差不齐,但这都不重要,重要的是老人非常开心。后来大概我们的动静太大了,引来了附近的居民,我们回头看时,身后已经围了十多个人,都笑盈盈地看着我们和老人,那种感觉,就像是所有人都聚在这里为老人一起过节。只可惜时间有限,我们在第一家就用了远远超过预期的时间,后面还有十多家要探访,我们只能想办法与老人告别,双方都依依不舍。老人已经感觉到我们要走了,又要留下他一个人面对这片灰白色的世界,我看到他低头用手抹了下眼睛,我的鼻子一酸,眼泪就要下来,但看到其他社工都还努力保持着笑容,我也不敢太动容,再三告别后,我们离开了老人。

后来还遇到很多人,还有很多细节,来不及一一记录……

中秋夜这场多少有些计划之外的活动,也让我有意外的收获,除了为老人带去欢笑,我最大的感触是,我觉得在这天晚上,我看到了我们自己的、真正的社工。这个发现是意外的、即兴的,因此更加真实,它是通过一系列的细节展现出来的:在拜访第一家老人时,社工们吸引了十几位附近的居民围观,我听到松松临走时对居民说:社工也不可能每天来陪老人,以后你们如果有时间可以经常来陪这位老人聊聊天,就像今天一样……我想这是社工应该说的话。

我们途中经过安置点的一家小商店,店前围坐了很多居民喝茶聊天，店老板对我们的行为非常赞赏，招呼他的儿子——一个圆脸庞的羞涩的大男孩，让他也出来锻炼锻炼，跟社工一起去走访老人，店外围坐的居民也跟着一起起哄，男孩却躲进店里，脸羞得通红，老板就要训斥他，这时我听到我们的社工赶紧对店老板说：没事没事，这是我们的事情（指我们社工和男孩之间的事情），你不要说他，等一会儿我们私下和他聊……我想这是社工应该做的事。

在一条光线较暗的巷子里寻找我们的拜访对象时，我注意到有个人总在后面跟着我们，他看到我发现了他，有些不好意思地说：我是居委会的，刚才看你们给老人慰问、表演节目，我很想再看看，所以跟你们到了这里，你们能想到和小孩子一起去慰问和表演，我们想不到，你们厉害……我想这是社工应该能想出来的办法。

一个十八岁的男孩，父母都在地震中遇难了，现在和婆婆住在一起，可以想象得出来这是一种怎样的家庭。男孩家里穷，十几岁时，有一天他非常饿，父母都不在家，他一个劲儿向婆婆要吃的，家里又没什么其他可吃的，婆婆就夹了一块大肥肉给他吃，结果他吃下去后就恶心呕吐，从此再不敢吃任何肉，而且个子再也没有长，现在十八岁的他还长着一副十几岁少年的身材（这些是管委会陈姐说的）。就在中秋前几天，男孩向婆婆要6块钱，婆婆没有给，直到中秋节这晚，男孩一直不和婆婆讲话，社工们知道了这件事，要男孩和社工以及小女孩们一起为婆婆表演节目。男孩开始很扭捏，说我不会唱这首歌，我们就说那就选你会唱的，或者你最想唱给你婆婆听的，唱完之后，我们叫男孩再单独给婆婆表演个节目，男孩红着脸想半天，想出一首流行歌，名字我忘了，反正和此时的气氛完全不搭调，但是没关系，我们鼓励他唱，和他一起唱。然后管委会陈姐要他对婆婆说一句话，男孩抓着后脑勺不知说什么，陈姐就一句句教他：你就说，奶奶我错了……男孩对着老人说：奶奶……哦不对，婆婆我错了……所有人都笑了，老人和男孩也笑了，大家鼓动他自己想几句话说，男孩支吾半天还是说不出来。我在后面说，那就什么也别说了，和你婆婆来个拥抱！在众人的掌声中，男孩像个孩子一样抱在婆婆在怀里，婆婆的眼泪就下来了，但同时还在笑着……这应该是社工们做的事情。

还是在这位老人门前，我们正热闹着，一位社工发现在不远处，还有一位老人独坐在昏暗的灯光下，正朝着我们这边看，社工马上说，把那位老人也请过来，我们为两位老人一起表演，于是，两个原来并不太熟悉的老人，现在并排坐在门前，一起看社工们为他们唱歌跳舞……这应该是社工应该做出的反应。

中秋当晚我们穿街走巷，足迹遍布整个滨河安置点，沿途碰到很多正在门前过道吃饭聊天看电视的居民，社工和每一位居民打招呼，祝他们节日快乐，问候声连成一片，每一位居民也都认识社工，远远地就招手。原来我们要拜访的只是分散的十几家居民，但在拜访的途中，我们却串起了整个社区，像一支流动的歌舞队，所到之处无不引起欢声笑语；原本是家家过中秋，现在却像是整个安置点一起过中秋……这是社工应该要起的作用、要达到的效果。

还有很多细节不及一一描写，但我就是从这一系列的细节中看到了真正的社工，他们的专业性、职业性不再体现为理论和证书，就体现在这种特殊时刻的一言一行，一笑一颦，体现在脱口

三 汶川至雅安

而出的一句问候中，体现在即兴的、本能的一个个反应中。过去我们的社工教育、培训，更多的是在让人按照社工的标准来要提升自己、要求自己，让人尽可能地"像一个社工一样"，而这天晚上我看到，社工内化为人的本能，他们不再是"像"社工，而是社工本人。

月亮照常升起

中秋节的晚上，我给上海的同事和朋友们群发了一条消息，多少带些兴奋地向大家宣布：都江堰的月亮照常升起！现在看来，月亮照常升起还有更多的含义，既是指安置点居民的饮食起居、生活娱乐、社会关系已经基本就绪，进入到一种特殊的"常态"。同时，各种怨气、纠纷、冲突、不公正、不和谐的种子也在或明或暗的状态下健康地滋生着，我相信我所看到、所觉察到的还只是很小的一部分，各种网上消息和坊间传闻肯定不全是空穴来风，地震前的社会尚且问题丛生，捉襟见肘，震后的社会更不能指望它运转得无懈可击。坦然面对总比遮遮掩掩要好，因为这同样是"常态"的一部分，是一个正常社会所不可缺少的。月有阴晴圆缺，此事古难全。

（节选）

都江堰至德阳

19号晚上，我接到上海方面消息，21号在德阳市有一个关于板房社区管理的研讨会要我去参加，具体事宜与四川社科院的郭教授联系。我马上拨通了郭老师的电话，她希望我能在会上介绍一下上海社工在都江堰灾后重建中的经验，我向她问了从都江堰去德阳的路线，决定第二天下午就先过去，住一晚，21号一早参加研讨会，结束后马上返回。当天晚上，老仇的呼噜声又格外响亮，感觉整个板房都在抖，后半夜一直朦朦胧胧没有睡实，恍惚中从枕头底下摸索出耳塞戴上，那耳塞是从大后方上海空运来，专门对付老仇的，非常大，撑得很紧，早晨醒来时感觉两个耳孔大得出奇，好像隧道出口，能排得下四个车道。洗脸时一个劲揉耳朵，不知道还能不能缩回去。

20号上午，我们在"滨河新村"安置点的办公室要铺地板革，板房当初建造匆忙，地面只用粗水泥略过，一脚踏上尘土飞扬，撒上水，嗞啦嗞啦冒白泡，好像起了化学反应，眨眼水就渗进去了，只留下浅浅的水印；用扫帚扫，十平方的房间能扫出一垃圾袋灰，扫去一层又出一层，除非掘地三尺，休想清理干净。

我穿了一双黑色登山鞋，走两步就蒙了白灰，三步出去就面目全非，也好，我干脆也不用擦鞋了。最要紧的是，长期在这样的板房里呼吸灰土，对人的呼吸系统一定不好，办公室左右的很多居民已在屋里铺了地面砖，我们图便宜，就铺层地板革、露个新鲜面就行了。管委会的人帮忙联系了铺地板的小贩，又叫了保安来帮忙，大家一起帮着搬办公室的东西，搬出再搬进。地面凹凸不平，地板革又很薄，我们担心会被扎破，就撕了纸箱子、月饼盒、旧报纸，一块块拼在地上，算是架了"龙骨"，上面再铺上地板革，午饭前总算弄好了，办公室光鲜了很多，两个办公室，总共花了260元钱。我有点累了，加上昨晚没睡好，竟然靠在沙发上睡着了。中午在"回回来"回族餐馆吃了饭，有几个社工要趁午休去市场买些特产预备带回上海，我和其余几个社工回到"勤俭人家"的宿舍，洗了条牛仔裤，已经是下午两点，还是困，干脆和衣躺下，顷刻入梦。三点钟，我强迫自己醒过来，打点行李，锁了门窗，打车来到都江堰长途客运中心。

在售票厅的墙上看到一幅都江堰周边交通图，一个个熟悉的、触目惊心的名字提示着我此刻所在的地方：绵阳、什邡、绵竹、汶川、北川……也有成都、乐山、九寨沟……我用手机拍下了这张交通图，一位乘车的婆婆领着一个孩子闯进了我的镜头，我没有躲闪，把他们一起拍进了画面。

此行约有两个半小时的车程，票价26元，是一辆黑乎乎的、感觉车窗都摇摇欲坠的破公共汽车，车前标牌上写着"都江堰——德阳"，车里稀稀拉拉坐了十几位乘客，多是衣着落伍的黑瘦农民和小镇青年。我在中间找到一个空位，深色的座垫上满是油污，像用餐馆的抹布改做的，用手拍两下，立刻爆出一团灰，不敢再拍第三下，干脆囫囵着坐上去。汽车开出车站，沿途又捎上几个乘客，出市区时车里已坐满了大半。窗外街景乏善可陈，我从包里拿出《激荡三十年——中国企业1978—2008》下册，车晃得厉害，满纸的字在眼前跳，费了眼力和心力才收拢起一些，渐渐地竟看进去了。人上了年纪都会偏向纪实类作品，连我这样的重症文艺青年患者都不例外，一般总把文艺等同于消遣，我倒觉得这样的纪实书才不用费什么脑子，挺适合途中打发时间的。出发前睡一小觉，也是为了车上能清醒些，好有一整块不被打扰的时间来看书。就这样在颠簸中看了一个小时，意犹未尽，但不想再看下去，收了书，专心致志看窗外。

我猜全中国的县城都是一样的，黑乎乎的路面，破败的楼房，污秽的小店，茫然奔波的男男女女。仅仅隔了一层车窗，我就感觉无法真正地理解他们，再精确的词语、再宏大的论调，都无法复制他们内心的愁苦或快乐。全中国的小镇都是一样的，全中国小镇上每一个愁苦或快乐的人都是一样的，当我从书中抬起头，透过车窗一眼望见他们时，我常常想不起来自己正身在何处，是南方还是北方，是东部还是西部。每时每刻，在全中国的每一个偏远的小镇上都生活着和他们一样的人，当我置身上海的繁华中时，他们正一如既往地生活在这里。同样，当地震中遇难的无数灵魂爬出废墟，弥漫在整个四川、整个中国的上空时，他们仍然一如既往地生活在这里，幸福或悲伤都不形于色。我想走近他们，和他们中的每一位交谈，而事实上我只能是一个旁观者，甚至连旁观都是隔着车窗匆匆而过。理解他们，比理解任何一本书都难，都需要付出更大的真诚、耐心和勇气。

汽车经过了一个叫"七尺"的小镇，我先是在一家旅馆或商店的招牌上看到这个名字，并不理解它的意思，直到连续几个招牌反复出现这个名字时，我才意识到它是一个地名。几天后我在四川地图上找到了它，几乎要用放大镜才能看到，可以想象，在960万平方公里的广阔土地上，它渺小得仿佛真的只有七尺。

也许是车辆有意绕行，从都江堰到德阳两个半小时的路程中，可以看到沿途的灾情并不严重，进入德阳市区后更是一派繁华，车水马龙，熙来攘往，让人觉得恍若隔世。我特意在车站外找了一辆人力三轮车载我去酒店，一来可以延长途中游览观望的时间，二来也可以和那些三轮车师傅们多聊几句，从师傅口中知道，德阳市区基本没有影响，受灾最重的是下面的绵竹。最近几个月里，估计他见多了我这样的外来人员，他一边吃力地蹬车，一边扭头和我说话，还要不断躲开过往的自行车和行人，这使得我们的谈话断断续续，再加上他的方言不大好懂，我几乎没听到多少信息。

会议代表入住的是一家叫"旌湖"的五星级大酒店，对于刚从板房一路赶来的我来说，这样的酒店显得过于奢华了，不知道我是不是唯一一个乘人力三轮车来入住的房客。酒店位置就在德阳市政府边上，估计是专做政府生意的，后来的事实也印证了这一点：从旌湖酒店的餐厅下去有一条地下通道，可以直通市政府大楼，而这次研讨会的主办方正是德阳市政府。

我在酒店大堂等郭虹老师，顺便拿出手提电脑上会儿网。在都江堰时上网不方便，每次发邮件都要四处找地方蹭网，我常去的是安置点里的一家小商店,店老板有一台破电脑堆在柜台前,不知怎么居然能连上网,没有生意的时候,他就趴在那里打魔兽;趁他休战的空隙,我就去发几封邮件,速度慢得出奇,快赶上邮局寄信了,为了表示谢意,每次还要在他店里买点东西。现在,酒店大堂的信号要好得多了,我正收信,郭虹老师的电话来了,原来她白天一直在陪北京来的会议代表在绵竹的安置点考察,现在正在赶回酒店的路上。至于我,本来就是从安置点来的,也就不用去考察了。

郭虹老师是一位亲切儒雅的长者,有一头耀眼的白发,我们是第一次见面,但在这种抗震救灾的大氛围中,又像是一对早已相识的朋友,彼此都不用过多的介绍。和郭老师一起过来的还有一位会务组工作人员,是一位可爱的女生,戴着眼镜,顶着一头颇有个性的乱发,还有一个摇滚歌手的名字:崔剑。我们互相握了手,崔剑帮我订了房间,然后一起去餐厅吃饭。路上郭老师告诉我:杨团老师也来了。

我们来到餐厅的包厢,两张桌子已围满了人,有德阳当地的领导,更多的则是北京来的专家,他们组成了一个"5·12汶川地震应对政策专家行动组",都穿着统一的白色T恤。杨团老师看到了我,立刻将我捉到她身边的座位上,劈头就说:"咱们时间有限,趁这会儿有功夫,你来说说你们浦东社工现在工作开展情况。"杨团老师是中国社科院社会政策研究室主任,属于典型的"行动型"专家,而且是紧急行动型,到哪儿都是刻不容缓直奔主题,我们也有几年时间没见了,但她没有一句久别重逢的寒暄和客套,一上来就谈工作谈专业。我也不跟她客气,把我们的爱心加油站、火凤凰妇女绒绣等项目一一讲给她听,她去过我们的安置点,对我讲的事情都有印象,我讲的时候她会不停地点头,又不停地打断我,追问一些细节和数据,我也有问必答,很快我们就把其他所有人都忘了,一头扎进了密不透风的交谈中。郭虹老师已经在旁边叫了我们好几声:杨团!杨团!边吃边聊!

德阳市委的一位秘书长带着其他几位政府官员开始轮番敬酒、递名片,说些"幸会、辛苦、感谢"一类的话,我的名片在都江堰时就已经发光了,正巧我带了工作牌,就从包里翻出来权当名片,上面有单位有姓名,而且尺寸超大,倒是比名片还好用,对方一看就知道了我的身份,只是这名片只能看、不能送,我还得留着挂脖子里。几圈下来,气氛逐渐热闹起来,我也喝了些白酒,和同桌的其他专家互相敬酒,他们多是社科院、北师大的教授,其中有几个看着面熟,只是想不起名字。杨团老师还是不放过我,敬酒的人一走,她就拽着我让我继续讲,她让我说说浦东社工和上海其他几支社工队伍的区别,我不便明说,尽量回答得客观,互有褒贬。她倒是一句话就给我做了总结:我觉得你们浦东社工做得更实、更专业!

觥筹交错,让我再次有恍若隔世的感觉。我来四川快一个月,几乎没离开都江堰的安置点,今天来到这个陌生的城市,遇见熟悉的人和事,才惊觉世界仍旧。我突然就有些想家,不是上海或山东的家,是我在都江堰板房里的那个小窝。

上海社工的成人礼

2008年的抗震救灾和北京奥运会,被世界称为中国的成人礼,而地震之后上海社工的都江堰之行,也让这支蛰居东部多年的专业队伍得以在西部大地上耀眼绽放。任何新生事物必在磨难与历练后才有突破性成长,上海社工在介入都江堰灾后重建工作的同时,也悄悄完成了他的成人礼。

养兵千日,用兵一时:上海社工的专业储备与临床应用

上海社工积十年之力,在都江堰爆发。专业储备、尤其是资深一线社工人才的储备,是本次社工服务最重要的专业基础。在以直接服务为重心的前半年服务期,一线社工的作用得以充分发挥。很多社工都有同感:自踏上都江堰土地的那一刻起,社工的感官高度发达,触角极端敏感,社工的理念被瞬间激发,社工身份被强力激活,来自自身与外界的身份认同感,甚至远高于上海。一个国家或地区的社工专业水平,不光取决于学者的研究成果,更要看有没有出色的一线社工涌现。在都江堰,一批一线社工骨干开始崭露头角,独立、有效的专业服务为他们赢得了尊重,他们或许还未"成熟",但至少已经"成人",政府与社会可以像对待一个成年人一样和他们对话,对他们委以重任,并抱有期望。从这个意义上讲,上海社工应该感谢都江堰。都江堰为上海社工的成人礼提供了天然舞台。

借花献佛,借壳上市:上海社工对灾后重建的嵌入发展

在任何国家和地区,社工恐怕都不是手握资源最多的那群人,而是最善于使用别人资源的人。上海社工对灾后重建工作的介入模式,也是这一理念的具体应用,体现了社工独有的智慧。可以通过以下两个品牌项目加以说明。

爱心加油站 慈善基金会募集的物资要发放给受灾居民,但在如何发放救灾物资这一问题上,上海社工运用了促进自助、互助的理念,向提供社区服务的居民发放爱心券,借以兑换物资,通过一定的物资调剂,最终促成了社区互助氛围的营造。

火凤凰绒绣 该项目在帮助当地妇女生产自救的同时,更将社工服务巧妙织入,在绒绣过程中溶入个案、小组工作的理念与手法,包括培养就业、创业意识,引导妇女转变生活方式和社会交往方式,顺应未来城市化、楼房化趋势,并运用小组、个案工作手法对成员中的遇难者家属进行哀伤辅导。

蹒跚学步,形似神离:都江堰社工对上海社工的专业诉求

上海社工埋在都江堰的种子,开始生根发芽。只是当地社工中只有一人具备社工专业教育背景,其余多数都是匆忙上岗,之

前的从业经历五花八门，专业培训和从业经验非常缺乏。在实务方面，都江堰社工仍处在蹒跚学步的阶段，他们很好地继承了上海社工留下的工作制度、品牌项目和常规活动，但却未植入社工的理念，造成"形似神离"的局面。上海社工不应该对都江堰社工有过高的苛求，而应该认真倾听他们的困惑与需求，并努力做出回应。在最近一次赴都江堰参与社工培训时，我和社工们有了更亲密的接触，我特意收集了社工在实务方面的问题，让我们来听听他们最新的、最生动的声音：

- 我是一名年轻的社工，还没有结婚，可我却要去解决服务对象的家庭问题，我该怎么办？
- 居民的需求都是实际的，比如没工作、缺钱，可社工的服务并不能马上帮他们解决这些难题，所以很多人不愿意参加社工的活动，甚至讽刺那些参加社工活动的人"脑壳长包"，所以我很苦恼，找不到工作的价值和意义，经常会否定自我，我该怎么办？
- 当服务对象说到伤心处时，突然哭起来，我该怎么引导她？
- 目前我市三轮车（电动）非法营运约为3万辆，为提升城市形象，政府可能会取缔三轮车在街面行驶，这些三轮车主可以参加水电工、焊工、修理工等方面的培训，可他们多数为40—50岁，培训再就业难度很大，很可能就此失去生活保障。应该如何找到一个平衡点？面对这种情况，社工可以做什么？
- 没有资源，如何整合资源？

- 某男，45岁，曾在省级机关工作，最近在毫不知情情况下被调离，进入一个与原单位完全无关的单位，加上家庭成员的一些变故，自己无法接受现实，曾经想过自杀，也找过心理医生，效果甚微。作为一名社工，我该如何帮他？
- 在实际工作中，社工们考虑到了群众的意愿，但又违背了政府领导的要求，该怎么办？
- 当群众利益与政府政策冲突，并且政府政策不能更改的情况下，如何与居民沟通？
- 最让我困惑的是，服务对象不愿意接受社工帮助，他们认为接受帮助是弱者的表现。我该怎么对他们说？

……

这样的问题还有很多，也许不能马上一一解答，但通过这些问题我们会更清楚地意识到，都江堰社工对他们的老大哥上海社工是有专业诉求的，整个中国社工对上海社工是有专业期待的。对这些诉求和期待做出回应，上海社工责无旁贷。

最高使命，最低立场：社工的身份认同、组织归属与根本立场

都江堰的经历，促使我反思自己的专业历程，自2003年进入社工岗位起，对社工的认识逐年变化，每一次重大事件，都让我对社工再认识，视野由窄变宽，立场也沉到最底。6年下来，泾渭分明，梯度清晰。

1．**我们是谁？**（2003—2004）　《社会工作者国家职业标准》酝酿、开发、出台的时期，对社工的身份确认，社工内涵的界定与外延的厘清，对各类误解的澄清，是这一时期的主要任务。很多场合下，由于不得不采用排除法，这一时期的另一个常用说法是：我们不是谁（我们不是志愿者，不是居委会，不是政府，不是企业……）。

2．**我们属于谁？**（2005—2007）　2005年我辞掉事业编制，成为一个纯粹的"社会人"，从此我的境遇和荣辱开始与另一个名字息息相关：社会组织。现在看来，这一步是必然的，因为社工的落脚点与组织归属主要是社会组织，而不是别的任何地方。

3．**我们身边还有谁？**（2008）　地震之后，潜伏或半潜伏的众多公益机构、公益人突然浮出水面，站到了我们身旁，他们和我们一样"专业"，一样"有爱心"，一样摩拳擦掌跃跃欲试。原以为跑道上只有自己，转弯的时候才发现了同伴。携手同行的同时，竞赛的味道也逐渐显现。

4．**我们为了谁？**（2009）　社工是我们的名字，是我们的手段，公益才是我们的目标。"社工—社会组织—公益"三位一体，对应"个人—机构—社会"三位一体。最理想的状态是：打通三者，把我们的使命提到最高，把我们的身体沉到最底。

如果用一个人的出生、成长过程来形容的话，那么"养兵千日，用兵一时"，说明上海社工已积累了一定的阅历；"借花献佛，借壳上市"证明上海社工也有了足够的智慧；对兄弟社工"蹒跚学步，形似神离"的处境能够给予专业回应，说明上海社工有责任感、有担当；而"最高使命，最低立场"的声明，说明上海社工已找到了自己的准确定位。当一个人有阅历、有智慧,勇于担当,并且明确自身定位,那么我们可以认为他已经成人;当上海社工具备了这四点后,我们同样认为,上海社工已经成人。成人不代表成熟,一个人至少要40岁以后才真正成熟,但一个人的成人礼在18岁就已举行。上海社工的成人礼,同样不代表上海社工已经成熟,但毕竟,他们已经开始走向成熟。

重返都江堰

——2009 年社工督导报告

2009 年 4 月 11 日,上海市社工协会组织社工督导团来到都江堰,开始了由实务期转入督导期后的首次督导,我作为浦东社工服务队的督导,随团重返都江堰。自 2008 年 6 月上海社工服务团进入都江堰,到 2009 年 1 月 16 日撤离,上海社工与都江堰人共度了 201 个日夜。现在,我们又回来了。此时,距离服务团撤离已经 3 个月,距离我上一次离开,已有半年。

重返都江堰,"探亲"胜过"督导"

整个都江堰尘土飞扬,到处都在建设,重型货车和推土机来往不息,一座新兴的城市将在废墟上拔地而起。据了解,至今年底,城区永久安置房将建成 50%,很多安置点的居民将搬入新居,浦东社工服务的滨河新村安置点,也将于 9 月份搬空。我曾经在那里工作和居住过一个月,听到这个消息,在稍感遗憾的同时,更为居民们感到欣喜。

到达的第一天,汽车载我们去都江堰市民政局,透过车窗,我看到都江堰社工们正三三两两聚向民政局,准备参加稍后举行的督导会。看到他们身上穿的印有"都江堰社工"的黄色工作服,我心头一热,仿佛又回到了去年那段热火朝天的日子里,那些久违的如亲人般的面孔又向我涌来,我感觉这次回来不仅仅是督导,更是探亲。

三天的行程非常紧张,我又额外申请了两天,仍是马不停蹄。五天里的所见所闻所思所想,就是这份督导报告。

形似神离,都江堰社工蹒跚学步

2009年1月,都江堰市社工协会正式成立,上海社工留在都江堰的种子,开始生根发芽。除上海社工带教的17名当地社工骨干外,又新招100多名社工,只是这些人员中,只有一人具备社工专业教育背景,其余多数都是匆忙上岗,之前的从业经历五花八门,专业培训和从业经验无从谈起。可以想象,都江堰社工的发展之路才刚开始,将都江堰社工建成"西部社工"典范的目标,仍需长期努力。与社工的交流中,有这样几个细节可以印证这种状况。

关于个案工作 社工的日常工作中,个案工作似乎占去很多时间,但根据社工的介绍,所谓个案工作,更多的是在"探访"。在介入前期,探访自然是必要的途径,但一个有效的个案工作,绝不是探访的累加,对一个家庭或个人的连续探访,并不能构成一个专业意义上的个案工作。个案工作是有计划、有目标、有方法、有结果的,目前来看,随机、重复的探访居多,递进性、结构性的个案工作还比较少见,这容易使社工工作沦为简单的串门聊天,应在日后的工作中加以改进。

关于小组工作 类似个案中的情况也出现在社工开展的小组工作中，社工们组织了很多特殊群体集体活动，如老人、妇女、残疾人等。这些集体活动还无法等同于小组工作，应该多尝试在集体活动中融入小组工作的理念和方法，要有事前的设计与事后的总结分享，并在活动中发挥社工作用，培养小组领袖，促进小组成员的互助。

关于社工的角色 社工在居民中发现困难与问题，如就业难、老人没钱看病、板房安全隐患等，社工们想帮他们解决，心情非常迫切，但又普遍反映凭他们的能力无法解决这些问题，迫切转成了焦虑。这涉及社工对自身角色的定位，目前看来，他们更多地是以"普通人"的身份在看待这些问题，缺少运用专业手法化解的意识和能力。有三个方面需要格外注意：

（1）意识上要明确，社工是助人自助，不是包办一切，提高服务对象的技能、帮助转变案主的认知、抚慰情绪、树立信心等，也是解决之道，不一定都要通过物质救助的形式。对此，社工要充分的重视，更要有足够的耐心和足够的能力。

（2）个案管理，是目前更适合灾区社工的专业角色。整合更多的机构和资源，形成一个团队，对案主进行"会诊"，社工在这个团队中起到穿针引线、组织协调的作用，而不是所有事情由社工单打独斗。当然，实现个案管理也有前提条件，一是期待更多的公益组织和公益资源出现在都江堰，期待当地政府更加信任社工，对社工委以重任；二是要求社工熟悉这些具备资源的机构和人，学会和他们打交道，在协调关系与整合资源过程中更加游刃有余。

（3）如果上述方法还是解决不了，怎么办？社工们也不要气馁，在目前阶段，能及时发现社区里的问题，把问题忠实地记录下来、反映上去，就是成功。

这当然有些为难他们，毕竟他们中多数人都是初次接触社工，内部缺少交流学习、外部缺少专业支撑是他们不容回避的现状，仅靠上海社工三个月一次的督导，恐怕也有些望梅止渴。承认但不满足于现状、明白自己还不是一个专业社工，对他们来说尤为重要，只有这样才能为日后的培训和提升预留空间，才能早日成为"形神兼备"的专业社工。

滨河社工站的坚守

除去上述共同存在的问题外，滨河社工站的几位社工身上，还表现出了难得的专业坚持，以下几个方面格外值得肯定：

继承与发扬　对浦东社工形成的工作机制与常规活动，滨河社工站都予以完整的保留，从周一排至周日，活动内容丰富、有序。龙门阵、唱歌班等已成为滨河居民不可缺少的生活习惯，爱心加油站、火凤凰绒绣等原有品牌项目也基本属地化、常规化、制度化，并取得了新的拓展。从这个意义上讲，滨河社工和浦东社工之间，几乎做到了无缝链接。

整合资源、凝聚人才　滨河社工站继续与民政局、开发区、管委会、残联等保持良好的合作关系，并开始与市社工协会、妇联、劳动局等有新的合作；同时，社工身边已凝聚了一批志愿者，如青少年志愿者服务队、助老服务队等，社工在志愿者中起到了很好的引领带头作用。

社区组织独当一面　　由浦东社工协助成立的火凤凰妇女合作社、爱心委员会、老年协会等社区组织，初步具备了自主管理、独立运作的能力，在各自的领域内发挥着越来越重要的作用，并与政府、居民建立了良好的合作互信关系。

培养骨干社工，发掘社区领袖　　由浦东社工带教的三名滨河社工已具备一定的专业能力，其中一人已被抽调到都江堰市社工协会工作，社工站又新增一名站长。社工同时兼任社区管委会职务，为社工站工作带来一定便利，在处理专业身份与行政身份关系上也较为恰当。同时，以绒绣合作社成员为代表的一批具备公益心与号召力的社区领袖也已逐渐成熟，日后将会发挥更大的作用。

同时，滨河社工站在独立运作中暴露出的不足也很明显，具体包括：

日常工作制度化、形式化有余，深入性、专业性不足　　社工需要通过日常活动去发现问题，解决问题，而不是将日常工作当成按部就班千篇一律的流程。为活动而活动，未植入理念，无后续跟踪，有本末倒置的嫌疑。也因此，在活动轰轰烈烈的同时，深入、持续、效果明显的个案还比较少。

缺乏整体观、大局观，尤其缺乏"项目意识"　　社工对问题的理解往往就事论事，对社会服务项目缺少基本的认识。比如社工新拓展了老人"丝网花"活动，但缺乏资金来购买原材料，新拓展了为孤老祝寿活动，也缺少经费。社工们只是零敲碎打地搞活动、罗列单项问题，缺乏把这些活动纳入到一个整体项目中的意识，不利于提高服务质量，也不利于日后向政府或基金会申请经费。

物质倚赖偏重，潜能激发不足 社工普遍认为经费不足是限制服务开展的主要因素，虽然说出了部分事实，但也反映出社工对物质倚赖过重，掩盖了对案主潜能激发的不足，有悖社工服务的宗旨。如"爱心加油站"项目，原意是想通过一点物质的调剂促成社区互助的氛围，如果引导不当，将加油站变成纯粹发放物资的场所，使居民养成为了获得物质奖励而付出劳动的惯习，则显然是违背项目初衷的。社工要清楚，在任何国家和地区，社工都不是手握资源最多、最有钱的那个人，而是使用最小物质代价、获取最大社会效益的人。

因此，社工急需接受系统的专业培训，目前最紧缺的知识，一是社工实务，二是项目策划与管理，三是基本的听说读写技能。培训的对象不仅包括社工，管委会、居委会及各社团主要人员，都应进入培训之列。另外，社工普遍反映收入偏低（月收入约650元），心态不够稳定，也应引起政府部门的关注。

"火凤凰"展翅飞翔，羽翼尚需丰满

浦东社工在滨河开展的另一个品牌项目——"火凤凰绒绣"项目也开展得如火如荼，多批学员均已学成结业，通过自己的劳动创作获取了收入，以绒绣合作社为核心的妇女群体也开始了新的生产、生活方式。现在，绒绣培训已走出滨河，拓展至祥河、勤俭、祥凤、华炜等多个安置点，近期内更是在向峨乡、青城镇等农村地区发展新学员100余名。"火凤凰"开始展翅飞翔了。

与此同时，新的挑战也接踵而来。

农村学员的新问题　与前几批城市学员相比，新拓展的农村学员在绒绣培训与生产中表现出很大的不同，包括三个方面：

（1）编织能力较差。农村学员刚扔下锄头又拿起针，农活变技术活，粗活变细活，一时难以适应，工期往往比城市学员增加一倍。

（2）就业意识弱。究其原因，一是部分学员家里经济尚可，10元/天的收入不具诱惑。二是因为农村学员中"等"、"靠"的观念和习惯作祟，生产自救意识较弱，饭来张口的习性还未杜绝，有些学员连绒绣用的绷架都不想租，"国家那么多物资都捐给我们了，一个绷架为什么不白送？"这类语言是她们心态的真实写照。三是因为目前农村学员多为当地妇联发动组织而来，并非全部出于自愿，因此旷课、旷工现象时有发生。四是城市妇女学员中，有一些人在解决生计的同时，也将绒绣视作一项业余爱好，自然兴趣盎然，而农村学员则很难有此雅兴。

（3）普遍收入不高。收入成为限制绒绣发展的一个瓶颈，目前绣得最快的学员，月收入也仅为500元左右。据了解，工厂的熟练工人要完成一个作品也要四五天，因此，编织速度并不是限制收入的最根本原因，根本原因还在于绒绣加工仍然是产业链中的低端环节，像所有的中国制造业一样，廉价劳动力正是其出口外销、打入国际市场的最大筹码。

出口与内销相结合，低端加工与精加工相结合　针对目前情况，有三个方面的改变需列入日程：

（1）出口与内销相结合。尤其在国际金融危机严重波及出口的时期，充分开发国内市场是明智的选择，都江堰作为旅游胜地，本身蕴含巨大商机，将绒绣制品打入旅游市场势在必行。

（2）低端加工与精加工相结合。目前学员还很难做出一个完整作品，中间环节与精加工技术还不具备，应选派优秀学员接受高级培训，提升绒绣社在产业链条中的位置，并具备一定的设计与研发能力。

（3）生产与包装相结合，针对这一点，目前浦东社工协会已联系 512 备灾中心等机构，为包装绒绣产品寻找资源。

充实合作社管理团队，完善管理机制 绒绣项目对外快速扩充时期，内部团队组建、管理能力、外交能力、市场意识等急需加强，而合作社过去疲于应对培训等技术性事务，对外拓展准备不足，缺乏长期发展规划，管理能力与市场意识不够，这些都需要在近期内尽快解决。目前，合作社成员又有增加，人员分工合作更加合理，功能设置也更完整，这为合作社走向高效治理打下了良好基础。

绒绣编织与社工辅导相结合 "火凤凰"不仅仅是一个传授绒绣技术与编织产品的项目，还应该融入更多的社工理念与举措，包括：

（1）就业、创业意识的培养。

（2）通过绒绣编织引导妇女转变生活方式和社会交往方式，顺应未来城市化、楼房化趋势。

（3）运用小组、个案工作手法进行哀伤辅导，现有农村学员中有 80% 是遇难者家属，解决就业的同时也不能忽略心理问题。

（4）技术培训与艺术熏陶相结合，提升妇女审美品位与生活质量。

向峨乡：新型社区的样板，政府和社工未来关注的重点

向峨乡成为本次督导考察的一个意外亮点，关注向峨乡，不仅因为它是滨河火凤凰项目最新拓展的一个点，更因为它代表了未来都江堰社区的一种发展趋势，当地政府对它寄予厚望，社工也应在将来对这一类社区格外关注。

向峨乡农民过去以煤矿、旅游业作为主要收入来源，日子过得十分惬意，现在煤矿停产，旅游业也受地震破坏，农民收入骤减。永久安置房在这里率先建成，农民在乔迁新居的喜悦过后，很快发现了新的问题：农民突然变成市民，新型楼房社区、新型社区关系让他们无所适从；缺少公共空间意识的他们，不得不面对公用楼梯、一梯多户、物业管理一类的全新问题；家庭收入降低，水电煤费与物业费却使生活成本增加，更让他们忧心忡忡。所有这些问题，都促使社工更多地关注他们。

与农民城市化问题相对应的是，还有一部分市民将变成"农民"：很多安置房建在二环以外，配套生活设施不全，也会引发新的问题。

根据全市规划，农村板房今年全部撤离，搬入楼房；城区永久安置房，今年完成50%。刚刚适应板房的都江堰人，又要搬迁，都江堰社区格局，又将重新洗牌。未来的社区是什么样？向峨乡提供了一个活样本，社工应适应这种变化，为介入永久安置房提前做好准备。

另外，在安置房分配过程中，政府与居民间又将产生新一轮利益博弈，矛盾和冲突是不可避免的，社工可以做些什么？

不用担心社工无用武之地，只担心社工武力不够。对这些问

题，不应该再由上海社工设计项目、当地社工操作，当地社工自己提出项目、自己操作的时候到了。

都江堰市社工协会：深孚众望，任重道远

现在的都江堰市社工协会，与早期的浦东社工协会非常像，它将是一个集管理、协调、实务、培训、评估、中介等多项职能于一身的大协会。百废待举，千头万绪，各社工站刚刚起步，社工个人也多是半专业、无专业，政府与社工站、社工之间的关系尚处在"试用期"，直接购买服务的机制还未建成。因此，各方面对都江堰市社工协会的期望都很高，也对他们的能力提出了更高的要求。下面几件事情可能是社工协会首先要考虑的：

社工人才管理　为社工提供专业归属，防止社工散落在各社区，为行政机构所同化。为社工的流动提供宏观调配与制度保障，包括横向流动（各社工站之间）与纵向流动（社工晋升），目前，这种流动已在社工间实际发生，与其被动、无序地流动，不如主动调配。

项目管理　在社工站和社工尚无项目能力的情况下，社工协会应在项目策划、经费申请、项目委托与监管、项目评估等方面为社工提供支持，并尽可能为社工争取更多的经费支持。

协调关系　利用半官方的身份与社团的灵活性，协调各方面关系，搭建政社合作的桥梁，统筹民政以外各政府部门对社工的支持，调配公益资源，促进社工合作交流，处理条块关系，使一线社工可以更专心地从事专业工作。

培训　寻求不同合作伙伴，对都江堰社工进行系统培训。可以与上海社工培训中心、上海各高校社工系合作进行社工师考前

培训,与浦东社工协会等合作进行实务能力、项目管理方面的培训。即使协会目前还不具备独立培训别人的能力,也要借助外力,在培训中登场、亮相,以更好地树立威信、凝聚社工。同时,协会本身也需接受培训。

10年前,香港社工同仁送给浦东社工协会的一个纪念品上,有四个字让我至今印象深刻:任重道远。现在,这四个字同样适合于都江堰市社工协会。稍有不同的是,10年前社工还不为人知,浦东社工协会更多的是在默默无闻的状态下成长起来,而现在,都江堰市社工协会承载了社工业内、业外更多的信任与期待。"深孚众望"、"任重道远",将是都江堰市社工协会、也是整个都江堰社工在未来很长时间里最好的注脚。

别让灾难变成救灾者的狂欢
——写在雅安地震之后

每一场灾难都是上一场灾难的延续。2013年4月20日，雅安地震发生，我想到的是五年前的另一场地震。

五年前的汶川地震中，我是一个不折不扣的"受益者"。我跟随上海社工服务团来到都江堰，在那里工作、生活了一个月，在安置点开展"灾后社会关系重建"项目。在那场灾难中，灾民们失去了很多，他们丢了亲人，没了房子，但那场灾难中，我们这些所谓"救灾者"并没有失去什么，我们顶多住了一个多月板房，洗了一个月冷水澡，仅有的两次轻微"余震"也有惊无险，也只是让我又多了一个向别人炫耀的经历。我们"失去"的，远远不如我们得到的多，我们是灾难的受益者。

离开灾区后，"受益"才刚刚开始。我首先成为一名"参与过汶川地震灾后重建"的社工，而不仅是一直坐在上海某间办公室里的社工。我的抽屉里至今收藏着参与救灾的证书和奖章，我成为都江堰市的荣誉市民，都江堰的国家5A级景区对我终生免票。我还收获了难得的人生经历，留下了不可复制的素材案例，围绕社工参与灾后重建，我至少写了好几篇脍炙人口的文章，在台上讲课的时候,这一块也是我的保留节目,在我娴熟的调度下,课堂气氛总能毫不意外地进入高潮,当我讲到社工开展的"爱心加油站"、"火凤凰妇女绒绣"项目时,听众们必定赞叹;当我讲到社工即将离别,当地九指大姐亲手摘了白果来为我们送行时,听众们马上唏嘘;当我讲到板房隔音条件差,晚上社工睡在一起,一人打呼噜,全社区失眠,呼噜声以环绕立体音在铁皮房子里营造出一种家庭影院的效果时,同学们更是会心一笑,异常欢乐。

我在不知不觉地消费灾难。我只是稍稍做了些分内事,就收获了持续的额外回报。我相信,不仅是我,很多参与救灾的人,都主动或被动地成为某种意义上的"受益者"。曾有一位社工在灾区与温家宝握过手,从此,他的名片上多了一个头衔:被温总理接见过的社工。

五年后的今天,四川雅安地震,灾难的画面再一次在屏幕上爆炸式重演,救灾者从四面八方赶赴灾区,这些人中,有人将献出汗与泪,有人将献出血与命。但是,一定也有很多救灾者,或情愿或不情愿地,在这场灾难中受惠。

所以,这一次我想说说五年来我从未说起的几件事,这些事不那么光彩,从未写进我的文章,也从没在课堂上被我提及。但这些事确凿发生过,并且还在继续发生。现在,是时候说一说了。

我们一群青年社工被派驻在都江堰的安置点,最初的悲情与震撼过后,救灾工作转入日常,我们的身心也多少安顿下来,平常人的弱点开始显现。有一晚,我们挤在板房宿舍里百无聊赖,有人提议玩游戏吧，大家立刻响应。社工最不缺游戏了，我们选了最方便的一个：故事接龙。由一人发起一个情节，在故事高潮处停下，由下一人续写，依此类推。这本是很初级的一个游戏，在那个无聊的夜晚却爆发出惊人的戏剧冲突，我们的故事很快进入荒诞和无厘头的章节，我们的音调越来越高，笑声愈发失控，板房的门突然被撞开，一个男人黑着脸说：你们知不知道我的孩子刚刚睡着？你们小点声好不好！

我一直忘不了那个男人的音容，他在地震中失去了房子，他的孩子失去了学校，他们甚至还失去了家人，在这个无比煎熬的夜晚，我们这群未被灾难伤到毫发的外来者，打着"救灾"的旗号，在咫尺外放浪形骸。这个夜晚过后，我们沉默了很多。

有一天，我们正准备开展安置点独居老人的排摸工作，接到上面通知，上海方面的大领导明天要来"视察慰问"。于是，我们被要求立刻停下手上的活儿，开始大扫除，把社工站内外布置得花团锦簇，晚饭过后，前来"踩点"的小领导又提出新指示：大领导忙，来一次不容易，不可能视察太多地方，能不能把社工平时做的事收集一下，用文字和图片方式展示出来？我们于是连夜赶制展板，忙到后半夜。第二天，我们社工和志愿者服务队被要求分别穿上黄色和红色工作装，摆成"番茄炒蛋"的阵形，在雨中苦等大领导降临。大领导迟迟不到，正好让我们有时间再多变换几个队形，小领导们指挥着我们，一会儿站成这样，一会儿站成那样，力求队伍面貌更阳光些。等到下午，大领导终于到了，雨却越下越大，我们被淋得湿漉漉的，看上去一点都不阳光，气氛倒有些悲壮，如果配上合适的音乐，我们活像冷雨中即将出征的三百壮士。一位年轻女社工被安排来为大领导引导介绍，因此格外开恩，可以和领导共用一顶伞，当然是她为领导撑着。但是伞小，领导身架大，所以局面变成她为领导撑伞，而自己却在伞外。女社工原本娇小瘦弱，现在淋了雨，更加楚楚动人。不过，我们的辛苦总算没白费，领导在我们的展板前转悠了足有五分钟，对我们给予了高度评价，我们拍起双手，对领导回以湿漉漉的掌声。领导走了，社工站一片喷嚏声。

很快，领导和我们亲切交谈的画面上了电视。我们停工两天，换来五分钟的视察，以及一条二十秒的新闻。新闻中，煽情的音乐伴奏下，我们照例听到了女主播高亢的宣言：夺取抗震救灾的伟大胜利！

雅安和芦山地震中，李克强总理在一个简易工棚吃早饭的特写画面，以及某医院在救助伤员的百忙之中组织全体医护人员列队迎接总理的画面，使我们再次确信：总理换了，迎接总理的方式不变。

灾区一个月，也是我平生拍照最密集的时期之一，几乎相当于一次外出旅游。社工站配有相机，有社工专门负责拍照，几乎每一个工作场景都留下了影像，一个月下来，电脑里留下上千张照片，我穿着印有"上海社工"字样的工作装和灾区小朋友们手拉手的照片被多家报纸杂志转载。我有很多年不擅长拍照，一面对镜头就神情呆滞，但这些照片无不神采飞扬，洋溢着主旋律式的微笑。都江堰这一个月，居然治好了困扰我多年的照相综合症。这使我觉醒：一场公共危机中的救助者，很容易变成镜头前的表演者。

灾难使人空前团结，日常的矛盾被暂时搁置，散乱的人群有了共同语言，人们被共同情绪主导，并通过口耳相传，层层加码；非常时期，常规的禁忌不再有那么强的约束力，经年的压抑却可能找到合法的出口。这些都让举国上下共同抗震成为可能，但不要忘记，上述要素也是一场集体狂欢的必要条件，这与一场足球比赛后的球迷游行，打砸抢烧，彻夜狂欢，并没有本质区别。

救灾者很容易将自己神化，不由自主地强调施救的艰辛与伟大，为了这伟大，甚至隐隐期待灾难来得更猛烈些。"夺取某某的伟大胜利"，本该出现在庆功宴上，出现在成功避免一场灾难时，现在却频频亮相于灾后，成为中国式的"灾难体"。但是，再成功的救灾也难称胜利，胜利无需反思，而灾难最重要的财富正是反思。所以，灾难就是灾难，灾难面前，无人胜利。

电视里还在播放雅安和芦山的灾情。我敬重那些奔赴一线救灾的人，也尊重那些暂时无动于衷的人。日常的苦难与突发的灾难，早该将国人的心智打磨成熟。灾难到来，坐怀不乱，力所能及地帮忙，帮不上忙的话，至少不帮倒忙，不添乱，不添堵，才是成熟的表现。相反，如果你只是想看灾难片的话，请去电影院。

地震后,社工做什么

2013年雅安地震过后,满目疮痍,百废待举,归纳起来,要做的事大概有这样几件:物质救助,生理康复,心理安抚,社会关系重建。这几件事情中,前几件都有人认领了,社工的重任落在最后一项:社会关系重建。

地震后,政府迅速组织救援,很快建起安置点,各种生活物资陆续送来,简易卫生间、食堂、浴室、药房等设施也相继建成,解放军、建筑工人为灾民重建了物质家园,医生、心理医生则悉心调理他们的身心,一个新的社区在废墟上拔地而起。但是,这算是一个真正的社区吗?它还缺点什么?

缺社会关系。有的人原本父母双全,儿女成双,如今失去了某位家人,家庭关系出现重大破损;有的人震前每天下午去小区遛遛狗,和老邻居摆摆龙门阵,现在一出门,满眼陌生人,连狗都怕生;有的人经常晚上打打牌,牌桌上开开玩笑发发牢骚,现在呢,棋牌室或许好建,牌友却难寻,"三缺一"的痛苦,不亚于缺钱缺水;有一个教授,一个山民,过去从无交集,如今被粗暴地分配进同一个社区,成了邻居,他们互相听不懂话,甚至看不顺眼；更多的人，几十年来循规蹈矩，按部就班，与外界相安无事，现在被拆散、打乱，又兼谣言四起，人人自危，未来不可预期，权威部门形迹可疑，人与世界的关系突然紧张起来……所有这一切，都使得这个"速成"的灾后社区不太像一个家，更像一个临时宿舍，动荡的身心仍无处安放。即使有一天新城建好，他们重回到簇新的永久居住区，那种陌生、破碎、缺失、怀疑、不适的感觉还会相伴左右，并在新一轮的洗牌中再次迷失。地震带给社会关系的长久"余震"，正是社工要应对的。

社会关系像空气中的氧，当你身处其中的时候，你并不觉察它的存在，当它过多过杂的时候，你甚至嫌烦，陷入"醉氧"。可是，一旦有一天它变得稀薄，你立刻觉出不适，这"缺氧"的状态，一分钟都难熬。社工要做的正是输氧，重建人与外部环境的良性关系，让人畅快呼吸，自由吐纳，才能排毒养颜，身心健康。

可惜，这看似浅显，却常被人忽视。因此，灾后重建这项系统工程中，社工要么显得可有可无，要么被简单归入心理辅导、与心理咨询师抢饭碗。中国人历来讲"关系"，但似乎仅限于为自己搭建关系，尤其是各种来路不明的"暗关系"，至于如何制度化、专业性地为没关系的人搭建正常关系，其实并没有多少心得。我们还记得，汶川地震后三个月至半年期间，当所有人以为尘埃落定，新生活即将开始时，一些劫后余生的人，选择在黑夜里默默结束掉生命，有位管委会的主任，白天还忙救灾，晚上在宿舍里解下腰带上吊了。事后人们才开始关注和谈论他，地震时，他靠着楼外一棵树爬下来，却失去了一个儿子，他全身心投入救灾，以期忘掉这心碎的事实，结果，当他终于闲下来时，死亡重新俘获了他。他在灾难中破损的关系，原本有机会由别的关系来填补，可惜却没有。人们高估了他自我修复的能力。记者采访周边人时，大家异口同声说：他是个领导，真没想到他也会自杀！

上海社工在灾后救助中的诸多工作，始终围绕"社会关系重建"这一主题。无论是"爱心加油站"项目中的以服务换物品，"火凤凰绒绣"项目中的技能培训，还是针对特殊对象的个案、小组工作，物质、活动、心理辅导都只是手段，目的只有一个：重新搭建他们的社会关系，充实他们的社会支持网络。

大灾之后，社工着眼未来，为活人服务。有句话形容活人：大难不死，必有后福。"后福"的前提是，缺损的关系得以弥补和替代。否则，在灾难中幸存的人，可能会在扭曲、空缺的关系中再次窒息。

给灾区志愿者的 10 个建议

雅安地震，举国救灾。大难面前，如果你非要去做一个志愿者，非要为抗震救灾尽一份力，那么，作为一个过来人，我有如下建议，供你参考：

1. 做一个志愿者的组织者，比做一个志愿者更有用。做一个冲动的志愿者并不太难，能把那么多冲动的志愿者组织起来，让一个个松散的个体变成有机的整体，这样的人才是灾难中最需要、最紧缺的志愿者。你是吗？

2. 做一个志愿者的培训者，比做一个志愿者更紧迫。如果你是一个有救灾经历的人，你的经验和教训是最宝贵的，也是眼下这些年轻志愿者最缺乏的，所以别急着赶赴前线，先在后方教教他们，让身边每一个比你先去的志愿者都拥有你的经验，是功德无量的事。孙猴子最可怕的时候不是单打独斗的时候，而是拔下身上的毛、变出无数个孙猴子的时候。你可以吗？

3. 做一个能自救的救人者，而不是一个添麻烦的志愿者。如果你嫌上面两种做法都不过瘾，一定要亲赴前线直接参与救灾，那么，你要先想一想，你中学体育课上的百米成绩是多少？你能徒步走多久？你把一盒酸奶拎上你家六楼时有没有气喘吁吁？你的肠胃系统够不够强大？你有没有足够的心理承受能力？是不是动不动就爱哭鼻子？你是不是知道几种野外生存的技巧……灾区比你想象得更危险，先自保，再救人，你行吗？

4．做一个组织化的志愿者，而不是一个单枪匹马的志愿者。好吧，如果你还是坚持要去，并且自信有一定的生活自理能力，那么也别自己去，也不要约上二三好友、三五成群地去，这不是郊游。去找一个靠谱的机构，跟他们去吧。救灾是大战役，不是靠一个敢死队或几个特种兵就能完成的。如果你不选择官方机构，或者他们不要你，也别急着单干，有很多公益组织、社工机构会有所行动，跟着他们吧，他们正好需要你们，你们也离不开他们，不是很好吗？

5．做一个专业志愿者，而不仅是一个体力劳动者。如果你全副武装，也找到组织挂靠了，还要再提醒你一下：你不是去参加一场户外运动，只要应付好大自然的喜怒哀乐就行了，你此行会遇到很多人，比如灾民，哪怕你只是负责搬运矿泉水，也不可避免要与灾民打交道，你要应付灾民的喜怒哀乐，而不是光把方便面塞到他手里就完事了。你会与灾民打交道吗？你会不会安慰他们？还是只会说"别伤心了，会过去的"？这方面不是你想的那么简单，向公益组织和社工机构的专业人士讨教一下，能做到吗？

6．做一个不带相机的志愿者，而不是一个处处留影的志愿者。你正在收拾的行囊中，相机是最不需要的道具，如果你第一时间先把你的单反放进背包，那么，先停下来反思一下你的动机。不要辩解说你是为了留下影像以便更好地向外界发布信息，如果是这样的话，不需要那么好的镜头和那么考究的构图，一部手机足够用了。如果你能做到不拍照，别人对你拍照也不主动摆pose配合，你的动机才算过关，你想过这个问题吗？

7. 做一个有保险的志愿者，而不是孤注一掷的亡命者。听说有保险公司愿意接受灾区志愿者投保，那就试一试吧，至少咨询了解一下，这是一个成熟人士应该做的事。要知道，你去西藏旅行前都会买一个保险，灾区的意外因素可比西藏大的多，可以的话就买一个，不难做到吧？

8. 做一个让家人放心的志愿者，至少也是家人支持的志愿者。出发前，给你妈打个电话，征求一下她的意见；跟你的爱人好好谈一谈，听听他（她）的想法。二战期间，美国卷入太平洋战争后，《乱世佳人》男主角、好莱坞影星克拉克·盖博的老婆打电话给他，说：亲爱的，我觉得你应该去参军。于是，好莱坞美男脱掉戏服换上军装，加入了美国空军，屡立战功。高晓松年轻时流浪到南方海边，囊中羞涩，打电话回北京向老妈求救，她妈劈头就问：你那里有港口吗？高晓松说：有。她妈说：有港口，你一个大小伙子还怕活不下去吗？去码头扛货不就行了？但是，不是每个人都能有幸摊上这样的老婆和老妈。如果你妈和你老婆坚决不同意你去灾区，相信一定有她们的理由，那么，也请你再慎重考虑一下。没问题吧？

9. 做一个志愿者的支持者，同样是一个优秀的志愿者。上述建议都是针对"出人"，如果你的"人"有点问题，也不是没的选，你还可以出钱，出点子。什么都出不了，你也可以默默关注,做好手上工作。从卫星上看地球,再遥远的事情也是相互关联的。如果你的同事符合上述八条建议,先你而去,那你就顶上他的工作,让他救灾归来后不至于被炒鱿鱼,那你同样是好的志愿者,灾区人民会感受到的,怎么样?

10. 做一个终生志愿者,而不是一时一地的志愿者。如果救灾是战役,志愿者就是兵。养兵千日用兵一时,假如这一次你没被"用"上,那就把精力放在"养"上,把你的志愿热情放回日常。今天你愿意为奥运会做志愿者,明天你家对面的小学开运动会,你愿意去做志愿者吗?今天你愿意奔赴雅安拯救一个压在楼板下的孩子,明天你愿意不计成本、不顾风险地扶起一位跌倒在你身边的老人吗?如果你能做到,那么,说句不好听的,灾难总会再来的,你总有机会实现你的志愿梦想;说句好听的,灾难如果从此再不降临,你的志愿梦想也早在日常中实现,还有什么遗憾呢?

四 "两个中国"

嬉笑怒骂,情真意切,放眼"天下事",
写出"这一代人的爱与愁"

流行观点是毒药

这时代的人,太需要一句现成的观点,最好朗朗上口,即学即用。于是,流行观点大行其道,它和流行服装、流行歌曲一起,像台风一样,每年变着花样登陆,风卷残云,左右大众言行。热闹过后再反思,其中多数经不起推敲。

上学的时候就一直听老师讲一句话:"成功是99%的汗水,加1%的灵感。"很多学校把这句话挂在墙上,学生们把它记在笔记本上,奉若真理。现在看来,这观点虽然很励志,但如果不加分辨地执行,搞不好也会"走火入魔",贻误终生。事实上,被这份"成功配方"成功误导的人不在少数,他们不知道的是,"汗水"和"灵感"的重要系数,从来不是靠量化的百分比来衡量的,99%并不比1%更大、更重要,1%也意味着缺一不可、一票否决,两者是不可替代的,没有这1%的灵感和天赋,99%的汗水也等于零。在很多领域内,勤不一定能补拙,有时倒会助长拙。

我刚工作的时候,流行"美国老太太和中国老太太买房的故事"。我得说,文学的力量真是无穷的,这个故事成功地忽悠了一代中国人，让我们质疑自己的消费理念和生活方式，让我们感叹房价还不够高，还应该更高，才对得起我们的国际大都市地位。后来，房价果然高了，我们成了房奴，这才陆续醒过来：原来那只是一则故事，故事的背后是营销，是官商四手联弹，为我们演奏的一支催眠曲、幻想曲。如今是曲终人散，人去楼空。

有一年，家里老人传授我一条真理："早晨吃姜赛参汤，晚上吃姜赛砒霜。"听听，多么工整，还押韵呢。我们的文化里，对押韵的东西总是盲目崇拜，觉得押韵的工整的必是合理的。老人深信这句话，还托我用电脑打印了，贴在她家厨房墙上，以示警告。我暗想，过年的时候，我应该把这两句话写成对联贴在她家门口，横批"早吃早好"。可是，还没等到过年，老人又告诉我，说专家辟谣了，晚上能吃姜，只是不如早晨吃姜效果好，而且也因人而异。可怜我刚刚努力戒掉晚上吃姜的习惯，现在是不是要再改回去？我决定还是等一等，因为过几天专家可能还要辟谣。

很多流行观点的原创作者正是专家。多年前，牙膏广告流行"全国牙防组认证"，一个穿白大褂戴眼镜的医生，冲你笑出一口白牙，往牙膏上敲一个章，表示认证合格。我很迷信这个组，买牙膏必找认证，直到有一年央视曝光，这个"全国牙防组"根本是个非法组织，连个公章都没有，还涉嫌参与权钱交易，那一口白牙，不是牙膏刷出来的，是吃回扣吃出来的。这让我很受伤，从此再不相信"牙好，人品就好"。

"别让孩子输在起跑线上"，这该是中国人最熟悉的一句流行观点了吧，小时候听家长老师讲，长大了再对着自己的孩子讲，俨然祖训、家学，要代代传下去。人生明明是一场长跑，非要搞成百米冲刺，在前一百米决出胜负；人生甚至根本不是一场跑步比赛，偏要划出跑道，只问输赢。这句话坑害了几代中国孩子，至今仍大有市场。它取消了中国人的童年，也为成年人的疯狂变态埋下伏笔，让家长间的"军备竞赛"层层升级，究其动机，仅仅是为了养肥几家学校和培训机构。这是教育界最大的谎言，是商家和专家勾兑出的弥天大谎，却能如此深入人心，不能不让人佩服流行的威力。

专家和商家之外，大众也积极炮制自己的名言，"能用钱解决的问题，都不是问题"，多么漂亮的句子，多么蛮横的逻辑！但是，我想在这句话后面再补充两句：能用钱解决的问题，都不是真正的问题，都是小问题，而真正的大问题，都是用钱解决不了的问题；即使能用钱解决的问题，这些问题也没有得到根本的解决，还会变本加厉地再出问题，解决一个又引发两个，直到花光你所有的钱——还是没解决。这就是我的补充，不解释。这个漂亮的观点，不过是"唯 GDP 论"的民间版本，不值一驳。

"婚姻需要经营"，女人们几乎张口就会说。毫不避讳地讲，我反感这句话，就像我反感网上所有打着小 S 名义传播的那些女人经一样，什么"女人要有心计"，"不会化妆的女人没前途"，这些在闺蜜间公开流传的"悄悄话"，背后逻辑惊人的一致：以商业规则揣摩婚姻，以功利目标订制家庭。问题是，女人们真的能从这些话中受益吗？殊不知，婚姻不幸的根源，恰恰是有些女人太会"经营"，把相亲对象当客户，把爱情当交易，把青春、婚姻与前途捆绑。女人本是天生的生意人，还要处处教她们生意经,这是要毁她们的节奏啊!

于是,"你负责貌美如花,我负责挣钱养家"便成为男人讨好女人的最好说辞,也是女人炫富炫老公的首选格言,据说很多婚礼上的新人都拿这句话来宣誓了。可是,新娘们,女人们,当你们陶醉在这句话里的时候,有没有想过这句话背后的陷阱:迟早有一天,你不再貌美如花,到时候,可别怪他不再挣钱养家,也别怪他挣钱养她——另一个貌美如花的女人。因为你本来就是"负责"貌美如花的,如今你成明日黄花,是你自己失职。

好吧,你说这句话只是玩笑,但接下来你们有了孩子,立刻搬出另一套观点,"男孩穷养女孩富养"——这回可是当真了。这句话流传久远,我不知道它的始作俑者动机何在,相信初衷是好的,实践中也曾有大量案例佐证,但现在,这观点被迅速物质化、庸俗化,富养出来的女孩(也包括男孩),眼界确实高了,不会轻易被两块糖哄骗了,却转身成为"婚姻要经营"的忠实拥趸,甚至将"富养"演变成"包养",用姿色套现,拿乳房换住房,成为最天经地义的选择。究其根源,是我们对"富"的理解太狭隘,我们终究是一群精神上的赤贫者。

至于盛产"精神"的文艺界,更是被流行观点垄断。"张学友唱歌好听",我从上初中就听身边的人这样讲,"张学友是歌神",直到今天他们还在讲。这样讲的人,耳朵多半被流行音乐的流水线车间改造过。张学友唱歌确实好听,但也只是比那三个人唱的好听,至于"歌神",呵呵,饶了歌神吧。"周杰伦唱歌听不清歌词",这论调十多年来口口相传,不绝于耳,说这话的人适合听新闻联播,但听不了交响乐,因为压根没歌词,台上一大帮人全是伴奏，唱歌的没来！

觉得冯小刚贺岁片幽默的人，多半没有幽默感；觉得《让子弹飞》幽默且寓意深刻的人，多数又没幽默感又浅薄；逢"大片"必看的人，多数被"大骗"。艺术难有标准，艺术的伎俩全在暗示，一百个书托儿暗示这本书是好书，这本书就真成了好书。而现在，艺术更加简单粗暴，连暗示都省了，他直接告诉你：我是大导演，所以我拍的片子叫大片；我是名家，所以我写的书叫名著。于是，观众和读者们慕名而来，满载而归。

这个时代，多数人不思考，而让少数人代自己思考，比如商家，比如决策者，再比如上帝。理由是，"人类一思考，上帝就发笑"，为了不让人家笑话，干脆不思考。相比思考，道听途说要轻松得多。于是，多数不思考的人，等着少数人的思考成果。他们打着灯排着队，迫切要得到一句现成的答案，好带回家去，受益终生。杨德昌在电影《麻将》里反复说："这个世界上没有人知道自己到底想要什么，他们就等着别人来告诉他们，所以，只要你用很诚恳的态度告诉他他想要什么就对了。"

这些年流行"国学"，推崇"讲坛"，名教授、名嘴大放光芒，我观察，活跃在各大讲坛上的名教授们有个共同点：都是段子高手，都是流行观点的大力传播者（甚至不是原创者）。我称他们为"说书艺人"，他们和周立波的区别仅在于：他们能给每一个流行的段子冠以一个学术名称。于是，好学的听众们蜂拥而来，听几个笑话，哈哈一乐，回到单位和同事一搬弄，好像得了什么真学问似的。

委身于流行观点下，总有种安全感，即使事后被证明是谬论，祸害的也不是自己，身后有一大批垫背的；以大众的选择来弥补自己见识的短浅，也算是权宜之计；而且市面上的流行观点，多数也有正确的一面，关键看放在什么语境下理解。正如毒药也是药，有药效，但要对症下药，且不能过量，过了量，或吃错了药，就变成毒药，谋财害命，误国误民。

　　流行观点像流行性感冒，总有中招的一天。完全拒绝不现实，会显得太不合群。有一个办法：把流行观点当作流行歌曲，听过就算，实在忍不住，哼哼两句也无妨，只要别当真；骨子里，对所有流行的东西持警惕态度，流行观点袭来，要学"微信"精神：微微相信，万不可全信。以上都是治标，要治本，还是要强身健体，提高免疫力：有立场，有成熟的价值观和稳定的信仰，任凭流行观点满天飞，我自岿然不动。

莫做"坏教育"的帮凶

朋友说：你是社工，帮我出出主意吧。

事情是这样的，她女儿上中学，她"拼爹"又"拼妈"，和中学校长扯上关系，如愿把女儿安排进"尖刀班"。听听吧，尖刀班，名字就透着血腥暴力。十几岁的花季少女，就这样踩上刀尖。该班的班主任是位五十多岁的"特级教师"，"尖刀班"这个带着浓厚阶级斗争味道的美名就是她取的。女儿在尖刀班待了一星期，回家就哭诉，因为班主任课间训话，说：你们看看人家"超女班"，课间 10 分钟，有一个出去玩的吗？一个都没有！全趴在桌上看书！再看看你们，一下课就往外跑，你们对得起尖刀班这个光荣的称号吗？

朋友火了，电话直接打给这位班主任。班主任挺能说，先把她教育一顿，说：我理解你，可我是搞教育的，我搞教育搞几十年了，还是有些发言权的，我认为，读书就要认真，读书就要有个规矩，规矩就要严格，尤其对这个年纪的孩子，说实话，孩子读书又不是为我读的，我图什么？你们现在怨我，将来就要谢我……

朋友把电话挂了，直接打给校长。校长安抚她，说回头和班主任聊聊。过了一段时间，女儿回来不哭了，也不知道是班主任改了，还是女儿习惯了。朋友不放心，找个机会直奔学校，到女儿教室微服私访，不看不要紧，一看心就凉了大半截，课间休息时，班主任正教训一个没背过书的男生，让他站在讲台上当众读书，小男生边读边哭，读得声情并茂，讲台下面，孩子们噤若寒蝉，个个背着手，睁着恐惧的双眼……

　　事情已经过去半年多，朋友提起这事，仍然咬牙切齿。我问她：这次你怎么反抗的？朋友说：我没动声色，硬是忍下来，熬到家长会，当着全班几十个学生家长的面，我直接站起来质问那个班主任，我说你这不是教育孩子，简直是虐待孩子！我问：结果呢？她是不是又把你教育了一顿？

　　结果我也没想到：站出来教育她的不是那个班主任，而是一位家长，以及越来越多的家长。朋友万没料到，她想联合家长挑战班主任，却招来家长和班主任的联袂抵抗。在众多家长心目中，尖刀班就该是这样的，不这样他们还不来呢。朋友说：我不想让女儿考名牌大学，不想让她从小那么累，我只想让她普普通通、平平安安，不可以吗？家长们一致回答她：你可以，我们不可以，你女儿不想考名牌，干吗要来尖刀班？退出去不就行了？为什么为了你女儿一个人牺牲我们全班同学？

　　据朋友事后了解，这些家长有很多都在教育部门工作，他们和班主任有着巨大的、难以撼动的默契。她败下阵来，也想过把女儿调到普通班，但她很快就发现，普通班和尖刀班的区别仅在学生，班主任都是一样的。他们口口声声说"孩子读书不是为老师读的"，但事实上，"就是为老师读的，为老师的职称和奖金读的，为家教和补课费读的"。她再去找校长，校长继续与她周旋，答应再去和班主任聊聊。但是年底，该班主任毫无争议地连任了"优秀班主任"、"优秀教育工作者"称号……朋友逐渐意识到，在这场保卫孩子的斗争中，最疯狂、最不可理喻、最不合群的不是别人，而是她自己。

我说：为什么不让你女儿出国读书？现在中国赴美留学生每年20％递增，去年有二十几个地方的高考状元去香港读大学，包括现在的移民潮，很多也是为了逃避中国的教育。朋友说：我和女儿讨论过，她将来还想在国内混，不想当外国人，我相信这也是大部分中国留学生的选择。问题也就来了，如果你注定要在中国过一辈子，你就要适应中国的制度和文化，包括中国的教育；如果你在国外读书，被外国教育制度熏陶得自由快活、充满创造性，回国才发现，祖国根本不需要自由和快活，创造性更是一钱不值，你会加倍不适应，那不是更惨？你逃得了一学期，逃得了一辈子吗？

她说：国外的家长会因为不满意孩子的一本教材去示威游行；国内的家长呢，每天晚上给孩子检查作业，在作业本上签名，帮着老师管教孩子。不这样又不行，有什么办法？

我想了很久，没想到办法。如同我们曾聊过的众多事情一样，这又是一个让社工无解的问题。

中国人的"数字化生存"

一位上海市民的父亲身患癌症,却被医院推来推去,无奈奔波于不同的病床间,欲寻一个终老之地而不得。那位辛酸的儿子在绝望之际,花4小时在手机上写了一封信,坦陈求医的艰难。这是一封公开信,收信人是时任上海市委书记俞正声。很快,俞正声给他回信了,说"当眼见有养育之恩的亲人于病危之际而无力相助之时,又遭遇一些制度缺陷的伤害,心中之痛,不言自明"。

在随后的调查中,记者查明了这一"制度缺陷":癌症,尤其是癌症晚期病人向来是各医院最不欢迎人士,因为他们会拉低医院的"治愈率",抬高"死亡率",即使暂时不死,长期住院还会影响医院的病床"周转率",而这"三率"正是卫生部门考核医院的重要指标,决定了医院在来年能拿到多少医保金。这让我想到了排球比赛,在裁判和计分规则高高在上的监视下,双方把一个皮球推来挡去,只为让皮球落在对方那边,因为皮球落在谁那边谁就输。对医院来说,重病患者正是那个人人避之不及的皮球。

"三率"造就了医疗界的奇观,让病人死在别的医院,成为各医院心照不宣、暗中较劲的潜规则。很多癌症晚期病人在经受生理痛苦之际,还要额外经历这制度的屈辱,他们频繁出入于各医院,将本该用来治疗的时间耗费在急救车上,耗费在四处求医的路上,很多病人最后直接死在了急救车上。据内部人士透露,医院和很多公司或机关一样,一年四季都是在"计算"和"算计"中开展工作,因此,病人患病入院的时间也很有讲究,一般医院上半年都忙于"抢指标",甚至不惜拉人入院,下半年则开始算各种"率",开始往外推病人,所以,如果要生病的话,尽量赶在上半年生吧。

公开信发表后,这位幸运得到俞正声关照的病人,立刻被医院安排进了更好的病房。可惜,幸运并未眷顾更久,23小时之后,这位老人离开了人世。

与此同时,还有多少位重病患者正辗转于求医问药的路上?有多少人在一次次吃了医院的闭门羹后、正一点点丧失活下去的信心?难道这就是我们的终生宿命?活着的人为求一间住房而不得,快死的人为求一间病房而不得?那些制定"三率"和执行"三率"的人,真的以为这些冷冰冰的数字能反映、能促进医院的救死扶伤吗?

其实,环顾我们的身边,又何止"三率"?从出生到死亡,从摇篮到坟墓,我们终生都被各种"率"统治,被各种"率"考核。出生时有出生率,上学时有升学率,毕业了有就业率,就业了有失业率,临到死了还要战战兢兢,生怕拉高了谁的死亡率。"率"是典型的群体概念,它牺牲个性,无视差异,它抹杀了个体的生老病死，掩盖了个人的喜怒哀乐。"率"是制度缺陷的外衣，是粗暴考核的手臂，可以说，有什么样的"率"，就有什么样的人，有什么样的国家。

"率"当然有统计学上的意义，只是当我们只信奉"率"时，"率"就变成了行政无力与考核无方的救命草与遮羞布，成为大量利用"率"之名，行弄虚作假、坑蒙拐骗之实的天然沃土。

这方面的集大成者，还得看教育界：当行政化管理与学理化思维不幸相遇时，当学者身兼官僚后，酿成的是铺天盖地的、灾难性的评价体系。在这一体系中，专业发展得不到专业评价，上海市社工本科专业因"签约率"低遭到上海市教委的"预警"，为进一步"促进高校专业教育更加符合经济社会发展需要"，社工专业将被逐年削减，似乎"签约率"是检验专业的唯一标准；在这一体系中，师、生也难幸免，老师的一言一行都被打分，学者写下的每一个字每一个标点符号都被计量，按照一定的"率"折合成某项考核指标，然后明码标价、论功行赏；学生的每一项学习所得都要靠分数来体现，既包括有形的、卷面的分，更有无处不在、无孔不入的各种"学分"和"绩点"。

我注意到，学生在填写各种表格时，姓名后面总跟着一长串学号，甚至在自我介绍时，也总习惯性地先说名字，再报学号，好像没有那串数字就不能证明自身的合法性。在学号的规则排列下，孩子们原本色彩斑斓的个性差别，如今只体现在那一长串数字的最末一位。那串数字让我想到的是印在监狱囚犯胸口的编号，甚至是白花花的猪肉上被质监局赫然敲上的一枚图章。

十多年前，尼葛洛庞帝的《数字化生存》一书被他的学生张朝阳引入国内，挟彼时中国互联网勃兴之势席卷中国，一时间街头巷尾的国人都在谈论二进制，向往"数字化"。殊不知，我们的生存早就"被数字化"了，没有那些数字说话，没有各种"率"点头，你凭什么证明自己是个好孩子、好家长、好员工、好公民？

在无比聪明的中国人面前，一项不合理的制度，势必带来对制度的更不合理的"钻营"，一项变态的考核指标，只能招来更变态的上报数据，所谓"上有政策，下有对策"。当我们责怪对策不轨时，想想那些逼良为娼的政策吧。

仪式与形式只有一步之遥

有一次我参加一个会议，开场前几分钟，闹哄哄的会场突然自动静下来，人们收起玩笑，装起手机，一个个把表情调整到最虔诚的状态。主席台旁的侧门人影闪动，气氛一时有些紧张，好像大明星出场前的一瞬。这时台上突然跳上来一个黑衣人，这人很有亲和力，他温柔地要求全场几百个人站起来，练习鼓掌。

那一刻我觉得挺滑稽，对着一个空荡荡的舞台卖力鼓掌，还真考验我们的演技。黑衣人告诉我们，等一下领导登台，掌声要有爆发力，还要有耐力，理想的掌声应该是持续不断，并且越来越热烈。后来的事实证明，这种练习很有必要，当领导亮相、我们开始"实拍"时，掌声派上了用场，我明白了掌声为什么要持久，因为从侧门口走上主席台有一段距离，你总不能让领导默默无闻地走过这段距离吧？我也明白了为什么在中后段掌声要加重，因为此时领导走过台阶，正式登上了主席台，这个时候，台下掌声更热烈一些，不算过分的要求。至于我之前担心的掌声何时结束的问题，则完全是多虑了——领导在落座之前，会伸出双于做安抚全场的动作，意思是"可以了，可以了，歇一歇吧"。

于是掌声停止，领导入座，一切天衣无缝。

更重要的是，我不再觉得滑稽，掌声四起的一刻，我甚至油然升起一种神圣感，似乎自己也是这神圣事物的一部分。我佩服那位黑衣人，他是这场仪式的幕后总导演，是会场规则的深刻理解者与忠实执行者。他未必相信这仪式，但他用温柔的眼神与不容置疑的手势，让台下几百个观众相信了。这不仅是黑衣导演或台上领导的魅力，这是仪式的魅力。

我后来也有机会坐上主席台，成为"被鼓掌"的那一小撮人之一。我发现主席台是考验人品的地方，众目睽睽下，台上人很难掩藏自己，那感觉就像一切都被剥开来，袒露在广场上，接受众人的翻阅。如果你干过坏事，哪怕多年前动过一点歪脑筋而至今未遂，此时怕也难逃人们的法眼。主席台其实是审判席，我每次一坐上去就觉得自己衣服不够得体，眼神不够诚恳，像小丑。明知自己正被台下成百双眼睛挑剔和质疑，却没机会辩白，这是一种促动，我暗暗发誓：一定要堂堂正正做人，而且下一次一定要换一件庄重点的外套。

邻座的同僚或许不这样想，他顾虑的可能是腕上的名表，或是指间的名烟。这大概就是仪式的威慑力。从这个意义上讲，位高权重的人们，应该多到主席台上去晾一晾。

还有一次，台下冲上来一群手捧鲜花的小学生，他们依次站到主席台前，踮起脚尖，把前排领导的脖子扳下来，给他们系红领巾。孩子们天真无邪，笑得比手里的花还好看。他们还小，我宁愿相信他们的笑是发自内心的，而不是被黑衣导演们训练出来的。

四 "两个中国"

更让我吃惊的事还在后面。有一次我参加大学里的学生会活动,整场活动的流程设计,主持人的腔调,以及每一位参与者脸上油然泛起的那种光芒,几乎全盘复制了某次高规格的政治会议。唯一不同的是,这仪式的主角,是一张张仍然年轻的脸。

这让我有种超现实的感觉,好像京剧节目里看到小朋友在扮老生。那些平日课堂上松松垮垮的青年,此时穿上了统一的黑色职业装。主席台两侧还各有两位脚穿高跟鞋、身穿旗袍的女生,那旗袍是从校团委借来的,女生单薄的身板尚不足以将它撑起。这时候,一位学生干部——可能是旗袍女生的同班同学——要上台,旗袍女生彬彬有礼地将他引导上台,彼此相视的一瞬,他们并没有笑场,眼神中反而充满庄严。那眼神告诉我:他们正全力向体制与规则靠拢,他们已做好一切准备,随时成为下一任接班人。

他们将主诗词事先打印好,捧在手里,一字一句读得声情并茂,"在某某的领导下,在某某的帮助下,在某某和某某的大力支持下……"开场白面面俱到,无懈可击。介绍到场领导嘉宾时,他们将介绍的顺序与相应的语气拿捏得十分精准,做工作汇报的时候,报告的小标题无不工整、对称,富有韵律,"打造典型项目品牌化,构建日常工作常态化……"他们读着这些文字,像在读一首诗,属于他们这个时代的独有的诗。高档的话筒和音响掩盖了他们嗓音的青涩,闭上眼睛,我会以为自己正身处一个满是成年人的会场,我对这一切都太熟悉了。但是睁开眼,一张张清白的脸,年轻得不容置疑。

我悄悄问辅导员:这场活动有老师指导吗?辅导员说:没

有，全是学生自己策划的。我不知道说什么，只能表示赞叹，结果辅导员摇头说：不好，很多细节还没考虑周全，不如上一届。

那一刻我想，不管我们的教育兴衰成败，至少这高度一致的仪式感，不会失传。

仪式作为组织文化的重要载体，自然有其正面意义，但是，过度的仪式化与形式化之间，只有一步之遥，反对形式主义，该从警惕仪式泛滥入手。那些迫不及待加入这场仪式的青年，知道这其中的微妙处吗？而且文化需要多样，仪式自然也不该单一，可我看到的却是自上而下高度雷同的仪式，官方会议雷同就算了，大学生们如此年轻，就把这套仪式模仿得如此惟妙惟肖，真的有这个必要吗？

如果富士康聘请了社工

5月29日上午,上海市正在进行新一轮的社会工作者面试。面试形式有些特别,进入考场前,每一位社工随机抽出一道案例题,同时,考场安排了很多"模特"来配合考试。这些模特当然不是时装模特,而是专门配合社工面试的考试模特,用来扮演案例题中出现的"案主",即处在困境中的各类弱势人群。然后由社工和这位案主现场模拟服务过程,要求社工能针对案主的问题提出有针对性的服务方案,并用恰当的方式与案主沟通。两名考官负责旁观模拟过程,并根据社工的临场表现来打分。案例题的内容当然是五花八门,涉及社工服务领域中的各种常见对象,但在这一天的面试中,有一道题目引起了所有社工、考官甚至模特的格外关注。这道案例题的内容是这样的:

> 小刘今年24岁,在一家大型公司打工,负责生产电子产品的零配件,每天站在车间流水线旁超过10个小时,一天到晚重复同一个动作,周末还经常加班,工作非常辛苦、单调。他说他上班时最大的愿望就是手里的工具不小心掉在地上,因为只有这时他才可以趁捡东

西弯一下腰。

公司里像小刘这样的年轻人有几十万,但能称为朋友的人却几乎没有,大家白天忙碌,晚上回宿舍睡觉,生活如机器一般精确、乏味。上班时大家都戴着口罩,脸都看不清,下班后也没有什么娱乐或联谊活动,加上人员流动性强,小刘甚至连同宿舍的同事都叫不上名字。有人曾开玩笑说,厂区连棵大树都没有,晚上想谈恋爱都找不到地方。

小刘的工资由底薪和加班费构成,底薪很低,只能拼命加班增加收入,每月也不过2000元。小刘也常听电视里专家分析,和中国第一代打工者相比,他们这一代人的相对收入水平其实是降低了。他们生产的配件组装出各种时尚的电子产品,他们却只买得起山寨手机。最重要的是,小刘看不到任何改善的迹象,看不到未来。所以,和许多同事一样,小刘最大的爱好就是花几元钱买张彩票,并把这视作改变现状的唯一希望。

最近,公司里连续有员工跳楼自杀,搞得人心惶惶,小刘自己也常常觉得不安。为此,该公司专门聘请了社工对小刘进行帮助。如果你是这名社工,请模拟服务过程。

根据考试要求,我作为出题老师要向考官说明一下每道题的初衷,对这一道题,我没有解释太多,因为一望可知,这不是题目,这是现实。案例中的所有素材和细节都来自现实,如果一定要找出与现实不符的地方,那就是最后一句话,"该公司专门聘请了社工"。事实是，事发之后，该公司首先请的是心理咨询师，是大学里的专家教授，甚至去庙里请来了高僧大德，唯独没有请社工。所以我对考官们说，他们不请我们，我们可以不请自来。今天借着面试，我们不妨假设一下，如果真请了社工，那么，社工可以做些什么？

考试现场，模特们的"演技"在这道题目中得到充分发挥，也许是因为对案例背后的真实事件已经耳熟能详，也许是因为模特本身就是刚参加工作的年轻人，和"小刘"这样的案主没有代沟，比较容易运用同理心，总之，模特们个个演得活灵活现。遗憾的是，在这一个个"小刘"面前，社工们的表现不尽如人意，尽管这个话题他们早在私下里谈论过，对事件引发的各种坊间传闻和八卦猜测也知道不少，但当问题真的摆在面前，真的要去面对一个活生生的"小刘"时，他们失语了，失策了。

整个考试期间，我听到社工们最常见的对策就是，转介。把小刘转介给心理医生，把小刘转介给工会，把小刘转介给政府有关部门，把小刘转介给家人朋友，把小刘转介给郭台铭。总之，这事似乎和社工无关，转手就推了个干干净净。这就是传说中社工们最拿手的"资源整合"吗？

我告诉社工，目前形势下，转介这种事不用麻烦社工，早就转介过这些人了，工会领导早就提着水果去慰问了，心理医生都急得心理抑郁了，政府部门都下死命令了，郭台铭也加薪了，连山里的和尚都出山了，但是没用。现在考的是你社工，你当然可以整合这些人，但不能光整合，而且人家让不让你整合还一定呢。最重要的是，你作为一个社工能做些什么？你的专业性、独特性、不可替代性在哪里？案例材料里描述得清清楚楚，小刘这样的青年人有千千万万，他们不光在那个南方的厂房里，他们也不光是新闻里的几个数据和流行语，他们就在我们身边，他们几乎是新一代中国人的缩影，是今日少年中国的真实写照，新闻联播里那些欢欣鼓舞的画面那些振奋人心的数据，哪一个和他们无关？近三十年中国大地上发生的翻天覆地的变化，哪一次不是建立在他们坚挺而沉默的脊背上？但是，现在，他们中极个别的成员正逐渐丧失对现实的耐心和对自己的信心，用一种很不和谐的方式突兀地终结了自己，让那架庞大的永远向前无情推进的"国家机器"多少有了一丝尴尬，他们紧握住唯一能够掌控自己命运的那一刻扑向地面，用年轻的血，把这片日渐焦灼的土地，染红了不起眼的一小片。对这一切，我们的专业社工们，难道只能束手无策吗？

当然，我并没真把这些话都问出来。更多的时候，我只能憋在心里面，问自己。

答案来得比我预想的要快。就在考试第二天，5月30日下午，"深圳关爱行动"动员会在深圳市公安局召开，宣布成立一个由近千人组成的"义工"团体，进驻该公司在深圳的各大厂区，其中，有220余人正是深圳的专职社工。据悉，这些社工将至少在厂区工作一周，对近半年来的新员工逐个进行个人评估，建立档案，开展小组工作，并针对情况较严重的员工进行深度干预。我对深圳社工的这一努力表示敬意，我更关心这一介入行动的实际效果与后续跟进。

唯一的遗憾是，如果社工能够早点介入该多好。我想起2009

年7月，我随同浦东社工协会拜会深圳社工，几天行程中和深圳各条线的社工都有过亲密的接触和交流，也谈到过日后的合作项目，其中尤以企业社会工作为重。谈到这个话题时，双方几乎是一拍即合，回到上海后，我们通过电话和邮件继续推进这件事，甚至已初步选好了几个试点的厂区，并起草了一份企业社工机构的章程和服务方案。然而，由于各种条件的限制，这个设想并没有如期兑现，连跳新闻已经铺天盖地袭来。赶在计划前面的，永远是残酷的现实。

现在，深圳社工终于介入了，尽管有些晚，但还不至于太晚，重要的是不能让社工介入变成一场即兴的活动或应景的表演，而应该借机将企业社会工作推出，让企业从此离不开社工。危机也是转机。2008年四川地震给都江堰和整个中国西部埋下了社工的种子，相比较下，连跳事件带给中国大地的颤动，丝毫不亚于地震，在社工的眼中，甚至更甚于自然灾害。我们只能期待，这一次的地震，能给广大中国式企业埋下社工的种子。让我们稍感欣慰的是，总有一些事例支撑我们的想象，毒奶粉、开胸验肺、自焚案，回顾那些重大政策举措与社会意见风向，每一次些微的改进，不都是以血和命为代价吗？

上海社工也摩拳擦掌，未雨绸缪。我所在的浦东新区塘桥街道有一个"陆家嘴软件园"，里面的每一台电脑面前，都坐着一名IT人才，这些人多以青年未婚男性为主，属于典型的有专业没文化、有情绪没情趣的群体，我常戏称他们为"软件男"，以对应浦东的另一个同类群体："张江男"——张江高科技园区里的青年未婚男性。他们的共同特点是长期面对电脑，只有人机对话,没有人际对话,很多人找不到女朋友,张江男已经成了"张江难",软件男情况也好不了多少。最近,塘桥街道意识到这个问题,专门立项引入公益机构和专业社工进驻企业,为"软件男"进行社会关系的调适,并积极促成陆家嘴软件园与浦东公益服务园的"两园对接"。我觉得这一步走得及时,在我看来,软件男也不过是打工男的升级换代版,打工男被机器绑架,软件男被电脑绑架,打工男跳楼解脱了,软件男虽然没有跳楼,但长期疏离的社会关系与刻板的工作环境下,其身心隐患着实不容忽视。社工早一天介入,企业社工早一天在中国生根发芽,我们的白领、灰领、蓝领、金领们或许就能少一点安全隐患,这比在员工宿舍楼上铺设安全网要安全得多。

不会玩的人不幸福

统计显示，中国正成为世界旅游大国，刚刚过去的长假已经用无可争辩的数据和图片告诉我们，越来越多的中国人爱上旅游，甚至离不开旅游了。不说别人，单说我老妈，一个几十年来从不肯在"玩"上花一分钱的人，今年夏天也蹭我姐单位组织的旅行团，去了趟南京，迈着老寒腿爬上了中山陵，见到了她的偶像孙中山。回来跟我们感慨：不出去不知道，外面还真好玩！

回顾中国人这 100 年，大部分时间都没心情玩。30 年前终于有心情了，没钱玩。20 年前有钱了，没地方玩。10 年前有地方了，没时间玩。现在好了，时间地点人物全有了，一看，人都老了，腰酸腿疼，没多少机会了，抓紧玩吧！今年夏天我去西藏，回来的飞机上遇到一对退休的老夫妻，浑身户外装备，一打听，两个月前他们刚刚完成欧洲游，现在从西藏回来，休整两个月，再去新疆游，再休整两个月，新马泰游。老太太说，就担心家里的猫没人照看，要不然，一月一游！

这是说老人，年轻人就更不必说了，没人不喜欢旅游，我身边就有为数不少的朋友，为了旅游可以继续失业，可以取消婚礼，可以推迟生育，可一旦发现了好玩的地方，一刻也等不得。很多人，除了旅游，几乎不会玩了。

这首先是一件好事情，说明中国人终于有闲暇和闲钱可以适量挥霍一下了，说明我们开始厌烦城市、回归自然了。中国人曾经很会玩，甚至玩物丧志过，后来由于种种原因我们改了，不玩了，现在，多年以后，我们终于又开始玩了。

这时候我们发现，我们竟然已经不会玩了！"玩"并不是像骑自行车或游泳一样，一经学会经久不忘，不管荒废多久，随时随地捡起来就会，"玩"是需要曲不离口、拳不离手的。所以现在，我们玩得简单粗暴，玩得没心没肺。去年我去欧洲，巴黎的老佛爷门口，退税窗口前排起长长的队，仔细一看，全是中国人，拎着大包小包，好像几十年没采购过了，所有商场都大量配备中国导购，门口写着汉字：谢谢您的光临。冷不丁一看，还以为是我家对面的第一百货大楼呢；在瑞士，悬挂在手表店前的巨幅广告明星不是老外，而是陈道明和黄晓明，很明显，"二明"是要代表瑞典人赚中国人的钱，于是，无数中国的"表哥"和"表姐"蜂拥而来，将这里洗劫一空。针对这种情况，欧洲旅游市场曾有意引导中国人的多元消费，比如吃吃法国大餐，住住花园洋房，或者听听歌剧交响乐。可中国人不好那一口，宁肯住在小旅馆里吃泡面，好省下钱去购物，似乎花了钱买了东西才叫玩，花钱越多就玩得越开心，不花点钱的话，总觉得玩得不踏实，没有货真价实的收获，回去没法显摆。不得不说，除了花钱，中国人也已经不会别的玩法了。

除了国外种种丢人现眼的玩法外，国内也不乐观，如果说在国外是国人主动献丑，国内却多是环境逼迫，列位旅友想一想，当我们真心实意想旅游、想"玩真的"时，我们的旅游市场何等混乱？竞争手段何等恶劣？他们吃定了我们只图便宜不看质量的心理，拼命压低团价，先引我们入伙，然后一路设下埋伏，逼我们掏钱购物，把他们损失的团费加倍找补回来。

当我们终于来到景点门前时，我们的地方政府和旅游公司是何等黑心，他们给祖国的大好河山盖一圈围墙，开一道小门，然后坐地起价，让我们购买五倍甚至十倍于国外景点的门票，只要你肯掏钱，五倍甚至十倍于最佳接待人数他们也敢放我们进去，很多地方财政的五分之一都来自门票，他们能给"买路钱"打个折扣、别这么趁"玩"打劫吗？

好吧，这些我们都认了，可是，当我们终于决定不惜一切代价去玩时，能不能别让我们在规定时间玩？能不能别让14亿中国人只在那七八天才能玩？这计划经济的遗毒何时才能清除？全国人民约好了一起玩的时代早该过去了，我们已经统一思想，统一认识，统一喜怒哀乐，还要我们连"玩"都统一时间吗？

不会玩的人不幸福，会玩却没法玩的人更悲催。下一次，当你问一个中国人：你幸福吗？最好先问一句：你会玩吗？

"不知如何降下来"
——给更高、更快、更危险的中国

亲身感受"中国速度"

单位组织旅游,卧去动返,意思是坐卧铺去,乘动车回。卧铺是普通列车,开得松松垮垮,速度慢了点,但慢得放心,大家车上吃吃喝喝,有说有笑,不知不觉到了终点站;回来是动车,还没上车,大家就先没了声音,各自心里犯嘀咕,上了车刚落座就开始打电话,给家人报平安,交代后事。车启动了,偶尔车一晃,灯一灭,紧张情绪立刻公开化,互相也不觉得不好意思了。终于,在一个前不着村后不挨店的无名小站,动车不动了,那一瞬间的寂静,像极了传说中的案发现场、事故前夜。就这样,动车不加解释地停了二十多分钟,车厢里彻底骚乱了,遇到穿制服的就打听,自然得不到什么说法,倒是邻座有位资深乘客给了解释:给高铁让路。

在我们的现实中,慢的给快的让路,快的给更快的让路,似乎已成常识。还可以举一反三:差学生给好学生让座,弱者给强者当保镖,穷人给富人交税……在一个僧多粥少、效率至上的国家,"优胜劣汰,适者生存"的社会达尔文主义,显得异常残酷,也异常真实。

　　大家开始三三两两下车，站台上溜达，也许是为了呼吸一下新鲜空气，缓解一下紧张气氛，人毕竟是陆生动物，双脚踏上大地才觉得踏实。车站簇新、锃亮，兼有高标准大投入的奢华与乏人问津的荒凉。旁边又有知情人士议论：这是为了配合高铁开通，紧急修建的。乘客们放松下来，开始有人取出相机为同伴拍照，以修长的车身和高大的天篷为背景。人毕竟还是崇拜物质的，尤其是比自身更强大的物质，看着相机镜头里举着两根手指的兴奋游客，没有人怀疑，在这一刻，我们仍以物质为荣，以我们创造出的更高更快的奇迹为荣。

　　惊恐是突然到来的。一声尖利的啸叫，一列火车突然从天而降，擦着我们的动车过去，飞一样。等我们反应过来时，列车早不见了，整个过程像梦幻一般，唯一留下的证据是：那头钢铁巨兽驶过时产生的巨大冲击波，竟使一旁停靠的动车车身左右晃了好几下，如同海面上一艘大轮船驶过时给身边小渔船造成的波动。那酷似地震的几下摇晃，车内的乘客感受到了，车外的乘客则亲眼看到了。这一次，不仅是知情人士，稍有常识的人都领教了速度的威力。一个大学生模样的乘客说：那一天，如果是以这样的速度撞上，那真是粉身碎骨，片甲不留。

　　那一刻，大地颤抖，列车痉挛，人心悸动。那一刻，我们真真切切地感受到了"中国速度"。

　　二十分钟里，这样的高铁列车过去了四五列，平均四五分钟一列。这样的频率和速度，至今才发生一次重大事故，倒真是一个奇迹。

不容忽视的公共安全

十年前我第一次去香港，给我印象最深的不是别的，是他们的自动扶梯，居然这么快，我一脚踏上，差点闪了腰。要知道，我可不是从内地山区出发，然后直接踩在香港的电梯上，我是从同样享有国际大都市美誉的上海去的，两个城市的电梯竟然有这么大的速度差，一时让我非常感慨。那一次，我感受到了什么叫"香港速度"。十年后，我们的电梯也提速了，代价却是生命和鲜血。我们的自动扶梯不但快了，还智能了，能自动调头，由向上改成向下。美国恐怖电影里才有的情节，在我们的身边，在我们的脚下，恐怖地上演了。

去年我去银川，从荒凉的腾格里沙漠到热闹如一块大工地的银川市区，只一个小时车程。刚刚还是悠然踱步憨态可掬的骆驼，转眼就是三头六臂张牙舞爪的铲车。当时我还在想，诗人们还在怀念田园时代的清闲，官员们却在为西部开发的速度犯愁，两者相较，也不知道谁更没心没肺。现在我可以肯定了，如果后者没有足够合理的利益分配机制，没有足够的安全保障，那他绝对是更没心没肺的那一个。

我深信，在7月23日那个夜晚之前，一定还有不止一个人在狂呼：让高铁再高一些吧，让动车更快一点吧，让我们的生活更刺激一些吧！

只是谁会想到，安全，原是最底线，最不言而喻的，现在却成了最致命和最不放心的。在被用滥了的"马斯洛需求层次"理论中，安全需求本是较低层次的需求，现在却快要成为我们的最高目标。

50年前,整个民族关心"吃饱"问题;30年前,我们开始关注"吃好"问题。万没料到,今天,国庆60周年之后,我们首先要担心的竟然是"吃得安全"问题,是吃饱吃好的同时有没有中毒的问题。前段时间上海公益组织搞了一个"上海农好农夫市集",倡导绿色农业,活动中大家被问到一个问题:谁能不假思索快速说出一个没有"丑闻"的食品?结果是,在食品面前,大家再三思索,没有一个人敢开口。

最近接了一个政府委托的小课题,主题是社会管理创新,背景是大家都熟知的:上面破了题,下面当然就要作文章,而我们这些所谓专家,就是专门负责扮演不署名的文章作者。课题很常规,是做一份社会管理与公共服务的内容目录。在这份目录里,我们遇到了一个小难题:"公共安全"一项,大家都觉得它很重要,却不知道该往哪里摆。这或许有两个原因:一是安全问题无专门部门负责,二是安全问题与每个部门都相关。可惜的是,现在的安全事故正像是一个部门间的"击鼓传花"游戏,大家商量好了似的,一家一家轮番做东,你方唱罢我登场,刚刚还幸灾乐祸笑看他人,转眼就轮到自家头顶。谁能不假思索快速说出一个没有安全丑闻的领域?我相信,在安全面前,没人敢夸海口。

我们正行驶在中国发展道路的"事故多发区"吗?我们正在集体"酒驾"吗?还是我们过于自信,以太短的驾龄和太贫乏的驾驶经验,过早地开上了"快车道"?甚至不顾忌罚单,在一条原本就是高速的路上继续超速行驶?

中国这艘大船的节奏,正被几个官员的任期所左右,置船体的架构与周边惊涛骇浪于不顾。"提前、超额完成"是衡量一切的标准,"亚洲第一,世界接轨"可一句遮百丑。凡是无法赶在任期内完成的,都是没有意义的,凡是可以放到下一个任期再解决的,都是不着急的。于是,整个国家朝着几个时间节点在加班加点,诸如安全一类可有可无的问题则被一拖再拖。

"不知如何降下来"

有个中国农民叫杜文达,他不好好种地,却做了一个飞碟,带到威尼斯双年展,一门心思只想让它飞起来。著名策展人兼艺术大师蔡国强问他:"要真飞起来,怎么降下来,你想过吗?"杜文达摇了摇头,说:不知道。飞碟自然没有飞起来,但蔡国强五年后把杜文达的飞碟和当时的灵感带到了上海外滩,当全世界在世博会展示他们家的宝贝时,蔡国强展览了一群中国农民异想天开的发明,标题就是:不知如何降下来。他把这个大标题高高悬挂在展厅楼顶,却引起了附近居民恐慌,大家纷纷到居委会和派出所反映,以为出了什么事故,以至于有人发出了求救信号。

"不知如何降下来",不正是当今中国最真切的一声求救吗?艺术家以他敏感的视角和未卜先知的灵感为我们张贴出来。这一百多年来,我们一直在为我们的速度而自卑,而发奋图强,而不择手段,有谁认真想过,当我们真的把速度提上来后,当我们拿长跑当短跑的时候,当整个中国都在快马加鞭三步并作两步的时候,如何把它降下来?

中国的普通民众,正在充当一轮又一轮国家级速度实验的小白鼠,引发了一场场国际级惨剧,又试图以一出出国际玩笑来掩

四 "两个中国"

盖。有谁想过我们躯体的安全？有谁想过我们内心的安宁？要知道，这可是真刀真枪的"活体实验"。过山车这种剧烈项目，一辈子玩一回就够了，"速度与激情"这样的大片，电影院里看过就算了，飙车这种玩命游戏，让富二代们去玩吧，别拉上我们，我们都是贪生怕死的小老百姓，在一个倡导"和谐"的国度里，不能让我们太刺激了。

蔡国强还是2008年北京奥运会开幕式的焰火导演，全世界人都还记得用焰火打出的那29个大脚印，正是他的作品。现在我们要庆幸，还好他设计的是29个步行的脚印，而不是两条动车铁轨。

有人还在替那些被"无端"问责的官员叫屈，官员们自己或许也委屈：电梯、动车、奶粉都只是个案，多数电梯还是安全的，多数动车还是顺利到达了终点。但是没办法，这种事情不讲统计，不讲百分比。好事要讲百分比，要看这个好事有没有发生在大多数人身上，比如涨工资，比如医改，比如廉租房，比如提高个税起征点。但是，坏事不一样，富士康事件后，"富士康园区自杀率低于全国平均水平"这样的脑残话马上招来一片骂声，这是因为坏事不看百分比，坏事只要有一桩就够了，有了这一桩就可能有下一桩，而且不知道什么时候出现下一桩，百姓心里就时时有"危险预期"，就处处有不安全感。官员们委屈也没办法，谁让你是我们的父母官，在中国，如果不让作官成为风险投资，不让高官成为高风险职业，其结果必然是：风险将转嫁到我们头上。

更高、更快、更安全

多年前王朔有篇小说《千万别拿我当人》,名字触目惊心,内容荒诞不经,让你读得快意,读到恶心。事后再想,这小说其实是计划时代和举国体制背景下,小民和刁民们绝望后的狂欢。现在,现实再次警告我们,如何把人当成人来对待,是一个国家和民族最应该花心思去考虑的,是一件很有难度但却最应该不惜任何代价去保障的,否则的话,人将不人,国将不国。在普通民众的生命安全和幸福面前,速度和效率并不总是那么名正言顺,政绩工程和面子工程就更不值一提。更高,更快,更强,英文中的"Faster, Higher, Stronger",是顾拜旦赋予奥林匹克的传世格言,很遗憾,这句话只适合田径赛场,不适合国家发展,因为在一个国家,更高、更快带来的不一定是更强,也可能是更危险。

每年都有一个春天

对社工界来说，2011年算是一个善始善终、首尾呼应的年份，从年初总书记"创新社会管理，发展专业社会工作"的最高音，到年末18部委联合推出《关于加强社会工作专业人才队伍建设的意见》的最强音，从一人领唱到众人合奏，2011像一部交响乐，完整勾勒出一个社工新纪元的起承转合，社工的音符激荡南北，响彻全年。

在这样一部大制作的交响乐中，中间的插曲与局部的华彩似乎也同样激动人心：民办社工服务机构发展战略研讨会首次召开，多地出现社工"招考热"，彩票公益金培训和公益创投如火如荼，偏居西部的北川县对东部社工重地"弯道超车"、为社工组织登记开辟"绿色通道"，还有，以广州、深圳、东莞等地为代表的广东，几乎以"每月一次"的高频率连续涌出社工大事件，不断刺激着社工人的想象力与创造力，似乎在表明，继经济特区之后，社会管理与社会建设的特区也将在这片土地上神奇再现。

这一切都像是一个天气预报：社会工作的天空一片晴好，社会工作的春天，真的要来了。

当然我们不会忘记，这一切都发生在一个更广阔的背景和更深刻的变革下：为社会松绑，还民间尊严。在经历了漫长的社会真空与公民缺席后，在对民间和草根始乱终弃后，终于有一天，我们意识到我们走得太快太偏了，以至于一度忘记了旅途的初衷，现在，该是重新发现社会之力、重新审视民间之美的时候了。所以我们会看到，在2011年，广东省率先放松了社会组织的登记注册，拿掉了长期卡在社会组织脖颈上的那一道"纸枷锁"；微博以井喷之势释放舆情，以最不拐弯抹角的方式抒发民意，以最不通融的口气向丑恶问责；唯GDP论的恶果被公开谈论，甚至连长年习惯于高高在上、对民意不管不问的房价，也在这个年份以或明或暗的方式放下身段，降下身价；我们也不会忘记，在讲到农民土地财产权时，温家宝总理用的是这样一句话：任何人无权剥夺！在这样一个年份，我们有理由对这句话做进一步引申：所有事关人民的福祉，任何人无权剥夺，所有与民生有关的权利，我们终将获得。

这一切都和社工息息相关。2011年我们发现，个人与社会的界限被打通了，每个人成为世界的一部分；社工与非社工的界限打通了，社工将视野放到更广的领域，全社会也将更多的目光聚到社工身上；所有"社"字打头的概念被打通了，社工、社团、社区、社会保障、社会管理、社会建设、社会发展，直到社会主义。

我们不应忘记，2011年还是一个正义与良知遭遇空前挑战的年份，小悦悦事件必将写入未来中国百年耻辱史，动车和校车事故，PM2.5 引发的空气质量，红十字会、河南宋基会暴露出的慈善不善，这一切又让我们心悸。当《义勇军进行曲》被定为国歌时，曾有人对其中"中华民族到了最危险的时刻"一句质疑，认为时过境迁应当修改，周恩来总理却力主保留，因为他觉得尽管民族存亡的危险时刻过去了，但今后总会遇到其他的危难，既为国歌，就该时时警醒国人。现在看来，2011 年，是不是国人道德的危险时刻？

这一切仍然与社工息息相关。现在，不是社工自己要申请春天，而是整个社会从正反两个方向在期待社工、催促社工。社工的春天，必须要来了！

将时间稍稍放长远一些，我们还应该看到，社会工作的春天其实已来过多次，2006 年十六届六中全会时她来过，上世纪 90 年代上海浦东率先引入社工时她来过，上世纪 80 年代内地恢复社工专业教育时她也来过，尤其最近 5 年，几乎每年都能听到春天到来的天气预报，只是我们不要忘记，天气预报同样告诉我们，随着全球变暖、气候恶化，春天和秋天正变得越来越短，一年四季正日益被简化成冬夏两季。因此，对社工来说，其实每年都有一个春天，但每个春天都稍纵即逝。"狼来了"的警报说得太多就会失去威慑，"春天来了"的捷报说得太多也会降低期待，重要的是，我们能否把握住每一个春天，让社会工作四季如春，花开不败。

上海"老娘舅"现象的社工观察

"娘舅"是上海的一种说法,却不单是上海才有。传统社会里,夫妻吵架,女方的兄弟、孩子的舅舅出面调停,被视为行之有效的方法,是民事纠纷的常规调解途径,这方面,南北方都有类似的传统。"舅舅"或"娘舅"在家事方面的权威地位得以确立,很多时候,他们可以说出父母想说而不便说或不能说的话,当女方父母日渐老去,直至双双离世后,娘舅继续充当"娘家人"的代表,是女方的终身后援团,在传统社会的性别结构里,娘舅出场是家庭关系的一种平衡术。

舅舅的权威身份还要延伸至下一代。今年清明节我陪父母回老家扫墓,见到大姑,她七十多岁,老伴刚刚过世,现在和子女们一起生活。扫墓结束后,我听到我爸对大姑说:我看几个外甥外甥女都还挺孝顺,我也就没说什么,以后他们要是不听话,你告诉我,我教训他们!我爸比我大姑小很多,但再小也是"孩子他舅",大姑父去世后,大姑的"家庭矛盾"由夫妻转至亲子,所以我爸要继续行使舅舅的职能,随时准备"教训"外甥。我自小见我爸教训大姑家的表哥,严厉程度远超过教训我,表哥则一点反抗都没有，谦逊程度不亚于对他老爸。有一年大姑家的表姐闹离婚，居然也请我爸出面做主。在传统观念更盛的北方乡村，舅舅的地位经久不衰，居高不下。

舅舅的特殊身份一开始就已注定。丈夫要尊重妻子的兄弟，不管是大舅子还是小舅子，这一点在结婚前就已明确。比如，男人要搞定小舅子，才可能把女朋友娶回家，小舅子的地位，几乎仅次于丈母娘。旧时婚嫁，送女儿过门，父母不能去，却派女孩的哥哥或弟弟去，意思是：我们娘家也人丁兴旺，个个虎背熊腰，以后别欺负我女儿。

为什么这个角色要交给舅舅而不是其他人？这恐怕首先源于传统社会中男尊女卑的基本格局，女方弱势，所以当矛盾发生时，女方出人，这就像联合国秘书长要由小国家的人担任一样；男方强势，所以女方出哥哥而不出姐姐，出弟弟而不出妹妹。只有当女方不幸没有兄弟时，小姨子才脱颖而出，在姐姐姐夫间斡旋。

舅舅劝架，也有他的个人性别优势，有方法论的考虑。家事调解，有时宜粗不宜细，男性刚好是个大大咧咧的物种。而且家庭纠纷的根源，总脱不开女性。我常瞎想：女人是所有家庭纠纷的根源——当然这并不是包庇男人，男人也不是省油的灯，男人是所有国家纠纷的根源，祸害更大——所以，女人惹出的是非，最好不要再由女人出面调解，越调解越乱，解铃还需系铃人这句老话，并不适用于家事调解。小姑子出面，没事也能找出事来。于是，舅舅成为不二人选。

"娘舅"后来演变为"老娘舅"，用来泛指一切舅舅似的人物。这是娘舅史上一次重要的社会化,从此,娘舅走出家庭,走向社会,开始介入更多的民事纠纷。街上两辆车剐蹭了,双方争执不下,这时候,交警扮演"老娘舅",左右传话,这边抬一抬,那边压一压,于是成功私了。老娘舅是私了专家,一切私了都少不了老娘舅的幕后运作。

到了当代,娘舅地位已经每况愈下,我自己也是个舅舅,当舅舅当了十几年了,很少见我干预姐姐姐夫的家事,倒是他们要时常关照我。娘舅式微,老娘舅却迎来一个体制内的新岗位:人民调解员。于是,至少在上海,官方身份与民间角色合二为一。老娘舅被司法系统收编,这大概是娘舅史上第一次合法化的发展契机。但是,他们也马上面临一个职业化、专业化的问题,他们首先被要求掌握一些基本法律常识,而不仅仅依据经验与习俗断案,他们的裁决不但要合情合理,更要合法。当然,他们的家庭干预因此也不可避免地带上了"国家意志",是国家主流意识形态向家庭内部的又一次成功渗透。家事国事天下事,事事贯通,老娘舅的历史使命获得了空前的提升。

老娘舅职业化专业化还带来另一个变化:"舅舅"不一定是男性,也可能是女性,而且越来越以女性为主。原来是因为舅舅地位高,舅妈也水涨船高,现在是舅妈反客为主,要挑大梁了。这是因为,职业化专业化解放了女性,使女人有机会调解别人家的家事,一旦跳出自己家,女人的协调天赋立刻大放异彩,女人的天生细腻、恻隐之心、伶牙俐齿和爱管闲事有了施展的舞台,女人迅速成长为调解明星。这方面,上海的"大众偶像"柏阿姨是明证。

为了配合这个新形象，老娘舅还为自己取了一个新名字：新老娘舅。这名字多少有些古怪，却也能看出弃旧图新的立意。上海文广集团与上海司法局联合制作了一档纠纷调解类谈话节目，就命名为"新老娘舅"，柏万青正是这档节目的当红花旦。这节目收视率奇高，自此，调解类谈话节目也成为内地电视的新宠，被各地方台争相效仿。

通过"娘舅——老娘舅——新老娘舅"这三部曲，老娘舅完成了它的社会化、职业化与合法化，也有了初步的专业化，并通过《新老娘舅》这档节目深入人心。"限娱令"出台后，民生类节目被调高比例，老娘舅更成功上位，进一步扩大收视地盘，终于跨越文化地域与行业领域，并赢得了专业界与学术界的关注。

这其中，来自专业社工界的关注显得更耐人寻味一些。社工和老娘舅，很可能是失散多年的异国兄弟，如今他们殊途同归，不少人在等他们认祖归宗，合力实现家业中兴。当然，也有人在刻意强调二者的差别。在本书《柏阿姨是社工吗》《助人大家庭中的社工》等文章中，我曾写过专业社工应向老娘舅学习借鉴的地方；反过来，与社工相比，老娘舅一定也有诸多不尽如人意之处。当然，由于《新老娘舅》这档节目的超级影响力，我的素材和观点更多地来自电视中的老娘舅，与现实或有出入。

老娘舅价值观有一定的倾向性，比如在子女与老人纠纷问题上，往往不自觉地倾向于老人。老人自然弱势，但过分倾向老人不够客观，并且无益于问题解决。是否有意迎合电视机前的老观众？要知道，这档节目的收视率主要是老阿姨们贡献的。"老人一定是好人"，是传统中国的观念，说句不敬老的话，这观念不一定回回都对。

老娘舅劝和不劝分，似乎也在暗合观众期待"大团圆"结局的心理；面对婚外情案例，老娘舅过分追究细节与证据，有满足观众偷窥欲的嫌疑，并且使得夫妻调解更像司法裁定，甚至像私家侦探捉奸。证据至上，个人心理与感觉没有发言权，这不公平。毕竟在家庭内部，无任何证据的纯粹的不信任、不安全感，也是需要面对和治疗的，而不是用司法方式一棍子打死。

涉及外来人口、农民工、外来媳妇等敏感群体时，虽然老娘舅的初衷是善意的，调解方向也非常"和谐"，但过度的强调其身份，客观上有"标签化"的危险，反倒有"此地无银"的提醒作用。在处理双方纠纷时，"各打五十大板"的做法也略显简单粗暴，并有模式化的趋势。

两张沙发，当事人一边一个，中间隔着老娘舅，这种现场布局决定了当事人的表达模式：倾诉大于对话，发泄大于治疗。当然，倾诉发泄本身也是治疗，间接对话也是对话，但是不可否认，老娘舅更擅长在有限时空内给出一个尽可能皆大欢喜的结论，追求在众目睽睽下让双方握手言和，但在更深入的治疗和后续的追踪上则难有作为。

老娘舅虽然名称有"新"，有些价值观却显陈旧。柏阿姨常说的"老巨勿脱手，脱手勿老巨"（音），号召老年人把房子牢牢攥在自己手里，不顾及现实情况与子女处境，在特定案例中，不一定是很高明的建议。

老娘舅的问题，一半是老娘舅队伍自身理念与方法的问题，一半是老娘舅被异化为一档电视娱乐节目所带来的问题。自从

《新姥娘舅》式节目火爆荧屏，热衷家庭伦理剧的女观众们再不看电视剧了，直接看"真人秀"了。电视调解，公开争论，家丑外扬，或许能起到"他人在场"的特殊效果，客观上加强了道德压力与舆论监督，但是，它一定也有一切电视节目，尤其是娱乐节目的弊病。理亏却善于表达的人，突然间大有市场，在电视机前博得眼泪与支持。娱乐当道的年代，富有娱乐精神的人总不会太吃亏，娱乐不单是让人笑，也包括让人哭。老娘舅每晚六点半准时上映，风雨无阻，雷打不动，其实培养和助长了观众消费隐私的习惯，看到别人家的不幸，虽然也有"普遍化"的功效，让同病相怜的人得到安慰，但长此以往，同情心与同理心会日益贬值，取而代之的是看热闹。

老娘舅被司法收编，有了合法身份；与电视捆绑，成了明星；未来的老娘舅，还应该被社工武装，被科学理念充实，走专业化道路。只有这样，老娘舅才有可能不被前二者同化或抛弃，老娘舅的精髓才不会失传。

全民焦虑，社工何为

我老婆原来的一位同事，同济大学研究生毕业，刚进公司时可谓春风得意，人长得阳光，能力也出众，很快就得到领导赏识，一路提拔，紧接着又抱得美人归，又买房又买车，又娶媳妇又过年，一时风头无人可及。也就两三年没联系吧，上星期传来消息，这个同事死了，自杀，跳楼。也就用了两三天吧，尸体火化了，追悼会都开完了，一个人就此在世界上消失。事后，各种细节被陆续披露出来：死前一个月，他刚从那家公司辞职；死前两个月，他刚离婚；死前一星期，他刚和第二任老婆领证……那个恐怖之夜，他在自己的家里，当着自己的父母和新娘的面，从六楼跳下去。

我同学有一位同事，几年前常听同学讲起他，说他特别聪明，简直是活体百科全书，什么问题都难不倒他，十万个为什么也问不住他，当年是他家乡的高考状元，在公司里也是如鱼得水，个头不高，却娶了个快一米七的漂亮老婆。种种迹象表明，他几乎就是前面那位同事的翻版，甚至更富传奇性。半年前，我那位同学半夜打电话给我，问我能不能推荐一位社工，专治精神抑郁的。我问她：你抑郁了？她说：我还没，是我的那位同事。我一听简直不相信，全中国人都抑郁了也轮不到他啊。可偏偏就是他，而且已经挺严重了，家人24小时看着他，一转眼他就要跳楼。我给他介绍了一位有心理学背景的社工，每周和他面谈一次，持续了近半年，他终于不跳楼了。

好吧，这些都是极端个案，不具代表性。半个月前，我老婆的中学同学来家里玩，毕业快20年了，各自境遇不同，有人混得好，有人混得差，倒正是一代人活生生的样本，颇具代表性。大家坐下来，互相寒暄了几句，立刻进入到一个共同的话题，或者说一种共同的情绪中，素材不同，语气却惊人一致，那就是：抱怨。男的抱怨领导，女的抱怨婆婆，没结婚的抱怨找朋友难，结婚的抱怨生孩子贵，没钱的抱怨赚不到钱，有钱的抱怨钱越来越难赚。好不容易说到吃喝玩乐这些开心事，结果是出去玩不敢坐高铁，下馆子怕吃到地沟油。总之，没一个满意的，在外表的光鲜或平和下，人人都有一堆麻烦事，心情好的还调侃，心情糟的就直接咒骂。最终，又得出一个共同的结论：没办法。

好吧，这些都发生在上海，以生存压力大著称的国际化"大"都市，联合国"不适宜人类居住奖"的有力竞争地，发生在人均GDP超2000美元、因而社会矛盾最激化的地方，也不具代表性。那就把眼光移向欠发达的内地。昨晚，我给我姐打电话，我们离得远，许久不聊天，聊得却不投机，我希望她能过得轻松点、洒脱点，得到的回答是"你不了解这边的情况"。这边的情况是：她想接爸妈到她居住的城市，好相互有个照应，但爸妈有返聘的工作在身，怕一走就要失业，尽管过了退休年龄，父母却没一个敢"全职养老",甚至不得不打第二份工。而且,我妈还要照顾她妈,我们那六十多岁、缺乏养老保障的父母,还在照料八十多岁、完全没有养老保障的外祖父母。而我那些数量众多的姨和舅们,要么忙着下岗,要么忙着外地打工,泥菩萨过河自身难保,"赡养父母"这句话,从一开始的有心无力,变成现在理直气壮的拒绝。再说我姐,她白天当老师,晚上做家教,姐夫一天到晚跑工地、和领导应酬,只因他们的双胞胎女儿今年上初中了,一年择校费四万,还不算学校就餐和校车的车费。说到校车,更闹心,甘肃又撞了一辆,死了二十多个……

我那两个可爱的外甥女,能有幸从这整体的焦虑中逃脱吗?能才怪!她们每天早晨六点起床,晚上八点到家,作业写到十点,周六学奥数,周日学弹琴。如果不这样做的话,家长会生气,老师会批评,同学会歧视,自己会自卑……

还不够吗?那就看看《人民日报》海外版,大标题宣布:中国进入了全民焦虑期。当人民日报宣布"焦虑",身边随手找出一个人来也确实"焦虑"时,我们终于可以确信,全民焦虑时代真的到来了。我试过以"每一代人都认为自己生活在最糟糕的时代"作为开脱,但另一个不争的事实是,改革开放三十年,幸福感最强的竟是相对贫瘠的第一个十年,以后就每况愈下。唯一值得安慰的是,上世纪三十年代经济大萧条,也是一个人人自危的年代,却成就了美国社会工作和公益事业的发展高潮。这一次,中国的社工们准备好了吗?

春节处处是民生

来自铁道部的消息称，2月16日，为期40天的2012年全国春运结束。初步估计，今年春运共"运"了31.58亿人次，平均每个中国人被运了2.2次。事实上，由于有些人选择春节宅在家里，所以实际上参与春运的人，被运的次数要远超这个平均数。我的切身经历，从上海到山东，除去来往两趟高铁外，我还从济南出发回姥姥家一次，从城市到农村的道路，远不如我想象的那样畅通，就这一小段路，我换了三次车，结果还剩下最后几里路，硬是无车可乘，最后是我表哥用摩托车把我接回去的。算上表哥的摩托车，七十公里的路我换了四个交通工具，历时5小时。5小时，我从上海到济南，高铁加地铁加公交车，也不过5小时。当我们在惊叹交通越来越发达时，不要忘记交通还极不平衡，长途可以短时间到达，短途却要长时间折腾——一如我们这个国家在资源配置方面的普遍窘境与怪圈。同样的例子我马上可以顺手再举一个：一方面是春运售票口一票难求，一方面是高铁车厢里一人难寻。我在上海上车时，偌大的车厢只有5个人，我可以躺在座位上，硬座成了卧铺。直到南京站情况才改观，又上来 5 个人。

不过，不管怎么说，2 月 16 日春运结束的这一天，全中国的道路和车辆都该松一口气：我们又完成了人类历史上一次波澜壮阔的人口大迁徙。人常说"不出正月都是年"，我倒觉得，不结束春运就都是春节。至此，我们可以放心地宣布，龙年春节，终于有惊无险地结束了。

春节不但考验春运，也考验春晚。一年一度的春晚，在公众日益挑剔的眼光中，成为中国人全年的谈资，年初我们回味春晚的节目，年中我们讲春晚的流行语、唱春晚的流行歌，年末我们又开始猜测下一届春晚。无论毁誉，春晚始终是中国人精神文化生活的一道大餐，而文化又是国家政治、经济、社会的必然反映，所以看春晚就是看中国，看懂了春晚，或许你也能"读懂中国"。80 年代改革开放之初，霍英东每次从香港飞抵北京，都要看一眼首都机场那幅裸女壁画还在不在，如果在，他就放心，应该不虚此行；如果被换掉了，他就担心，或许政策又要变了。这就是文艺的风向作用。微博上有人说，龙年春晚"民生重于政治，绿色浓于猩红"，我们愿意相信，这是一个对未来利好的风向。

春节还考验亲情与人伦。在一篇谈及养老问题的文章中，我曾很痛心地说过：这是一个结构性、体制性地消灭人伦的年代。日渐亏空的养老体系与中青年一代普遍的生存压力，使得"养老"成为这时代最大的奢侈品，而"不养老"甚至"啃老"正在一些人当中变得越来越理直气壮。春节回家的各种亲历亲闻使我心寒，我发现最不幸的事情，莫过于在这个时代变老，因为你会被时代和子女争相抛弃。但是，春节毕竟为亲人团聚提供了一个良机，为不能或不愿回家的人提供了一个最不容置疑的借口，哪怕路途艰辛，我们也愿意辗转上路，只为了让老人一年的期盼不至于落空。所以，当春节已经在一些人眼中沦为"陋习"时，我们仍然对她怀有深深的敬意。

春节也考验你的事业与人生。作家阿乙在一篇有关春节回乡的小说中感叹道：这又是拿不出手的一年。你的2011年拿得出手吗？你是如何应付父老乡亲的年终大盘问的？那些喋喋不休的问题或许善意，却让人如此难堪。少儿版的问题是：你的寒假作业做完了吗？你考试考了多少分？你参加奥数了吗？你学钢琴了吗？成年版则是：你有男朋友了吗？你结婚了吗？你生孩子了吗？你做什么工作？你一个月赚多少钱？你买房子了吗？你一个月还多少房贷……其实细想一下，人生在世，不就是这些事情吗？大姨大婶们的问题，无一不是人生的哲学问题，无一不是中国特色的问题，她们问得没有错，只是我们答得如此难。现在很多年轻人流行"逃年"，他们逃避的不仅仅是过年，更是时代步步紧逼的追赶，要知道，他们已经被苦苦追赶了一整年，总算盼到过年，该让他们歇一歇了。

春节考验一个国家，终年的努力是否真的换来年终的果实，不看报告和数据，只看那一张张回家过年的脸上，有没有少一点辛酸与周折，有没有多一些幸福与安宁。

停车礼让与恶意猜测

有一次我乘出租车,在一条小路上遇上了堵车,堵了半天,车辆刚有些松动,路旁突然蹿出一辆小货车挡在我们前面,局面又一下子混乱,前堵后拥,各个方向的车交错在一起,成了连环扣、死循环。我这辆车的司机是个老师傅,他探头观察了形势,发现所有车辆都进退不得,只有小货车后方还有些空间,小货车往后一退,这个连环锁就能解开。所以车辆都朝小货车鸣笛,老师傅也伸出手指,向小货车上的年轻司机打手势,示意他先往后面退一下。没想到,那位年轻司机不但不退,还给老司机还了一个手势,老司机给了他一个食指,他还给老师傅一个中指。

考交规的时候,考场有个老师现场辅导,有一句话我记得很牢,他说:选择题的选项里,凡是出现"避让""礼让"的,一定是正确答案!靠着他这个应试宝典,我顺利通过了交规考试。我发现考交规主要不是考知识或规则,是考人品,考道德,你只要时刻牢记"礼让",以"温良恭俭让"的原则来做题,一定能及格。问题是,考归考,做归做,等我们上了路,方向盘在手,就把"礼让"扔在车后,一心只想抢路。每天开车上街都像是一场 F1 排位赛，生怕排在人家后头，误了国家大事，输了人生大局。路上的车辆都是"假想敌"，一旦狭路相逢，两车对垒，必定争个快慢，论个胜负。路面生态也是整个社会生态的缩影，这种生态环境下，没人会想到"退一步海阔天空"，即使善意的一个手势，也可能被当成恶意的挑衅。

那个年轻货车司机对老司机的恶意猜测，并非全无道理，尽管我坐在老司机的车里，但并没有"屁股指挥脑袋"，我对年轻司机的反应表示理解，因为就在几天前，我还遇到了另一件事：那天我也是一大早乘出租车出远门，在郊区一条只有一个车道的小路上，与对面一辆车狭路相逢，两辆车几乎脸贴着脸，谁也不肯退后。我这辆车的司机很狂躁，拼命按喇叭，企图以气势吓退对面的车。对面车上坐了一对小夫妻，估计是在上班的路上，看他们的样子，应该是见惯了大场面，表情相当淡定，男的拉起手刹，从包里掏出一块大饼，和他老婆一起，你一口我一口，吃起了早餐。我这边的司机抓狂了，他一早出来做生意，可能连早餐都没来得及吃，却撞上这样一对恩爱的奇葩，他气得骂骂咧咧，拿手指他们。对面那对夫妻呢，一点都不生气，大饼吃完了，女的从包里掏出一盒酸奶，撕开包装，取出一个小勺，和老公一起，你一口我一口，吃起了酸奶。这下连我都不得不佩服了，在如此恶劣的路况下，他们居然还能兼顾到营养均衡。我猜如果我们再不退让的话，接下来那男的会从包里掏出一个苹果，或者榨汁机什么的。不出意外，这场对峙以我们的失败告终，我的司机垂头丧气，乖乖倒车"礼让"。透过车窗，我看到对面那个男的按下车窗，扔出一个酸奶盒，顺便做了一个恶狠狠的手势。

这才是交通界的常规生态吧。除非你有警车开道,否则的话,你的道得靠你自己开,不到万不得已,没人会善意到为你"停车礼让"。鲁迅先生曾说:我向来是不惮以最坏的恶意来揣测中国人的。今天的情况是,恶意已经不仅仅是揣测或猜测,而是普遍的事实。

今天我们走在路上,迎面一个衣冠楚楚的人向你搭讪:这位帅哥……我们肯定捂紧钱包,逃之夭夭。或者有个人像老朋友一样和你打招呼:美女,好久不见……你一定耳朵里塞着耳机,假装没有听到。我们依据切身经验,依据道听途说的各种传闻,甚至依据我们的生理本能,认定这些人来者不善,不是劫财就是劫色,如果我财色两空,那对方动机就更可疑,我都穷成这样了,你还和我套近乎,你想干什么?别告诉我你是来做公益服务的……

上海的公益组织"伙伴聚家"设计了一个别出心裁的项目:社区独居老人有房住,却没人照顾,进城务工人员年富力强,却没房住,好了,优势互补,独居老人为外来人员提供一个住处,外来人员则负责照顾老人,一举两得,初衷美好。项目名称可能没太取好,叫"守夜天使",让人想到黑夜和阴谋。果然,项目一亮相,引来媒体狂轰滥炸,网友集体吐槽,外地人来上海也就算了,现在还要住进上海人家里,居心何在?有个媒体的报道标题最能概括:守夜天使,还是引狼入室?

在科幻小说《三体》中,作者刘慈欣设计了一个"猜疑链",广袤寂寥的宇宙中,两个相隔遥远的星系偶然发现了对方,等待他们的不是"老乡见老乡,两眼泪汪汪",而是警惕与猜忌,是

"先下手为强"。这种猜疑会层层叠加，环环相扣，最终让文明自相残杀，让宇宙走向灭亡。我们都看到了这个结局，却改不了猜疑的本性，下一次相遇时，我们最先掏出的仍然是枪，而不是鲜花或旗帜，即使这会两败俱伤共同灭亡，我们也要做最后一个灭亡者。

  外国小伙骑车撞倒中国老太，老太要求赔偿，此事经媒体渲染，立刻上升为国情：碰瓷都碰到老外头上了，中国人还有救吗？"摔倒有风险，扶老需谨慎"的论调，如今又有了"国际友人"的支持。可是后续视频曝光，老外撞人后辱骂大妈的画面公布，才知道事情并不那么简单，于是又转而攻击媒体，为什么偏把一位无辜受害者污蔑为讹诈者？把一起普通事故上升为"国际纠纷"？为什么，其实原因也简单，因为媒体了解读者，全心全意为读者服务，而你我这样的读者，喜欢真相，但更喜欢恶意的真相，喜欢不可告人的真相，要知道，一个"喜大普奔"的真相，是吸引不了多少眼球的。

  照此逻辑，我们完全也可以做一系列"恶意"的猜测：重庆女童摔婴案中，如果真相真如女童父亲公开信中所写，"听到狗叫，弟弟摔下去了"，而不是女童亲手将男婴摔下，那么，读者得多失望？当其他小伙伴在宾馆房间内对女孩作恶时，如果李某某果真没心没肺地睡着了，错过了历史性时刻，那么，我们得多失望？如果清华大学投毒案的真凶竟不是传说中的某某，那么，我们该多失望？

  电影《杀人回忆》中，所有证据都指向了那个文弱却有着倔强眼神的小白脸，所有的仇恨也指向了他。两个警察将他绑到一个偏僻的隧道口，但是，一份DNA检测报告从美国寄到他们手里，报告白纸黑字，说凶手不是他。这时，年轻警察崩溃了，那是经由失望、失落、震惊、无助、恼羞成怒而一路引发的崩溃，他撕掉报告，向小白脸举起了枪。枪响的一瞬，宋康昊演的年长警察撞开了他。不能杀他，杀了他，你将变成另一个凶手。

智慧比善良更重要

有一天突然接到原来一位老同事的电话，我以为要有一场寒暄，结果她劈头就说：我的 MSN 中毒了，我在上面说什么你都不要相信！同事是上一辈人，能熟练使用 MSN，已属非常时尚，居然还懂得病毒？比我妈可强多了。我妈也有台笔记本，一遇到病毒，她就把它送回厂家，要求大修，她是个医生，常给人开中药，却对付不了电脑病毒。同事说完病毒，顾不上寒暄，匆匆挂掉电话，估计又给下一个朋友打电话去了。当时我竟然稍有迟疑，可能悬疑片看多了，我动了侦察与反侦察的念头：我应该相信电话里老同事的声音？还是相信 MSN 上那个虚拟同事的话？万一电话里的声音是假的呢？

事实证明我多心了，电话里的同事是真的，因为几天之后我偶然遇到这位同事的儿媳妇，她向我惊呼：我前几天被骗子骗了！我和我婆婆在 MSN 上聊天，前半个小时还是她，后半个小时就成了骗子，骗子叫我小名，跟我聊家常，然后让我给她手机充值，给她信用卡还款，还给她买购物卡，我能不去吗？来来回回忙了快一个小时，累了一身汗，回到家一问我婆婆才知道，她根本没说那些话！这该死的骗子，不到一个小时，骗去我 1700 块钱！

我暗暗后怕，如果我没有及时接到那通电话，然后 MSN 上那位"同事"也让我帮她手机充值，我能识破她吗？以我们的交情，我好意思识破她吗？从前只听说网络诈骗，现在居然发生在眼前，我只好安慰同事的女儿：振作点，作为一个儿媳妇，这 1700 块钱至少证明了一点：你很孝顺。

我仍然没有删掉同事的 MSN，隐约期待与他相遇。几天后，骗子果真和我搭讪了，几句寒暄后，骗子进入主题，说：你的 MSN 空间怎么这么简单？我刚学了网页设计，你把空间密码告诉我，我来帮你修改。我不揭穿他，也不透露密码，慢慢和他周旋，同时在脑子里努力搜索侦探小说里学到的那点侦破伎俩，看能不能套出点信息，即使追不回那 1700 元，至少也能给警方提供点线索。没想到，骗子狡猾得很，跟我对答如流，却滴水不漏，一看我话锋不对，立刻"显示为脱机"了。

这事给我警示，我发现坏人总比好人更聪明，更爱钻研。这个 MSN 骗子，能在一个小时之内打入"案主"内部，开展"角色扮演"，完成"干预"和"结案"，堪称专业。这一小时行骗的背后，可能是数年的磨练与数月的潜伏，专业储备可谓深厚。撇开道德和法制层面不讲，骗人首先是一项技术活，骗子首先是一批专业人士。遗憾的是，立志做"好人"的人，包括社工，却不勤于修炼技能，总想一"好"遮百丑，凭爱心打天下，热衷占领道德高地，不屑掌握技术尖端。这种情况下，不但被骗在所难免，连行善也要举步维艰。

有一篇报道,题目大书:谁在陪我们的老人?我看下去,答案让人错愕:是骗子。卖保险的骗子,推销保健品的骗子,悟本堂的骗子,总之,各种骗子占据了老人的身心,骗走他们仅存的信任和钱财,任凭社会宣传、公安局教育、子女训斥,老人们仍旧前赴后继,欣然受骗。为什么会这样?我反思,原因即在:骗子们精通老年社会工作:

骗子们嘴甜,"叔叔阿姨"挂在嘴边,如果工作需要,"老爸老妈"也张口就来,社工们做得到吗?骗子们腿脚勤快,三天两头上门嘘寒问暖,对高龄老人、独居老人这类特殊案主,更是当牛做马服侍前后,社工们做得到吗?骗子们善用"同理",知道老人心头所好,专拣老人爱听的讲,你儿子工作棒,你女儿嫁得好,你孙女辫子长,你孙子成绩高,哄得老人合不拢嘴,社工们做得到吗?骗子们重视社会融入,搭建公共空间,花几百块包个大堂,请个大骗子搞个健康知识讲座,来听讲的老人一律发一把不锈钢勺子,老人们就蜂拥而来了,是为了听讲座吗?是为了那把不锈钢勺子吗?不是,你们太小看骗子们用心良苦了,老人看中的,是这里可以找到更多的老人。老人太孤独了,太需要同伴了,让一群老人聚在一起聊天、听讲座、打瞌睡、哪怕聚在一起受骗,也比独居要好。这一点,骗子们做到了,社工们做得到吗?

社工们,不要再表白我们的善良了,这一点连骗子都承认了。现在,该和他们比比技能、拼拼智慧了。

中国人，你为什么不愤怒

我有时在讲台上说到一些批判性的话题，提到几个喜欢挑刺的艺术家或公知，台下总会有异样的表情。有人不理解，有人不以为然，有人则脱口而出：那谁谁，不就是个愤青吗？

如今，"愤青"是贬义词，主要用来骂人。和他一同遭殃的还有文青。公知就更不用说了，刚一露面就在对手的诬蔑和自身的不懈努力下，迅速被污名化和妖魔化。这些词刚出现时并没有这样的恶名，有些还曾享受过礼遇，但在当下中国诡异的语境中，他们一一落马，集体堕落了。

我多少能理解人们对愤青的不屑。愤怒往往代表幼稚，尤其是当一个青年愤怒时。老人一旦发火，恐怕多数人就心服口服，立刻展开批评与自我批评；愤青往往止步于"愤怒"，只有破坏性，没有建设性，因此容易与怨天尤人、眼高手低乃至青春期压抑挂上钩，为人不齿；愤怒还常常喜欢扎堆，容易失控，于是演变成打砸抢烧，非理性爱国，有损和谐，这就更加落人口实了。

我认同这些说法。确实，人一旦愤怒，看上去就显得不深刻，不聪明，不时尚，并且没风度，可能还伤身体。但现在我更要质疑的是:"愤怒"不可取,"不愤怒"就一定更高明吗?

今日中国,有两种人不愤怒,第一种是不明真相的人,比如十年前的我,还在为上海刚刚兴起的高房价欢呼,我爸上夜班回来,忧心忡忡地拿着一份报纸和我讨论,担心我在上海买不起房子,我还引经据典讲什么美国老太太和中国老太太的故事来为高房价辩护,让这个中国老头子很无语。这第一种不愤怒,基本可以归为无知者无怒。第二种人就是既得利益者,他们充分享用了制度落伍的意外福利,每一个毛孔里都囤积着不公正的果实,潜规则与无规则已经写入他们的基因,他们当然心平气和,如果有一天他们愤怒了,也仅仅是因为有人企图破坏这规则。与第一种人不同,第二种人是最明白真相的人,也正因为他们太明白真相了,因此不便愤怒。

有那么几年,我曾作为一个剩男,频繁出没于各大相亲会,那些千篇一律的相亲过场戏,倒也给了我一个了解当代青年思想的绝佳机会。我有一次遇到一位外企女孩,我们一开始谈论诗词歌赋,气氛热烈,渐入佳境,中间一不小心岔到社会学领域,谈及代工企业与农民工,我就有点原形毕露,忍不住有点小愤怒,而她则进入另一种状态。我记得那天剩下的时间里,她嘴里只剩下两句话:这有什么不对吗?原本不就应该这样吗?我买了单,立刻与她分道扬镳。还有一次,我遇到一位律师,我们差不多把整个西方法律史都聊完了,最后不小心谈到了东方,谈到了拆迁与上访,同样的场景立刻复制,那天剩下的时间里,她嘴里也剩下那两句话:这有什么不对吗?原本不就应该这样吗?我差点连账都没付就想和她分手。我的相亲失败史告诉我,一个愤怒的人与一个不愤怒的人,永远不可能在一起。

我还曾目睹老人老无所依,被子女踢来挡去,家族里年轻一代的人却个个面无表情,视若无睹。这是又一种不愤怒的人,他们的方式是装糊涂。今日中国,装糊涂的人不愤怒,不但不愤怒,还生怕别人愤怒。这类人不属于第一种人,大部分也不属于第二种人,但他们正努力加入第二种人。这类人中,年轻人正变得越来越多。皇帝的新衣里曾经童言无忌的孩子,如今是最有城府的一个,是"最精致的利己主义者",他们时而聪明,时而糊涂,完全视工作需要。他们只对自己负责,一心盼那新衣早日披在自己身上,谁要胆敢戳穿,让他(她)的世袭落空,他(她)倒真会愤怒,愤怒到要和你拼命。

今日中国,或许还有第三种人不愤怒,比如说,高晓松不愤怒。我喜欢看他的脱口秀《晓说》,除了他的渊博与独到见解外,最让我佩服的是,在一档如此天南海北古今中外无所不谈的节目中,他居然奇迹般地做到了"不愤怒"。高晓松为什么不愤怒?他很明显不是第一种人,与第二种人也不同,为什么就能不愤怒?后来我想通了,这使我多少原谅了他。原因有两个:建立在"见识"基础上的不愤怒,我接受;贵族不愤怒,我认了。高晓松是我眼中的硕果仅存的中国式贵族,他与利益集团和暴发户不同,他有权不愤怒。这个阶层如果能复兴,中国或许是另一番光景。

那么,除此以外的中国人,你为什么不愤怒?1984年,龙应台写《中国人,你为什么不生气?》三十年前,她为台湾人的不生气而生气;三十年后,我们要为中国人的不愤怒而愤怒。

今日中国，愤怒不再是个禁忌的话题。新一届中央政府的每一项新政，都可以看作是对"愤怒者"的安抚，对"愤怒对象"的惩戒，这一打一抚的背后，即是对"愤怒"的承认与尊重。确实，光愤怒没用，但如果连愤怒都没有，这世界恐怕更懒得改善。你老老实实在排队，有人插队踩了你的脚，在你没有想出改善此人插队行为的对策之前，你就不能生气了吗？我们看到的更多的事实是：由于排队者一而再、再而三地容忍，才使得插队者有恃无恐，终成常态。

青年人更不应该是四平八稳的和事佬，不能只想着精致地利己。礼貌周到，却无关痛痒，不该是青年的面貌；外表光鲜，内心老气横秋，更是青年的大忌。青年理应愤怒，正如青年理应文艺。今天，我要大声承认，我是愤青，我是愤青加文青。只要青春还在我的血液里流淌一天，只要衰老一天还没有光顾到我，我会一直文艺下去，愤怒下去。

伦敦奥运开幕式的人文细节

2012年伦敦奥运会开幕式之前，导演丹尼·博伊尔花4个小时和参与开幕表演的一万多名志愿者一一握手。博伊尔是电影《猜火车》和《贫民窟的百万富翁》的导演，论国际声誉，不比我们的张艺谋差。2008年北京奥运会开幕式的志愿者据说有4400名，演员有1.5万，是伦敦奥运会的两倍，可能是人数太多的原因吧，张艺谋可没工夫和他们一一握手。

伦敦奥运开幕式手册上，整整五页印着志愿者的姓名，虽然字小如麻，但无一遗漏。其中，落选志愿者的照片被印在入选志愿者的身上一同进入现场，前面印正面，后面印背面，宛若身临其境。最让人动容的是，当火炬从场外传递进主会场"伦敦碗"时，参与场馆建设的500名工人，头戴安全帽身穿工作装，守候在火炬传递路线的两侧，目送圣火照亮他们亲手建造的伦敦碗。与此相对应的是，我老家有一个亲戚参与了北京奥运会某场馆的建设，他为此相当自豪，但在奥运会开始前，他和他的工友们被禁止入京，直到奥运结束。他甚至没机会亲眼看到他曾增砖添瓦的那个体育馆。

伦敦开幕式上的节目表演以志愿者为主，而非专业演员。在表现英国国家医疗体系（NHS）这一主题的节目中，场上穿着白大褂跳舞的是 1200 名来自伦敦各医院的护士，坦白地说她们的表演不怎么专业，远没有北京奥运会那样整齐划一，但是，她们是本色表演，演的是她们日常的工作，当字幕打出 NHS 这一字样时，全场观众在欢呼，因为正是 NHS 为全体英国人提供了免费医疗服务。相信在这一刻，他们的笑容不需要表演。

让我吃惊的还包括，摇滚乐几乎贯穿全场，自上世纪六七十年代以来的历支代表性摇滚乐队轮番上阵，每首歌都能引发全场合唱，甚至连"性手枪"这种当年引起过争议的乐队，如今也登堂入室，以伦敦和英国的名义，在全世界的眼皮子底下演唱。是因为大不列颠没有民族音乐吗？还是他们今年不流行"民族风"？我想都不是，原因只有一个，在英国乃至整个西方，摇滚是最大众的音乐，如果你想把奥运会办成真正大众的运动会，就要唱摇滚乐。可笑的事情到底还是发生了，开幕式后，竟然有一位中国某电视台记者采访英国方面的代表，说开幕式上为什么要采用如此小众的摇滚乐而不是广大群众喜闻乐见的古典乐民族乐？该英国代表听完后，当场无语。

整场奥运会开幕式留给我印象最深的，还是英伦文化的强势输出。开幕式的成败，"功夫在诗外"，如果一个国家有足够的文化储备，有拿得出手的文化产品，那么开幕式无非就是打包亮相、汇报演出而已，形式、技术都只为文化内涵服务，甚至形式乱一点、技术差一点都不要紧，只要文化符号一亮相，全世界观众自然心领神会。看伦敦开幕式上，文化形象一个接一个，即使我们从未去过英国也没关系，我们熟悉那些面孔，胜过熟悉我们自家的历史课本。而且最可怕的是，伦敦已经第三次办奥运会了，开幕式上亮相的文化明星，不管是披头士与列侬、阿黛尔、007、小贝、憨豆先生、伏地魔与 J. K. 罗琳，都是近五十年才出现的，我们不禁要问，如果中国在五十年内有机会第二次举办奥运，那开幕式该怎么办？总不能再用四大发明吧？或者用说英语的功夫熊猫？用还珠格格、喜羊羊与灰太狼？

文化输出的背后，是更可怕的价值观输出。你可以说那些崇洋媚外的人不好，也可以说外国的月亮并不总比中国圆，但是，好不好、圆不圆，不是某些人说了算的，这事关标准，事关价值观。现在，很多中国人、尤其是年轻人，正在用西方的价值观来评判自己的祖国，这早已是一个客观事实，不管它对还是不对。

伦敦奥运会开幕式的终场，在披头士乐队的保罗·麦卡特尼的带领下，全场 200 多个国家的 8 万多人齐唱 *Hey, Jude*。我上大学时特别喜欢这首歌，我写的第一个短篇小说《嘿，朱迪》正是取自这首歌的歌名，当时还请一位英语好的朋友帮我翻译歌词。相信全世界有很多人都对这首歌有独特的记忆。而我们要考虑的是，如果中国第二次举办奥运会，有没有一首中国的歌，让全世界合唱？

七〇共识

长假宅在上海,先后见了几拨人,理了一下,正好涵盖 70 后、80 后、90 后。其中 70 后是我的一位舅舅,说是舅舅,只比我大两岁,经历相似,算是标准的同代人。我们晚上喝点小酒,照例海阔天空聊起来,聊的话题无非两个,一为"家",一为"国"。国当然是国家,家却不仅是家庭,更是家族。这或许是 70 后才有的话题吧。我把主要结论罗列如下,为了显得更郑重其事,我取个名字叫七〇共识,当然只是我们两个 70 后的共识,不敢指望所有同代人都认同。其中内容,多半道听途说、人云亦云,无非酒后乱语,醒后绝不承认。

我在回来的地铁上,用手机录入这些文字,可能会有错别字,排名不分先后。

中国女性解放过了头。我们以革命的名义,将女性提升到前所未有的高度。这事的可怕处在于:女性获得了权力,却没有获得相应的能力和视野,女性仍受制于自身,受制于月经、更年期、短视与物质主义。让李煜或路德维希二世当国王的害处在于,这既误了国,也误了一位伟大的诗人或艺术家。同样的道理，女性解放过头，受伤的不仅是男性，还有女性自己。

农村自有一套逻辑，与工业文明、城市文化绝无可能共用。家族兄妹间喜恶斗，好无赖，或许是另一种撒娇方式，另一种表达亲情的手段。他们可以相互残害，却绝不容许他人指摘。谁想以外人身份介入，谁将粉身碎骨。

阶级超越血缘。"两个中国"，即使兄妹、母子也难弥合。在阶级分歧面前，代沟根本不值一提。当儿子要奋力保护母亲时，惊觉母亲和敌手站在一边，和几千年的农村逻辑站在一边。双方已绝无可能和解。确实，血浓于水，但还有一种液体浓于血。

教育最让人意外。表现之一是：当父辈们含辛将我们送入学校时，绝没料到十几年后，学校、书本将会还给他们一对怎样的儿女。教育并没有如愿给子女带来一个可靠的前程，却让两代人形同陌路。爸爸妈妈，你们再也不是最了解我的那个人。我也不是。

民间正被掏空。体制和体制的亲朋好友们，正花样翻新地加速掠夺，他们利用房地产、股票、汽油价、景点门票或者随便手边什么顺手的工具，或者干脆加印钞票，以拿走我们应得的，稀释我们原有的。办法当然有，比如尽早上船，比如移民，结果却一样：民间在内外两个方向上被掏空。

阶层固化早已是事实，最新的苦恼在于：这事甚至和拼爹无关，你亲哥仅仅因为比你早一年买到房子，从此就跃入另一阶层，并顺理成章拿到船票。这加剧了民间的互斗。

最大的维稳功臣正是民间互斗，是内讧。从正面意义看，这说明中国体量巨大，胃口极好，不挑食，入口的一切终将被消化，广阔的腹腔，自有消炎药、杀虫剂，足以排毒养颜，延年益寿。

不管民怨如何，中国老百姓其实各自找到了生存之道，体制的铜墙铁壁下，还是有意无意留下众多歪门邪道，让我们见缝插针，闷声发财，苦中作乐。当越来越多的人正越来越深地坐进自己那舒服的一角时，有几个人愿意推倒重来？

中国的空气里都富含政治的分子，"讲政治"不是空话，或许是一句情真意切的忠告。

成功的标准是唯一的。别试图自己玩，你必须陪他们一起玩，并时不时被他们玩。你可以玩不好，甚至鼓励玩不好，但绝不容许你玩你自己的，哪怕你玩得再好。

知识分子依旧撒娇，文人被批量雇佣，"公知"更是刚一露面就在敌手的污蔑和自身的不懈努力下，迅速成为臭大粪。有时候，你别太在意他们的牢骚，那可能只是一声问候，一次试探，一场欲迎还拒的调情。他们真正的敌手永远是同行，这是民间互斗的另一个重要战场。归根到底，知识阶层早就被釜底抽薪，卖个好价钱是他们眼下唯一的诉求。

聊到这里时，已是夜里十点。我的80后老婆来短信：还没结束？是不是聊得"基情"四射了？我们两个70后，即刻收场，扔下"家""国"，各回各家了。

漫长的青春期

我的社工学生深夜给我发来长长的短信,信里提到"社会运动难道只有暴力的形式吗?""这种事件在近期及未来一段时间肯定不会是单一的,而我们社工能不能有所作为呢?""健全成熟的社工介入机制,是不是可以充当社会运行的润滑剂、移风易俗的先锋?"

他发这条短信的时候,街上的人正在游行,他们高举着爱国的旗帜,冲向每一个看上去似乎不那么爱国的国人。在上海,游行规模最大的地区是松江,因为这里有大学城,有青年人。我有一位家住松江的同事,有一晚推开家里窗户,正看到楼下一辆日系车被众人掀翻,然后就是一顿暴打,车门都打瘪了。这位老师看得心惊肉跳,不知道那群人里面有没有她的学生。

心底里,我同意那位社工同学的话,"健全成熟的社工",不该在这场运动中无所作为。有人群的地方就应该有社工,人群骚乱的时候,社工更不该缺席。健全成熟的社工,应该是始终面带微笑、与人为善的,不至于把对邻国的仇恨转嫁到邻居的车上;健全成熟的社工,还应该始终牢记尊重与接纳,将社会关系健康摆在首位，如果由他们来参与组织，这场游行应该不至于演变成暴行；更重要的是，健全成熟的社工，应该是一位防微杜渐的敏锐观察家，在日常的工作中，他早就将民众的每一个小委屈、小情绪都疏导出来，让它们不至于积小成大、泛滥成灾；健全成熟的社工，还是一位温和而熟练的社会运动家，当外敌当前、运动已不可避免时，他们会引导民众做理性的抗议者，做训练有素的意见领袖，做负责任的大国公民，而绝不做趁火打劫的暴民；最后，当运动失控、暴行仍不能避免时，健全成熟的社工，也应该是那位手举"前方砸车，日系调头"的西安青年，身体力行地为善意和理性站好最后一班岗……

但是，面对学生这条摩拳擦掌、跃跃欲试的短信，我不知道我是该给他浇点汽油，还是给他泼点冷水。最后，我还是让他"先观察分析，别着急露面"。因为我知道，我们的社工还远未达到"健全成熟"，我们还处在漫长的青春期当中，真要是冲进游行的队伍，年轻气盛的他们不见得比其他人更含蓄更有礼貌。

十三年前，我和这位同学一样，也是一名大三的学生，那一年5月8号，中国驻南联盟大使馆被美国的炸弹袭击，3名中国人死在异国，其中有一对年轻的记者夫妻，照片上看到他们青春的脸，似乎并不比我们大多少。那一天，我们果断地逃课，然后冲出校门，浩浩荡荡地横穿过整个济南市，并围攻了一家加州牛肉面馆。那一年我们还没有手机，刚开始学会去网吧上网，"QQ"还叫"OICQ"。早晨，通宵上网聊天的同学们被惊醒，他们揉着眼睛走出网吧，被眼前的游行队伍吓了一跳，还没弄明白怎么回事，他们就在第一时间做出判断：这是我们的队伍，我可不能落下。于是，网虫们丢下鼠标加入游行队伍，网吧老板在后面追着要钱。在游行的队伍中，我们甚至偶遇了外校的老乡，邂逅了高中同学或初恋女友，队伍不断地壮大。夜晚，我们聚在广场上，通宵演讲、唱歌。这场始于爱国的大游行，终于以一场青春的大联欢收场。第二天早晨，那些红着眼睛的男生女生们，马不停蹄地钻进图书馆继续背单词，预备考托福和 GRE，希望早点奔赴美国……

那一年，我和这位同学一样，已经学完了社会学和社会工作的大部分专业课程，仍没搞懂它们是什么。我们也在为恋爱和网速操心，为考研还是找工作而犹豫。走在游行的队伍中，我并不觉得我比身边那些理工科的学生离这场运动更近，更有优势。我不知道我们将来能做什么，这个世界好像并不急需我们，我还记得路边买菜散步的老人看我们的眼神，不知道该给我们点鼓励，还是给我们点打击。那眼神与我今天看短信的眼神，没有区别。

谁制造了"中国式嫉妒"

过去,羡慕、嫉妒、恨是三个词,如今,"羡慕嫉妒恨"是一个词。这恐怕是汉语词汇的一个重大革新,革新的背后,却是中国人心的一次重大倒退。过去,羡慕、嫉妒和恨是三种心态,没有必然的联系:羡慕几乎是褒义词,内含了欣赏、向往,有时是进步的动力;嫉妒当然不太好,却也称不上大恶,也算是人之常情,偶尔小嫉妒一下,据说也是一种情调;恨当然更不好,是爱的反义词,但如果恨一个十恶不赦的坏人,恨全民的敌人,也能体现正义和骨气,与爱上升到同一高度,所以,敢爱敢恨、爱憎分明都曾被视作优点。

但是今天,上述三种情况都发生了变化。羡慕、嫉妒、恨,三者的界限开始模糊了。有那么一种见不得人的情绪,巧妙地糅合了三者,潜伏在每个人的心底,不发作的时候,这些人与正常人无异,甚至称得上优秀的人,一旦机遇合适,发作起来,就将人引入疯狂与罪恶,最终害人害己。这种情绪的可怕处更在于:它消灭了美好的羡慕之情,也消灭了无伤大雅的嫉妒之心,它将羡慕直接变为嫉妒,再将嫉妒直接升级为恨。恨的对象不一定是公共的罪恶，也不一定是公认的仇敌，而是身边人，与自己具有可比性的人；这种恨本不是什么大恨，只是小恨，却因为小，所以无时无处不在，最终积少成多，酿成大恨。这种微妙的情绪，现代汉语里尚没有一个词语与之对应，于是人们与时俱进，生造了这个冗长却缺一不可的组合词语：羡慕嫉妒恨，用来形容当代中国人的特有情绪。这种情绪，你我都有。

复旦大学投毒案，以及由此引出的十九年前的清华大学投毒案，使这种情绪再次被国人热议。人们取了一个中间状态，并结合国情，将它简称作"中国式嫉妒"。案件是极端个案，作案动机却惊人的普遍，环顾周边，每个人都禁不住要倒吸一口气：如果铊盐药店有售，你我的命恐怕都朝不保夕了。

在对"中国式嫉妒"的围攻中，"中国式妈妈"被追作元凶。妈妈们为了不让孩子输在起跑线上，动辄拿孩子与跑道上的其他选手对比，恨不得将攀比混入母乳，植入孩子的基因，最终养育了嫉妒的一代。中国式妈妈于是被问责，这个母亲节，母亲们估计过得有些忐忑。

不过，妈妈们也有点冤，中国式妈妈，也曾是一个中国式孩子，照此逻辑，是不是要怪到"中国式姥姥"的头上了？既然已将嫉妒命名为"中国式"，就不该只由母亲负责，祖国母亲也该自省一下。现实的处境是，妈妈们其实并没有多少选择，孩子一出生，跑道就已经画好，从摇篮到坟墓，不能越雷池半步，不仅起跑线上不能输，整个赛程都不能输。

这就是中国式的评价体系，它空前的统一，不容许例外。这场全民运动会,只设了一个项目,不管你跑得快还是跳得高,也不管你是四肢发达,还是缺胳膊少腿,统统只能参加这个体育项目,并且一赛定终身。这个项目的名称,有时叫"考高分",有时叫"赚大钱",或者也叫"做大官",本质上其实一样,赛制没有分别,裁判也只有一个。这种单一赛制下,你的身边没有队友,只有对手,对手比你快,你不嫉妒他嫉妒谁?

这单一的赛制,自然不能概括选手的德智体美劳全面发展,于是只能简化,强调一项而忽略其他所有。这赛制培养出了高度简化的"运动健将",这种人极适应规则,将规则吃得很透,他们屡战屡胜,处处高分,是标准的"成功人士",至于这成功是不是靠"羡慕嫉妒恨"得来的,则根本不在评价范围内,裁判只看结果,不问过程。我们都记得,复旦投毒案,以及相类似的其他凶杀案中,凶手都不是一个传统的坏人,而是现行规则下的好学生、好公民,如果不是因为案发,他们还将继续"好"下去。这是一个对"恶"缺少识别和限制的规则,这种规则下,"恶"会迅速滋生蔓延。我们常说"百年育人",其实说的是育好人,如果育坏人的话,一年就够了。

最近一二十年,这赛制越发残酷了,典型表现是:起跑线上,有人一出生就驾着奔驰宝马跑,有人却要徒步跑,有人徒步跑,身后还要拖着一辆老破车跑!有人是拼命往终点跑,终点也往前逃,他总也撞不到线;有的人则一边往终点跑,一边终点也在向他靠——原来每个跑道的规则还不一样!都是量身定做的!这就是中国式的机会不均等,资源不公正。过去,赛制单一时,人们顶多恨赛制,现在,我们除了恨赛制,还恨身边那个竞争对手,因为他胜之不武,我输得憋屈。这是中国式嫉妒的又一个根源。

中国人的嫉妒,也反映了中国的国家人格。近一二百年来,中国被硬生生拖入世界的快车道,以老牛车的马力跟人家小跑车拼速度,玩漂移,心态不坏才怪。国家级的攀比,对速度的百年焦虑,坏了中国人几千年来的淡泊与闲散,深刻塑造了当代中国人的人格。历史书上,我们曾是全世界最淡定、最与世无争的民族,现在,我们不得不开始争了,又暂时争不过外人,于是和自己人争,和自己人斗。与人斗,其乐无穷,与人争,正成为中国人的主要业余爱好。

在"羡慕嫉妒恨"或"中国式嫉妒"的总体基调下,另一个词开始悄然走红,很快深入人心,这个词叫"低调"。今天去问一个中国人,无论男女老少:"做人要怎样?"答案出奇的一致:要低调。低调上升为全民美德,这与我们传统的矜持作风有关,更是现实环境的逼迫。我们见不得别人好,尤其见不得自己的朋友、兄妹、同学、同事、邻居好,其他人好就算了,他(她)凭什么?这情绪终日压抑在心底,一旦机会合适,必大肆发作。于是,小人当道,大人自保,为了避免沦为中国式嫉妒的牺牲品,我们只能夹起尾巴,装得"不好",俗称低调。

小时和爸爸下跳棋,爸爸教我:跳棋有两个基本技巧,一是"铺路",把自己的棋子间隔排开,方便自己腾挪跳跃;二是"借路",当双方棋子短兵相接时,还要善于借助对方铺好的路,直捣黄龙。让爸爸犹豫的是,其实还有第三个技巧,该不该教给孩子?这技巧叫"堵路",把自己的棋子堵在对方的必经之路,自己不走,也不让对方走。这招有些损,一时痛快,其实也自断前程,损人不利己。教还是不教?教了于心不忍,不教又怕孩子输得太惨。结果是,爸爸的言传身教,加上儿子的自学成才,这技巧代代继承,一直没有失传。

天下本无事，庸人勿扰之

国务院办公厅关于今年五一放假的通知，相信全国人民都看了，不看的话，也猜个八九不离十：4月29日至5月1日放假三天，4月27、28日（周六、周日）上班两天。我们应该早就习惯了这样的安排：想占国家一天便宜，必先加班两天，想得到三天的解脱，必先经过七天的轮回，容易吗？

民间的智慧总是无穷的，网上立刻有人晒出五一请假攻略：三天小长期+5月2、3日两天请假+5月4、5日双休，凑出一个七天大长假。为着这两日的请假，大家更是绞尽脑汁，创意无限，生病、生孩子这些传统请假理由已经不实用了，你总不能每逢放假就生病生孩子吧？当今社会，"请假"这门专业已发展到高精尖、稳准狠的程度，请假"事由"直指天灾人祸，"不可抗力"。想想看，就为了多休息几天，何苦呢？

因此可以想象，4月27、28日这两天补班，以及5月2、3日这夹在两个假期间的两天上班时间，上班的人一定心神恍惚，坐立不安，要么为编织请假理由而忙碌，要么为没找到理由请假而悔恨，总之没法安心上班。不知道有关部门能不能统计一下，这四天里，GDP到底增加了多少？这四天创造的财富，抵得过这四天投入的成本吗？

这还不是最让人错乱的假期，去年中秋、国庆假期从9月13日一直延续到10月10日，其中的法定假期累计共10天，于是，这28天被分割成8个部分，被称为"史上最乱的假期"，全国人民度过了"三天打鱼，两天晒网"的一个月。更让人凌乱的是，很多单位为应对上面的放假政策，纷纷想出对策，对策又五花八门，导致一家三口人中，老公上班老婆休息，爸妈上班孩子休息，很多人度过了妻离子散的一个月。

小小一个假期，为什么把我们搅得一团糟？不但没休息好，反而更累？是老百姓自找的吗？我看不是。人常说，天下本无事，庸人自扰之。但在"放假"这件事上，不是老百姓"自扰"，老百姓想多休息几天，想把假期连在一起，该玩时尽情玩，该工作时认真工作，这想法不过分，算不得"庸人"。因此，庸人另有其人。

庸人的一大特点是喜欢"折腾"，折腾别人，客观上也折腾自己，最终劳民伤财，两败俱伤。庸人不是坏人，多数是好人，出于好意，想做好事。但是，庸人总有点想不开，因此放不开，他们按照小学语文课上"记叙文六要素"的套路，规定了"好事"的时间、地点、人物、起因、经过、结果，然后印成通知，盖上红章，要求所有人遵照此统一模式行"好事"。结果呢，恰恰坏了人家的"好事"，让好事变坏事。

好吧，我们也不要指桑骂槐了，我说的"庸人"是国务院办公厅。这是一个允许理性批评的年代，不用再遮遮掩掩。窃以为，在放假"这点事儿"上，国务院办公厅只需要规定国务院怎么放假就可以了，不一定要全国人民都跟着。全国人民一起放假，这还是计划经济时代的优良传统，市场经济时代，政府只需要做两件事，一曰法制，一曰公益，过度使用公权力干预老百姓的私生活，是"吃力不讨好"的事，往往落个"好心没好报"的结果。民间自有规律，市场自有调节，该上班上班，该放假放假，天下本无事，何必干扰之？

孩子,如果你是范冰冰

我姐姐的一对女儿,今年上初三,我暑假见到她们,每人长着一双大长腿,已经是大姑娘的样子,一出门就忧心发型。她们听说我认识某位导演,立刻毛遂自荐,希望有演出机会,"群众演员也行。"她们盼我的小说能拍成电影,因为这样一来,她们的编剧舅舅肯定推荐她们主演。在姐妹俩的悄悄话里,我常偷听到这样的话:"你是不是更喜欢杨幂",或者"我要是范冰冰就好了。"

孩子们,我理解你们那颗想当明星的心。岂止你们,这时代谁不想当明星?你们生在一个全民造星的时代。每一代年轻人都曾追星,但是,你们的明星梦比上一代人更迫切,也似乎更可行了。

原因之一是,在你们成长的年代,教育的魅力降到了冰点。除了众所周知的教育部的原因外,老师们好像也有些不给力。据历史记载,老师曾是一个很有魅力的职业,当年,多少小女生曾痴迷于男老师的磁性嗓音,又有多少男生冲着女老师的连衣裙选她的课。现在呢?和明星们比,老师们全面溃败,不说收入,单是身材就露怯，据说一个中学体育老师因为人到中年身体发福，被学生联名要求"下课"，校长问他们想要什么样的体育老师，回答说，长得像科比的。

更重要的是，在你们成长的年代，教育对你们前程的承诺，越来越像男人的誓言，好听却难兑现，到今天，则干脆连好听都没了，只剩下危言耸听。你们可能听说了，今年的大学生遭遇了"史上最难就业年"，未来会怎样？恐怕没有最难，只有更难。优质教育、名牌大学，再也不是锦绣前程的必然条件，更何况，不是每个人都能顺利享用到它们。

此消彼长，青少年的成功学词典中，终于有了一个能与高考相抗衡的选项：选秀。

孩子们，你们生在一个全民选秀的时代，很多成功故事与励志传奇在你们身边上演，你们都渴望成为这样光鲜的个案，而不是被混编进一个大考场，和同龄人玩大逃杀游戏。但是你们知道吗？选秀节目再多，也多不过想成名的年轻人，选秀是一个更残酷的考场，连考前辅导班都没有。当明星这件事，几率很低，成本更高。北京电影学院外面排队报名的人里，长得像范冰冰的有1万多个，像李冰冰的也有8000多，还有各种明星脸，加起来几十万。这几十万人里，最终成名的，可能就十来个。成名不一定成功，成名后不被黑，不被封杀，也没自杀，连续成名三年以上，才算成功。这样的人，只有一个。几十万选一个，这比高考可难多了，比国考都难。

即使你成名了，你的日子也不会那么好过，这还是一个消费明星的时代，观众的口味越来越重，不但要看明星出彩，还要看明星出丑，这年代的明星不好当，除了会演，会笑，会闹，还要会跳水，总之要有大无畏的娱乐精神，你们有思想准备吗？

孩子们，我知道你们喜欢唱歌画画，有一些艺术爱好，但我要提醒你们，艺术和娱乐不太一样，歌星不一定热爱音乐艺术，可以说多数都不热爱，歌星和音乐人，只是凑巧都唱歌而已。别看那些歌星在台上唱得声嘶力竭要死要活，如果有一天有人告诉他，别唱了，跳水更出名，他肯定立刻扔下话筒，一个猛子扎水池里。所以，如果你是因为热爱音乐而立志成为歌星，这就像你发誓要成为一个出色的驯兽师，于是你决定报考气象局的公务员一样可笑。

和你们的同龄人一样，你们将大把的课余时间花在各类培训班上，包括艺术类培训。我又要提醒你们，艺术和艺术培训不是一回事，和钢琴考级是两码事。那些致力于钢琴十级和古筝八级的人，本质上和忙于题海战术的人没有区别，不要以为弹钢琴就比考奥数更高雅，在中国式评价机制下，这些东西最终都变成同一种东西。连艺术这种最讲究灵性、最忌讳量化、最难分高下的东西，都被中国人打成分数、分出等级，然后兑换成你急需的某种回报，并培养出朗朗这种钢琴界的高考状元。

家长们会说，让孩子学艺术不是为了考级或高考加分，只为"培养孩子气质"。好吧，这话或许不错，但是，我对说这话的人，深深地不信任，对于信誓旦旦要帮你培养"气质"的那些人，深深地不信任。你问我不信任的原因，我说，你只要看看他们自己的气质就明白了。

我相信的是，在应试教育的大背景下，在攀比和强迫的艺术学习气氛中，那些才艺速成班根本无助于培养你的气质，你顶多学到一点艺术技巧，拿到一些敲着红章的认证，让艺术门外汉们赞叹两声，让你和你的家长和别人攀比时不至于落下风。你拉了五年小提琴后，和另一个五年里只会背书考试的孩子站一起，气质上不会有本质差别，你们的眼神中将流露出同一种信息：功利，模式化，缺乏审美能力与道德意识。艺术这玩意儿，就是这么欺负人，它和财富、教育背景无关，它只挑它中意的人，赋予他（她）举世无双的气质，想通过砸钱、砸时间、请家教、考证书来俘获它，基本是徒劳。

艺术与商业通婚，产下一个巨婴：娱乐业。自古以来，艺术就很难独立，要么依附于政治，要么受雇于资本，很多所谓艺术家只负责"执笔"；至于娱乐，则从未独立过，娱乐是一项花钱的事业，所以，娱乐业从来都由资本豢养。"女明星被包养"不算新闻，也不是什么潜规则，它从来就是这个行业的基本行规。古时歌女感叹"老大嫁作商人妇"，现在歌女则以嫁作商人妇为荣，甚至要先嫁作商人妇，才可能成为老大。有些女明星，哪怕事业再成功，赚的钱再多，也只是为了嫁给一个更有钱的人，那些演艺上的成果只是嫁入豪门的筹码，那些艺术上的标签不过是一件别致的嫁妆，像范冰冰这样喊出"我就是豪门"的，毕竟不多。如果你们执意想当女明星，想过吗，你们想当哪一种？

孩子们，你们可能成不了范冰冰，但我希望你们热爱艺术，低调、坚定、不求回报地热爱它,把"当明星"看作热爱艺术的可有可无的副产品,而不是本末倒置。艺术,当它仅仅作为艺术的时候,仍是一件美好的事物。美好的事物,总是教你如何更独立,更完整;反之,那些让你更依附于别人的,那些将目的当作手段的,都是伪艺术。

"两个中国"

2008年10月,离开都江堰之后,我回山东待了几天,再回到上海,一周之内辗转于南方和北方、东部和西部,仿佛穿梭于两个世界之间,差距之大,让我总有恍若隔世的感觉。在山东的时候,我回了一趟农村的老家,我的出生地。起因是一个堂兄二胎生了个男孩,高兴得四处报喜,邀我们全家回去,我爸正牙疼,喝不了喜酒,但我很想回去看看,于是我和我妈一起坐车回了老家。在此之前,我已经至少六年没有回去了。

我在农村长到三岁,就到了我爸妈现在住的城市,关于农村的印象已经非常模糊,午后的晒谷场、村前小河里的细沙、院子里的一棵大梧桐树,还有我妈做的丝瓜鸡蛋面,是我农村生活记忆中仅存的几个朦胧片断。小的时候,每逢春节前后爸妈还常带我和我姐回去,我还记得围在村头土场上看大人放炮的惊险场面。后来就回去的越来越少,我来上海之后就几乎再也没有了,无论是空间还是各自的境遇,大家都离得越来越远,已不是血缘和亲情所能维系的。2007年我的小说《阑尾》出版,我曾寄过一本回去,但反响平平,现在想来,那也许是一份过于抽象的礼物了。不过，有好几次，当我在上海街头或地铁忙碌奔波时，会毫无征兆地突然想起这个家乡，想回去好好看看。那是一种很奇怪的感觉，混合了一些可疑的"思乡"情绪，外加一点"游客"心理。只是限于时间一直不能成行，这一次，机会终于来了。

不到一小时的车程，汽车在离村子还有三四里路的地方就停下了，因为再往前就没路了——不是真的没路，而是路太窄，走不了大车。我和我妈只好再租一辆电动三轮车，开车的师傅说，农村流行"吃路"，上面修路的钱拨下来，先要被乡、村干部们"吃"掉一半，最后修出的路就只剩了一个车道，来往车辆共用，如果两辆车狭路相逢，有一辆车就要让路，斜斜地歪在路旁土坡上，等对面车过去再走，所以一般的大车就只好绕道。我和我妈坐在三轮车后面，那路崎岖不平，三轮车几乎是跳着跑，颠得我们五脏六腑都在跳。我想这些村干部胃口还真大，牙也好，路都能吃掉一半。

让我最吃惊的是，村子里几乎没有变化，从外观来看，说毫无变化也不为过，除了房屋更破旧、墙根的草长得更长外，那些小道和院墙仍是我记忆中的样子。各家的墙上都写着大大的标语，内容从"三个代表"、科教兴农到建设社会主义新农村，一应俱全，农村政策的繁多与更替，以及它们落实在基层农村的具体面貌，都可以在这些墙上得到形象直观的展示。那个刚生了二胎的堂兄家的墙上，写的是"男孩女孩一样好"，其中两个"孩"字都写错了，"亥"部中间多了一个"点"。

生儿子是农村的头等大事，整个家族的人都来了，一大早就聚在院子里等着吃喜面，而整个庆祝活动则要持续一天。我的大爷大娘叔叔婶子姑姑姑夫们都来了,他们都老了很多,我仍能认得出他们,他们却"不大敢认"我了,至少"走在大街上不敢认",因为我"长胖了,个子又长高了",而事实上,我已经三十岁,已经十二年不长个了。我的堂兄堂弟堂姐堂妹们也来了,有些年纪小的已经不认识我,以为我是某个远道而来的"客",远远地、偷偷地看我,殊不知我竟是"自家人"。在农村习俗中,凡是同姓的男性都不算客,不管他从多远的地方回来,只有出嫁的女儿及女婿才是客,哪怕她就嫁到了对门。

我的那位立了大功的堂嫂,此刻正安坐在内屋的炕上,怀里抱着大胖儿子,自豪地接受众人的问候和祝福,并在众人的注视下公然亮出奶头喂奶。在此之前,因为第一胎生了一个女孩,她已经长期抬不起头来,现在则是她翻身做主人的时刻。至少在这样的农村,"男孩女孩一样好",只是刷在墙上的一道标语而已,而且,还是一道满是错别字的标语。

我的另一位堂兄看到了我,神神秘秘地拉我到他家去,说是要我看看他的电脑,并向我讨教些技术问题。他只大我两岁,是我众多堂兄弟中上学最多的,也喜欢舞文弄墨,发表一些小文章,去年我的小说《阑尾》就是寄给他并经由他向其他家人传播的,他为此颇为自豪。他在村里做干部,最近乡里搞新农村教育,给每个干部配了一台二手电脑,他要向我讨教的是关于U盘的事情,但他叫不出"U盘"这个名字,而是向我描述了一个"像小拇指那么大小的,可以插在电脑上的,一插上就能唱歌,一拔下来就不能唱"的东西,我后来总算猜出来他说的是U盘或MP3播放器。我向他讲了U盘的基本原理,告诉他"一拔下来就不能唱"不怪他的电脑,而是因为他没有把 U 盘里的歌拷到电脑硬盘上,他这才放了心。看来,在这位全村学历最高、见识最广、思想最新潮的堂兄眼中,U 盘,仍然是一个遥远、神秘和拗口的事物。后来,他又问我为什么电脑里原来的歌也不唱了,我想这可能是个大问题,后来经过检测才发现,是因为音箱电源没开。

我的二大娘,堂兄的母亲,新出生的胖小子的奶奶,默默地在人群间忙碌。她又老,又黑,又瘦,花白的头发,满脸的皱纹,脸庞像她手里端的铁锅一样黑,随便选一个瞬间,把她原封不动地画下来,放在罗中立的《父亲》旁边,就是中国农村老人的全家福,三十年前是这样,三十年后仍然是这样。以前她的个子就不高,现在看上去好像连一米五都不到,小小地缩在那里,她的孙子一出生就八斤多,她到现在也就八十斤。但是,就是这样年纪、这样身材的老人,却有着一身的力气,能扛起比她身体大五六倍的草垛,为什么?用她自己的话说:"我现在成了一个整劳力。"整劳力,就是全职打工,为她的两个儿子家轮流打工,喂猪割麦,不分昼夜,不计报酬,没有年假,没有双休,现在又多了看孩子,没力气能行吗?

穷苦一生,老了盼来子孙满堂,却盼不来富贵终老,没有退休工资,缺少社会保障,幻想养儿防老,但事实是,两个儿子去年一年给了他十块钱(其中一块钱又被儿子拿去买了什么东西,她实得九元)。想想吧,一年,十块钱,在上海,2008 年,打车起步价都十一块钱了。我问她,为什么不向他们要?或者干脆吃住在他们家?她打着手势叫我小声点,千万别叫人听见,尤其别叫两个儿子听见,"听见了,十块钱他也不给。"这不仅仅是她一个老人的处境。几年前,她的老伴、我的二大爷被查出得了癌症,还在早期,两个儿子把他拉到医院打了两天吊瓶就又拉回来,"没钱治",似乎也没必要治。过了一年多,我二大爷去世。在农村,尤其是在儿子众多的老人家里,似乎流行一种做法:有病不医。老人因病死亡,属于自然死亡,属于寿终正寝,儿子们心安理得,谁要想挑头凑钱治病,妯娌们就先打起来。我不止一次听到他们在讨论:已经不错了,还撑了一年多,谁谁谁家刚查出来一个月就不行了。我无法对这一现象中的任一方当事人做出任何价值评判,他们中最不擅表达的人,也能用一句话就反问住我:没钱怎么治?这不仅是观念和态度问题,也有制度问题,还有经济问题,总之不是儿子的问题。

我只是想不明白,我的刚得了儿子的堂兄及其媳妇,为什么还那么高兴?

我的二婶,也是小小的个头,总是红着脸,躲闪着男人的目光,她靠在大门的门廊下面,问我都去过哪些城市,我向她一一列举,她一一听着,等着我说出那个名字,我终于说出了"青岛",她眼睛马上放出光来:"你兄弟学校毕业后在青岛工作,我也在那里打了两年工呢!"青岛是她引以为豪的城市,是她和她儿子的城市。但城市并不这么认为。后来我知道,她儿子的境况并不如她讲的那样好,他只是技校毕业,在青岛某工厂打工,估计与民工无异,后来在青岛结婚生了孩子,果然,小两口养活不了这个小家庭,我的二婶就丢下家里的丈夫和圈里的牛羊,也跑到青岛打工,赚的钱全贴补给儿子家,一边还要看孙子。但是不管多么辛苦，两年的城市生活毕竟成了她人生中不多见的亮点，"我们的工地就在奥运会帆船比赛的边上，我们也给奥运会作了贡献呢！"她自豪地说。不过，奥运开始后，她被禁止入城，她的打工生涯，以及她对奥运会和青岛的贡献，也就此结束。她甚至没能在电视上看到帆船比赛的转播。

我的大叔，当过兵，老党员，过去曾是当地某乡镇企业的党委书记，是村里有头有脸的人物，各家红白事都要邀请的对象，后来这家企业倒闭了，他重新拿起锄头回到地里，白衬衫也不再束在裤腰里，但闲下来的时候，他仍然喜欢谈论官场上的事，哪里的农业局长两年就进了市常委，哪里的副区长被双规，他都说得头头是道，每当他说起这些，周围那些没当过领导的"纯农民"们就都安静了，眼神中充满了神往，语气中则充满了调侃。官场话题似乎是所有中国人、尤其是中国男人们共同的兴趣，只有在人们谈论起这些时，城市和农村的差异才不那么明显，城里人和乡下人才有了相似的口气与神态，因为他们所讨论的那些人和事，离他们同样遥远。

我的三叔，多少年来一直穿着那身皱巴巴的西服。西服穿在农民身上就不再是西服，是农民的制服。他蹲在地上抽烟，等我周围没人了，就悄悄挪过来，问我上海有什么"活儿"可以干，如果有我比较熟悉的、能说得上话的，就介绍他去。我怎么回答他呢？我熟悉政府部门名目繁多的各个局、委、办，能介绍给他吗？我熟悉大学的专家教授和各种各样的课题组，能介绍给他吗？我熟悉开发区保税区高技园区、熟悉日企韩企五百强，能介绍给他吗？我还熟悉文学艺术电影音乐，能介绍给他吗？偌大的上海滩，我甚至想不出一个可以让我的三叔安然栖身的地方。看我面露难色，他又表态说：村里没生路，能出去的都出去了，他虽然已经小五十了，但是还干得动！那天酒席开始之后，他一直坐我边上，同我说话、喝酒，后来喝多了，红了脸蜷在一边，不再出声。傍晚酒席结束，我和我妈准备返回，汽车已经到了，正要上车，远远看到这位三叔骑着借来的摩托车追过来，嘴里呼出的酒气能把全车人熏醉，他紧紧握着我们的手，似乎握住的是他唯一的一条生路，只是一直到汽车开动，他再没说出什么。

我的堂弟，农村的80后，农民新人类，骑一辆大摩托车，头上打着劣质啫喱，我们是第一次见面，他一直悄悄向别人打听我是谁，在酒桌上，他很快就把自己灌醉了，一口一个哥地叫我，拉着我的手说个不停。他的醉话，可以理解为农村兄弟向城市大哥的倾诉吗？让我们一起来听一听吧："哥，你不知道我，我原来也有想法，可是哥，没用！咱们不能比啊，哥你从小吃的什么饭？我吃的什么饭？你从小上的什么学？我上的什么学？哥你是谁啊，你将来还不知道怎么样呢，可兄弟我呢，我就这样了！我们一辈子就这样了！你吃过的喝过的，我们连见都没见过，听都没听过！你一天挣的，我们一个月一年一辈子也挣不了！哥，你得常回来看看兄弟，给兄弟们说说城里是啥样，我们去不了，去了也找不清东南西北，你们城里人也看不起我们，我们一辈子也就这样了！可是哥你得常回来啊，你再不回来，你就不认得我们了！"

几天后我回到上海，透过出租车的车窗，我开始重新打量这个城市。打量那些让人目眩的玻璃大厦，打量101层的环球金融中心，打量宽阔平坦的世纪大道，打量成群结队的银行、证券和保险公司，打量三万元一平方的楼盘，打量正在建设中的高架、隧道和地铁站，打量南京路和淮海路，打量外滩和陆家嘴，打量南浦大桥和延安路隧道，打量咖啡馆、酒吧、电影院、卡拉OK夜总会，打量川菜湘菜粤菜馆，打量美发足浴按摩店，打量衣冠楚楚的白领金领圆领鸡心领，打量这个城市里的每一个人，打量我自己。

碰到一个同事，他老婆所在的部门刚刚组织了一次慰问外来务工人员的大型活动，"一小时花了40万"，背景板要做最好的，舞台要借最大的，媒体要请最高的，观众则是通过各种行政指令"拉来的"，俗称"填场子"。这个活动是为谁搞的？"就是给领导看。"但在活动当天，一个电话，领导被更大的领导叫去开会了，"40万白花了"。

《南方周末》10月16日关于农村土地新政的系列文章中写道："如果说中国是两个中国——城市和农村——的话，那么过去几十年来中国城市的繁荣其实是建立在农村的三大市场要素（劳动力、资金和土地）对城市的补贴或倒贴之上"，"2007年城、乡人均收入比例为3.33∶1，为30年来最高"，"在令人欢欣鼓舞的GDP增长百分点中，有几个百分点是让农民受益的？"

我无意对农村发展及城乡差别做什么评判，小小几个人物、短短一篇文章，也抹杀不了三十年农村改革有目共睹的丰功伟绩，共同富裕也只是一个即便发达国家也难实现的最终目标，我只是有一个简单的感叹和疑惑，为什么在同一个中国，在同一群中国人中间，会有那么、那么大的差距？并且越来越大？这让我如何面对我的二叔、三婶和堂弟这些亲人？这让我们如何面对这群仍然生活在困境中的、多达9亿的亲人？

我的手机里存了一张大合影，他们是我的大爷大娘叔叔婶子姑姑姑夫堂兄堂弟堂姐堂妹，他们是我们的亲人。在酒席接近尾声时，我掏出手机想给他们拍照，习惯被漠视的他们，即便面对亲人的镜头也会窘迫，为了逗他们笑，我想了一个办法，我说："我问你们一个问题，你们说西瓜甜不甜？"他们显然是第一次在拍照时被问到这个问题，显得意外而兴奋，全都大笑着脱口而出：甜——！我按下快门，抓拍到这个甜蜜的瞬间。我盼着有一天，他们不再仅仅被一个笑话逗笑，当我们问他们：你们生活得甜不甜？他们可以给出同样的、真诚的笑容。

给女儿的一封信

我的女儿尚未满月，只对 50 厘米内的移动物体有模糊的视力，听力也仅限于对电话铃声、关门声这类突发性的声音有明显反应，我还不能和她做深入交流。但是，作为一个兴奋的爸爸，我迫不及待地想和她对话，就她和这个世界的未来，谈一点不成熟的看法，算是对她表个态，也给自己提个醒。

我总结了五个词。现在，我把话撂在这里，来日方长，与你共勉。

第一，记录 我会每天记录你的成长，以及背后的故事。记录方式有很多，比如我会每天写些东西，这是我的专职，我原本也在做，只是最近一段时间，我的写作主题变成了你。我会尽量写得客观、有趣，不放过任何一个让我心动的细节。这方面你尽管放心，我最擅长的就是干这个了。再比如，我会每隔几天给你画一幅画，这点我不是很有把握，说实话我快二十年不画画了，原来也没接受过系统训练，完全是野路子，但是，你的降生，重新给了我耐心和细心，还有灵感，让我愿意坐下来，花一个下午的时间，细细地观察，一笔一笔地描绘。我想给你私人订制一本画册，配上简单隽永的句子，在你具备了基本阅读能力后，把它交到你手上。自然，我也会每天给你拍照，或者录像，不管用手机还是单反，相比前面，这事就更方便，事实上即使我不拍，你的身边也少不了拍照的人。很明显，以上这些记录方式里我会更偏爱前两种，更笨拙、更手工、更一笔一画的方式。当然，我不会一直记录下去，只在你自己还不具备记录能力前，用我的视角，代你记录一段，算是保留一些史料，等你各项感官能力发育完备，我会把记录权交还给你，让你自己为自己的历史做主。需要特别说明的一点是，我做这些费时费力的事，并不表明我比别的爸爸更爱女儿，顶多表明，我比别的爸爸更会写写画画，更不喜欢高科技。

第二，示范 在你逐渐具备了观察与模仿能力后，我要加倍注意我的言行。我知道所谓"言传身教"，言传十句，不如身教一次，言传说"向左走"，说了一百遍，身教不小心往右迈一小步，前面言传全废。做到这一点不太容易，我是一个散漫的人，有时也会有乖戾、冒犯的作派，我会尽量收敛、掩藏，如果有一件不得不做、而你暂时还不能理解为什么这样做的事，我会尽可能不当着你的面做。我不会在你面前骂人，不在你面前过早地展现人性恶的一面；尽量不在你面前玩手机，除非接电话；尽量不在你面前玩电脑，除非工作；尽量不在你面前长时间看电视，并看出一脸痴相，除非我们全家一起看一档适合全家人看的节目。我认为最重要的事情，我会坚持每天做一点点，并尽可能完成这一天应完成的份额。答应的事情，我会最大限度地兑现。还有，最重要的，对老人，我会无条件地孝顺和赡养。

第三，陪伴 我们能朝夕相处的时间并不太长，从现在算起，顶多十八年。我会尽可能把这十八年用足，尽可能抽出时间与你共处，我不会说：我要忙着给你赚奶粉钱，所以，只要我能把奶粉买回家，我就可以随时消失，不在你身边。我不是送奶工，只在几个关键的时间节点出现，我还希望能看着你吃奶，并听你分享吃奶的喜悦或乏味。我坚信父母的陪伴是对子女最好的教养，时间的付出是最昂贵的付出，哪怕什么也不做，什么也不说，只是出现，只是静默在一旁，就是给子女最大的福利。而且这种陪伴要贯穿到日常，不是说这几年我忙，少陪你，过两年闲下来再补给你，这样没用。不同的时段需要不同的陪伴，过期不候，弥补无效。你可能不知道，我们现在请的月嫂，和你妈妈同龄，她在上海打工，她老公在南京打工，她的儿子十岁了，一直跟爷爷奶奶生活在乡下，从未和父母长期生活在一起，只在节假日短暂团聚。让这位月嫂最伤心的事是，她回到家里，有时会说她儿子几句"不要调皮好好做功课"一类的话，说烦了，儿子回她一句：妈你真烦，你快回你的上海去吧。我想，天下没有一个父母受得了这样的话，但是没办法，他们想分享一点大城市从全国搜刮集中来的资源，想为儿子的人生前程多储备一些干粮，就只能暂时维持这种三人分居三地的局面。这位月嫂一直说，做到年底就回去，顶多做到儿子读初中，一定要回去，再不出来了。我想，即使她的计划成真，那失去的十年也再难回来。这个时代为她儿子取了一个名字，叫"留守儿童"。和他相比，你要幸运得多，你最幸运的一点就在于，你的爸妈工作地和居住地在同一个城市。更幸运的孩子，则是爸妈工作地和出生地在同一个城市。但是我想说,即使在城市,也有众多"隐性留守"儿童,他们的父母忙于事业,忙于应付外面的花花世界,只在深夜回家睡个觉,把子女留给外婆和保姆,留给电脑和网游,留给学校和补习班,只在家长会上露个面。我们不做这样的父母,或者说,我们会尽最大可能,避免成为那样的父母。我和你妈都商量好了,因为你的到来,我们每周至少要举行一次家庭集体活动,等你稍大些,每周至少一次户外活动,除非雾霾严重到要戴防毒面具;等你上学了,只要在家,我会每晚陪你做作业,记住我说的是"陪",也就是说,你做你的,我做我的,我不会替你做你的,也不会让你干扰我做我的,每做够半小时或一小时,才是互动答疑时间。当然我也要说明,我愿意每晚陪你做作业,并不表明我比别的爸爸更爱女儿,顶多表明我比别的爸爸更"闲",有更多的家庭作业要做。

第四,独立 我刚说我们愿意陪伴你,你可别误会,我们可不是想整天黏着你,更不想让你因此更离不开我们。恰恰相反,我们希望你更独立,因为我和你妈都是爱玩的人,我属马,喜欢跑,她属猴,喜欢玩,我们可不想被你拴住。事实上,在你出现前,有好几年我们纠结于要不要让你出现,怕你剥夺了我们的自由,现在你来了,我们仍为这个事情想对策,看下来,唯一办法是培养你的独立性,包括独立的生活和思考能力,除掉我们必须尽的义务外,我们尽可能放手,因为只有你相对独立了,我和你妈才能相对独立。你加入到我们这个团队中,可能在较长一段时间里都会成为我们的重心,但一定不是我们的全部,我不会像我的上一辈人一样,把我的幸福和期望全部寄托在你身上,把未来的筹码全押在你身上。我有我的生活和追求,在你来之前我就追求了好些年了,不会因为你的到来而中断。相信我,等你长大了就会明白,我们这样做,并不仅仅为了我们自己。

第五,对抗 我想来想去,还是要把这个词放上,尽管你还在月子里,全世界都在迁就你的一哭一闹,但是用不了多久你就会发现,这世界并非一切如你所愿,有些你要去适应,有些要去反抗。好消息是,在你十八岁离家之前,我会带领你一起对抗,我会联合你妈、动员你爷爷奶奶外公外婆,全家来对抗。具体来说,我要带领你对抗这个国家的教育制度,对抗这个社会的流行观点,对抗钢琴考级,对抗喜羊羊与美羊羊,对抗这个时代所有蛮横、粗暴还自以为是的逻辑。很明显,做到这一点更难,先不说教育部长,你妈就可能不同意。不过,我愿意试一试,希望你能配合。当然,如果你嫌"对抗"这个词太暴力,不适合小姑娘,那我会考虑换一个更委婉的,比如说,周旋。

上面是我打算做的五件事,再说说我不打算做的两件事。一,我不会富养你,尽管你是女孩。这几天,微博上已经有朋友根据一些迹象预测我,说我以后肯定会溺爱你,这让我很警惕。我提醒自己,我不能溺爱你,不会富养你,至少不会像市面上流行的方式那样富养你。一是因为我不够富,二是因为,我认为我和你妈能努力做到上面说的五条,已经是给你最大的财富。第二,我尽可能不为你拼爹。我没多少可以拼的资本,我们得省着点拼,你妈刚怀上你的时候,因为医院挂不上号,我已经拼了一次,你妈生你的时候,我又拼一次,你刚出生就带了两次拼爹记录。好吧,你的出生算是一件人生大事,这样的大事你一辈子也遇不上几回，拼就拼了，但我不会一直拼，会越来越少，要拼也会有上限，有底线，所以你最好省心点，别动不动就麻烦我。

　　五做两不做，是我目前能想到的，我把它写成这封信，给现在的我，以及未来的你看。需要说明的是，我写这封信，也并不表明我比别的爸爸更爱女儿，顶多表明我比别的爸爸更会表达，特别是公开表达。即使如此，肯定也有疏漏，好在来日方长，就像你的名字所寓意的那样，我们不争朝夕。

　　好吧，先写这些，今天是你出生的第十天，欢迎来到这个世界。

后记

这本书中很多文章都在报刊发表过，零零散散，跨越时空；限于篇幅及尺度，发表时很多都有删节，感谢北大出版社，让它们第一次集中、完整地亮相。

我出版过一本小说后，曾想过做一个只写小说、不发表观点的人。那时我有洁癖，认为文字只应为一件事服务，如同一件利刃，只能用来杀敌，切菜的话就太不卫生，怕弄脏了刀。但是后来，我偶尔挪用了一下，效果竟不错。于是我食言了，写了一篇又一篇这样的文章，终于一发不可收拾。

感谢所有促成这本书的人，限于篇幅我只能选些代表感谢，我尽量按照他们出现的先后顺序排列：

首先要感谢我的大学老师，山东大学的高鉴国教授，2008年他邀我写写自己的社工经历，收在他和香港同仁主编的《微光处处——28位社会工作者的心路历程》中，那时我正在灾后的四川，触景生情，我开始尝试用稍稍文学化的语言，写社工的事，于是有了本书的第二篇文章《歧路问远方》（第二版改叫《社工是谁》）。没有高老师的邀约和逼稿，我不会开这个头，至少要晚些年再开头。

感谢我的研究生导师，华东理工大学的徐永祥教授，过去我一直羞于承认我写小说，但自从徐老师不知怎么知道此事后，就一直不遗余力在各种场合宣传，终于让这件私事逐渐公开。徐老师不仅带我走进社工门，也加速了我把文学工具化、把文艺转化为生产力的步伐。

也感谢马伊里局长，我所有关于社会工作与社会关系的观点，最初都源自她几次不经意的谈话，她对我的启发与点拨，不亚于任何一本教材和任何一位教授。书中"成长的烦恼"这一标题，也来自她的一次访谈。另外，她也多次鼓动我，叫我别光写小说，也写写社工。也不知道她是不是当真，反正我当真了。

这样鼓动我的人还有很多，比如吴铎老师、朱眉华老师、庄爱玲老师等等，我没法一一列举。其中庄老师是文学科班出身，她有一次跟我说，她有个理想，等老了以后好好写写公益界的事。我听了很有紧迫感，决定赶在她之前先写一本。

但是，所有这一切，在许娓给我打电话之前，都还停留在零星的命题作文阶段。2009年年底许娓联系我，让我给她主编的《中国社会工作》开专栏，我当场答应，还说：怎么现在才来找我。我跟她约法三章：不命题，坚持风格，坚守立场。她也给我提要求：不准超字数，每月20号交稿。从此，我开始了每月一次的忧国忧民，如同生理周期。还好，时代总有新剧情上演，每个月都有一件事让我不吐不快。就这样，我一写四年，收在这本书里的多数文章都来自这个专栏。四年来，我基本都按时交稿，但越写越长，发表时不得不忍痛大面积删减。我隐约觉得，总有一天会有一本万能的书将它们全数收下。果然。

感谢《中国社会工作》杂志的所有编辑老师，后面几年，"社工"二字越来越不能满足我的表达欲，我开始写些通篇不见社工、但试图将社工理念融入字间的文章，仗着编辑们的一再宽容和纵容，才让我每一次都能天马行空，快意文字。也感谢专栏的每一位读者，包括排版印刷的工人师傅。张丽霞主编告诉我，她有一次看到工人师傅们正热议我写的《给灾区志愿者的10个建议》，她编报纸杂志这么多年，还从没见过一篇文章能让排版师傅争相传看。我想，这是对我的最高褒奖。

还要感谢热忱推荐这本书的每一位师友，以及网上众多无名的读者朋友，我被他们澎湃的热情吓到了，书中一些篇目，像《父母在不远游》《中国人你为什么不愤怒》，均在一天内被超过20万人次点击阅读。那些被一一击中的，也都是我的切身之痛。

最后，所有这些文章落入一个女孩的手中：我的责任编辑奶茶，又名董郑芳。按她的说法，当初为了拿下这个选题，她"一哭二闹三上吊"，终于如愿。谢谢她的坚持和认真，她是这年代少有的靠谱姑娘。